Für Jule und Reiner
zum Wegdriften
Richtung Kalifornien,
Kanada ...

Febr. 88 Antje

Zu diesem Buch

Dies ist das erste weibliche Gegenstück zu Carlos Castanedas berühmten Abenteuern mit Don Juan, dem Schamanen.

Von einer nächtlichen Traumvision erweckt und durch viele unerklärliche Synchronizitäten im Alltagsleben berührt, verläßt Lynn Andrews ihr Heim und beginnt ihre lebensverändernde Lehrzeit bei Agnes Whistling Elk, einer Cree-Medizinfrau, die in der wilden Tundra Nordkanadas lebt. Durch Agnes' vielfältige und oft wundersame Unterweisungen und mittels einer Serie von schamanischen Riten bewältigt die Autorin ihre Zweifel, Ängste und Schwächen und bricht durch zu einer wahrhaft mystischen Schau. In diesen großartigen Augenblicken wird sie ihrer Teilhaftigkeit an der «Macht, die von der Welt vergessen wurde» und der essentiellen Kraft ihres Frau-seins gewahr.

«Die Medizinfrau» ist eine vollständige Aufzeichnung ihrer oft erschütternden Ein-Sichten über das seltsame Gewebe des Lebens, aber auch ein Bericht ihrer persönlichen Erfahrungen mit indianischer Medizin und Magie. Die innere Geschichte dieses Buchs zeigt Lynn Andrews' Suche nach dem in ihren Träumen offenbarten ‹Hochzeitskorb›, einem magisch-symbolhaften indianischen Machtobjekt – geflochten aus den Träumen unzähliger Frauen.

«Die Medizinfrau» ist ein Lobpreis auf die weibliche Spiritualität und zugleich auch eine authentische Dokumentation ihrer eigenen Rolle als lebendige Brücke zwischen indianischer Kultur und westlicher Geisteshaltung. Auch wenn sich ihr Erfahrungsbericht wie ein großer Abenteuerroman liest, so sind doch die ergreifenden und tief ins Detail gehenden Offenbarungen aus alten schamanischen Weisheitsquellen ihre zentrale Botschaft.

LYNN ANDREWS lebt in Südkalifornien und schreibt, unterrichtet und lehrt über schamanistische Medizin.

Lynn Andrews

Die Medizinfrau

Der Einweihungsweg einer weißen Schamanin

Deutsch von Thomas Lindquist
Illustrationen von Daniel Reeves

rororo

transformation

rororo transformation
Herausgegeben von Bernd Jost
und Jutta Schwarz

Umschlagentwurf Peter Keller

15.–18. Tausend November 1987

Veröffentlicht im Rowohlt Taschenbuch Verlag GmbH,
Reinbek bei Hamburg, September 1986

Die Originalausgabe erschien im Verlag
Harper & Row, San Francisco
unter dem Titel «Medicine Woman»

Gesamtherstellung Clausen & Bosse, Leck
Printed in Germany
980-ISBN 3 499 18094 4

Dieses Buch ist David Carson gewidmet,
dem wahrhaft Unsichtbaren.

Großen Dank schulde ich D. H. Latimer, dem Leitwolf vieler Schriftsteller. Und ich danke Rosalyn Bruyere, einer wahren Schwester, die ihren Schatten kennt. Besonderen Dank meinen lieben Medizin-Lehrerinnen, ohne die mein Buch niemals geschrieben worden wäre.

Es gibt keine Medizinmänner ohne Medizinfrauen. Ein Medizinmann hat seine Macht von einer Frau, so ist es immer gewesen. Ein Medizinmann steht auf dem Platz des Hundes. Er ist nur ein Instrument der Frau. So scheint es heute nicht mehr zu sein, und doch ist es wahr.

– Agnes Whistling Elk –

Ein gelber Mond war über den Hügeln in der Ferne aufgegangen. Der Himmel war herrlich und unermeßlich weit, und irgendwo sangen die Coyoten ihren Trauergesang. Ich hockte mit einer alten Indianerin vor dem offenen Feuer. Ihr Gesicht war runzelig wie ein Weihnachtsapfel. Sie hatte breite Wangen, und die langen Zöpfe fielen ihr weit über die Schultern. Über ihrem grünkarierten Wollhemd trug sie ein perlenbesticktes Halsband mit Symbolen des Medizinrades.

«Dein Leben ist ein Weg», sagte sie in ihrem breiten, anfangs für mich schwer verständlichen Akzent. «Bewußt oder unwissentlich bist du auf der Suche nach einer Vision. Es ist gut, eine Vision, einen Traum zu haben.»

Eine unwiderstehliche Kraft ging von ihr aus. Ihre Persönlichkeit schien sich jeden Augenblick zu verändern. Es fiel ihr schwer, auch die einfachsten Gedanken auf Englisch auszudrücken, und doch war sie gebildet wie nur jemand, hatte sie eine überzeugende Würde.

«Die Frau ist das Elementare», sagte sie. «Die Mutter Erde gehört der Frau, nicht dem Mann. Sie trägt die Leere in sich.»

Diese Worte sprach sie zu mir, bevor ich ihre Schülerin wurde. Sie ist eine Heyoka-Medizinfrau. Sieben Jahre war es mir bestimmt, ihrem Weg zu folgen. Dieses Buch ist ein Bericht über meine Reise in ihre seltsame, schöne Welt – eine Hymne an die Macht der Frau, wie sie mich diese Macht erkennen ließ.

Ich wandere durch einen Teil des Anderswo. Die Prärie ist mit spärlichen Salbeisträuchern und geduckten Wacholderbüschen bedeckt. Ich muß an ein einsames Tal in einem Mondkrater denken. In dieser seltsamen, schweigenden Weite gelange ich zu einer reichverzierten Vitrine. Sie ist von bemerkenswerter Handwerkskunst. Ich kann durch ihre durchsichtigen Türen sehen. Auf der linken Seite, hinter der Glasscheibe, blickt das Gesicht einer Frau mich an – das Gesicht einer alten Indianerin. Auf der rechten Seite sehe ich eine blau-schwarze Krähe. Die Szene erinnert mich an ein Gemälde von Magritte.

Plötzlich beginnt der Kopf der Frau hin und her zu schaukeln – rhythmisch, wie im Takt eines Metronoms.

«Wie oft muß ich es dir sagen», schilt sie, noch immer hin und her schaukelnd, «der Hochzeitskorb ist nicht zu verkaufen. Du mußt ihn dir verdienen.»

Während ich zurechtgewiesen werde, zieht das schimmernde Auge der Krähe meine Aufmerksamkeit an. Jetzt schwenkt die Krähe einwärts zur Seite, so daß sie dem Gesicht der Frau gegenübersteht – immer wieder, im gleichen, metronomhaften Takt.

Ich fahre erschrocken auf. Die Krähe beginnt die Rede der Frau nachzuahmen. Die beiden deutlich verschiedenen Stimmen sind so zänkisch, daß mich schaudert.

Ich habe in meinem Leben nur einen Hochzeitskorb gesehen. Zufällig weiß ich, daß der Korb noch existiert. Wo – das weiß ich nicht.

– Hyemeyohsts Storm –

«Bist du fertig?» fragte Ivan. Er drängte zum Aufbruch.

«Noch nicht», antwortete ich. «Ob du's glaubst oder nicht, ich habe etwas Interessantes gefunden.»

Ich war mit Dr. Ivan Demetriev, einem mir befreundeten Psychiater, zur Stieglitz-Vernissage in die Grover Gallery gegangen. In der Galerie war die übliche Meute von Kunstkennern und Kultursnobs versammelt, aber das hatte ich ja erwartet. Das war es jedenfalls nicht, was mich ärgerte. Es war die Ausstellung selbst. Sie war statisch, ohne Pfiff.

So dachte ich, bevor ich das Foto entdeckte.

«Warte mal, Ivan. Das kann kein Stieglitz sein», sagte ich und zupfte ihn am Ärmel. Wir standen vor der Fotografie eines alten, indianischen Korbes. Ivan betrachtete sie widerwillig – noch immer gelangweilt, noch immer ungeduldig zum Aufbruch drängend.

«Welch ein faszinierendes Muster», sagte ich und trat näher heran. «Aber ganz und gar nicht Stieglitz' Art.» Ich mußte unentwegt den Korb ansehen, der von beunruhigender Eindringlichkeit war. Er hatte ein kompliziertes Muster: es glich einem Delphin mit Schlange oder mit Blitzen. Obwohl ich von Berufs wegen indianische Kunstgegenstände sammle, hatte ich noch nie etwas Ähnliches gesehen. Auch die Art des Geflechts war irgendwie ungewöhnlich. Ich konnte nicht feststellen: war der Korb gewickelt, geflochten – oder was sonst? Seine Vollkommenheit bezauberte mich. Unmöglich zu sagen, woher er stammte, aber in meinem Unbewußten war er bereits ein Stück meiner Sammlung. Ivan spähte noch immer mit finsterer Miene zum Ausgang. Der Abzug, im Format 8 x 10, hatte eine geheimnisvolle Sepia-Tönung, die ich niemals mit Stieglitz in Verbindung gebracht hätte. Ich fragte mich, in welcher Phase er dies gemacht haben mochte? Mein Blick fiel auf die sauber getippte Bildlegende, und ich suchte nach dem Datum. Ja, da stand es – gleich neben dem Titel: Der Hochzeitskorb. Aber es erwartete mich noch eine weitere Überraschung. Als Fotograf war ein gewisser McKinnley angegeben. Eine einsame Insel in einem Meer von Stieglitzen.

Ivan warf mir einen ungeduldigen Blick zu.

«Sagt dir der Name des Fotografen etwas – McKinnley?» fragte ich.

«Nein, ich kenne ihn nicht», sagte er und zog mich am Arm. «Aber ich kenne hier eine Menge Snobs und Pseudo-Intellektuelle. Komm, laß uns verschwinden und etwas trinken gehen.»

«Aber ich will diese Fotografie haben», sagte ich.

«Komm morgen wieder und hol sie dir. Aber verschwende nicht meine Zeit», sagte Ivan und wandte sich abrupt zur Tür.

«Laß mich wenigstens den Namen aufschreiben», sagte ich und durchwühlte vergeblich meine Handtasche nach einem Stift. Als ich aufblickte, sah ich Ivan, der mich zum Ausgang winkte. Seufzend beschloß ich, mir «Hochzeitskorb» und «McKinnley»zu merken. Ich lief, um Ivan einzuholen.

In dieser Nacht begannen die seltsamen Träume. Ich konnte nicht einschlafen. Im Walnußbaum, draußen vor meinem Schlafzimmer, kreischte unheilverkündend eine Eule. Ich zog mir die Decke bis unters Kinn und blieb starr und reglos liegen. Während ich langsam in den Schlaf hinüberglitt, kreisten Bilder des Hochzeitskorbes, dunkel und geheimnisvoll, vor meinem nächtlichen Auge. Der Traum fiel in sich zusammen, als ein wildes Surren mir ins Bewußtsein drang. Ich wachte erschrocken auf und saß aufrecht im Bett – die Augen vor Angst geweitet. Wütend warf ich die Bettdecke zurück und stapfte ins Badezimmer. Ich knipste das Licht an und kramte klappernd in meiner Hausapotheke herum. Argwöhnisch lugte ich nach Anzeichen huschender Schatten im Spiegel. Ein Aspirinfläschchen fiel auf den Boden und zerschellte in tausend Scherben. Als ich mich bückte, um Pillen und Glassplitter aufzukehren, knallte ich mit dem Kopf gegen eine Kante. «Autsch. Verdammt.»

Ich schluckte ein Alka-Seltzer und torkelte zurück ins Bett. Das Zimmer war dunkel, bis auf die Strahlen des Mondes, die über mein Gesicht spielten. Mir fiel eine Erzählung von Anaïs Nin ein, in der die Heldin, vom Licht des Mondes überflutet, sich in diesem unheimlichen Glanz räkelt und windet und allmählich ihre Seele verliert. Während ich in den Schlaf versank, kreischte die Eule, und der Hochzeitskorb schwebte wieder vor mir – diesmal in ahnungsvoller Gebärde von einer alten Indianerin emporgehalten, deren Augen wie blankpolierte Spiegel leuchteten. Diese Vision wurde immer wieder sichtbar, bis ich vor Erschöpfung die Besinnung verlor.

Als nächstes merkte ich, daß das Telefon klingelte. Es war früher Morgen.

«Hallo», sagte ich, noch nicht ganz wach.

«Ist dort Lynn Andrews, bitte? Sie hatten uns angerufen – hier spricht Grover Gallery», sagte eine aufreizend fröhliche Frauenstimme.

«Ja, sie ist – ich bin hier. Gestern abend habe ich eine Nachricht auf ihrem Anrufbeantworter hinterlassen. Es geht um die Fotografie eines Hochzeitskorbes, die ich auf der Stieglitz-Ausstellung sah. Wäre es möglich, sie mir zu reservieren?»

«Ein Hochzeitskorb, Ma'am?»

«Ja, ein indianischer Hochzeitskorb, fotografiert von McKinnley, glaube ich. Ich bin mir nicht sicher. Ich glaube, es war McKinnley.»

«McKinnley?»

«Ja, nein. Eine alte Aufnahme, von irgend einem Fotografen.»

«Lassen Sie mich nachsehen, Ms. Andrews.» Sie legte mich auf die Warteleitung, und die Verbindung wurde unterbrochen. Das Frei-Zeichen summte aus der Muschel.

Ich legte auf und hielt meinen schmerzenden Kopf. Ein paar Minuten später klingelte wieder das Telefon.

«Ms. Andrews?»

«Ja.»

«Wir haben kein solches Foto im Katalog. Weder von McKinnley, noch von einem anderen Fotografen.»

«Was soll das heißen – Sie haben das Foto nicht?» Ich saß kerzengerade im Bett, plötzlich munter geworden.

«Aus unseren Unterlagen geht nicht hervor, daß wir einen indianischen Hochzeitskorb hätten.» Die Stimme klang ungeduldig.

«Aber, das ist unmöglich. Ich meine, es muß ein Irrtum vorliegen. Ich bin gleich bei Ihnen. Vielen Dank.»

Eigenartig hektisch, beinah wie besessen, schlängelte ich mich durch das Verkehrsgewühl zur Galerie am La Cienega Boulevard. Ich fühlte mich noch erschöpft von der vergangenen Nacht; hinzu kam die Beunruhigung durch den Anruf am Morgen sowie meine Verachtung für die Unfähigkeit dieser Leute, ihren Katalog in Ordnung zu halten. Ich parkte vor der Galerie und stöckelte hinein. Die weiten Flächen der weißen Wände, der Zusammenprall der nach allen Richtungen in Augenhöhe gehängten Fotografien – das alles widerte mich an. Und überhaupt, dieser ganze versnobbte Kunstbetrieb. Der schicke Kunsthändler trat mir entgegen. Er musterte meinen Jaguar vor der Tür und meine alte Schultertasche von Gucci. Der Mann hatte ein pfiffiges Gesicht, er war drahtig und überheblich.

«Ms. Andrews?»

«Ja. Ich habe Sie wegen der Fotografie des Hochzeitskorbes angerufen. Ich sah sie hier gestern abend. Sie war von McKinnley.» Meine Stimme klang mir selbst fremd und gepreßt.

«Darf ich Sie unterbrechen, Ma'am? Vor allem, setzen Sie sich doch. Und trinken wir eine Tasse Tee. Nehmen Sie Milch oder Zukker? Sehr schön.» Er ging hinaus, ohne meine Antwort abzuwarten.

Ich setzte mich auf das einzige Möbel in der Galerie, ein pfannkuchenförmiges, mächtig gepolstertes Sofa mit einem erhöhten Polstersockel in der Mitte. Es war mit orangerotem Synthetik-Pelz bezogen und so konstruiert, daß es völlig unmöglich war, bequem darauf zu sitzen. Der Mann kehrte zurück und brachte zwei Teetassen mit. Er reichte mir eine und setzte sich. In bedeutungsvollem Schweigen saßen wir Rücken an Rücken und tranken Tee. Ich beschloß, ihn zuerst sprechen zu lassen. Mit wachsender Paranoia redete ich mir ein, daß er die Fotografie vor mir verheimlichte, um mich einen höheren Preis bezahlen zu lassen.

«Ms. Andrews, es muß ein Irrtum sein. Wir haben unsere Kataloge durchgesehen, und wir haben nur eine einzige Fotografie von McKinnley.» Er machte eine Pause und verdrehte steif den Hals, um mich anzusehen. Er mußte sich anstrengen, nicht von dem orangeroten Pfannkuchen zu fallen.

«Na, dann zeigen Sie mir bitte diese Fotografie.»

Er zuckte die Schultern, warf einen Blick zur weißen Decke hinauf und ging wieder hinaus. Er blieb eine Ewigkeit fort, und ich war mir sicher, daß er sich anschickte, einen astronomischen Preis für den Abzug zu verlangen. Ich hockte da, zwirbelte mit nervösen Fingern kleine Kügelchen in den orangeroten Synthetik-Pelz und starrte die Fotos an den Wänden an. Unheimliche Masken starrten zurück, schwarz-weiße Echos meiner vergangenen Alpträume. Ich stand auf und wanderte hin und her. Der Mann kam mit einer kleinen Mappe wieder. Er strahlte mich an und sagte mit unangebracht freundlicher Stimme: «Da haben wir's, Ms. Andrews.» Er legte die aufgeschlagene Mappe auf das orangerote Sofa und zeigte mir eine alte Sepia-Aufnahme von Tipis am Little Big Horn, circa 1850. Ich grabschte nach dem Bild und suchte dahinter ungeduldig nach dem Foto des Hochzeitskorbes. Die Mappe war leer.

«Sie lügen mich an», sagte ich.

Der kleine Mann fuhr zurück und rief hastig: «Ich sagte Ihnen doch, daß wir das Foto nicht haben – und meines Wissens auch niemals hatten. Wirklich, Ms. Andrews, ich finde, das geht ein bißchen zu weit!»

Mir wurde klar, wie ungeschickt, launisch und unbeherrscht ich mich verhalten hatte, darum entschuldigte ich mich und flüchtete aus der Galerie. Mit quietschenden Reifen raste ich die Cienega hinauf, zurück nach Beverly Hills. Zu Hause angekommen, machte ich mir noch einen Tee und ließ mich, meine kalten Füße hochgebettet, aufs Sofa fallen. Dann griff ich nach dem Telefon und wählte Ivans Nummer.

«Praxis Dr. Demetriev», antwortete seine Sekretärin. «Was kann ich für Sie tun?»

«Bitte, ich möchte mit Ivan sprechen. Hier ist Lynn Andrews.»

«Der Doktor hat eine Patientin im Sprechzimmer. Geben Sie mir bitte Ihre Nummer. Ich werde ausrichten, daß er Sie zurückrufen soll.»

«Es ist dringend. Bitte sagen Sie ihm, ich sei am Apparat.»

Sie schaltete mich auf die Warteleitung. Musak-Melodien beleidigten mein Ohr.

«Hallo», sagte Ivan mit gereizter Stimme.

«Ivan, du erinnerst dich doch an den Hochzeitskorb, gestern abend. Wie war der Name des Fotografen?»

«Welcher Hochzeitskorb? Welcher Fotograf? Ich habe hier einen suizidalen Nervenkollaps auf der Couch, also faß dich kurz, Lynn.»

«Tut mir leid, daß ich störe. Aber ich muß etwas über dieses Foto wissen – gestern abend in der Galerie. Erinnerst du dich nicht?»

«Ich kann mich an keinerlei Fotos von irgendwelchen Körben erinnern», sagte er mit Bestimmtheit. «Und es war eine Stieglitz-Ausstellung. Außerdem schätze ich solche Störungen nicht.»

«Aber, ich hab ihn dir doch gezeigt – gerade als wir gingen.»

«Lynn, sprich mal mit meiner Sekretärin und laß dir einen Termin geben», sagte er ironisch. «Du hast mir kein Foto von einem Korb gezeigt. Das kann ich dir versichern.»

«Ivan, bist du dir ganz sicher? Es ist sehr wichtig. Es war ein alter Sepia-Abzug, mindestens siebzig Jahre alt – von McKinnley, glaube ich.»

«Ich bin mir absolut sicher, daß du mir kein solches Foto gezeigt hast. Ich ruf dich später an.» Er hängte auf.

Vor mir drehte sich alles. Ich wußte, ich hatte dieses verflixte Foto gesehen. Ich hatte es mit der Hand berührt und es in meinem Traum gesehen. Was hatte das alles zu bedeuten? Auf einmal fühlte ich mich sehr erschöpft.

Ich sah mich in meinem Wohnzimmer um. Es war, als befände man sich in einem Gemisch von Negerdorf und Indianermuseum. Jahrelang hatte ich unermüdlich eine kostbare Sammlung von kongolesischen Ahnenfiguren, magischen Fetischen und Kriegsgöttern, Navajo-Decken und Körben aus ganz Nordamerika und Guatemala zusammengetragen. Mein Zimmer war magisch, es war erfüllt von der Poesie und Macht alter, ursprünglicher Traditionen. Die Körbe an den Wänden, so symmetrisch und vollkommen, waren meine Lieblingsstücke. Und jener Hochzeitskorb, voll von magischer Kraft – nie hatte ich einen solchen Zwang empfunden, ein Kunstobjekt zu erwerben.

Ich lehnte mich in den Sessel zurück, machte es mir bequem und betrachtete, durch die Breite des Zimmers, einen früheren Gegenstand meiner Sammelleidenschaft, einen weißen, handgewobenen Fruchtbarkeitsgürtel aus Guatemala. Er hing an der Wand – neben einem Foto des Großen Jaguartempels der Mayas, das ich vor ein paar Monaten in Tikal, Guatemala, aufgenommen hatte. Ich erinnerte mich an die Schwierigkeiten der monatelangen Suche nach diesem Gürtel.

Ich war mit einem gemieteten Jeep von Guatemala City nach Chichicastenego gefahren – einem alten indianischen Markt, wo ich angeblich genau diesen Gürtel finden sollte, den ich mir in den Kopf gesetzt hatte. Die Landschaft war atemberaubend schön. Gestückelte Felder und ein kompliziertes Netz von Bewässerungsanlagen überzogen die terrassierten Hügelflanken. Schon seit Jahrhunderten hatten die Mayas in Guatemala die künstliche Bewässerung eingeführt. Das Land war fruchtbar und grün. Ich roch den satten Duft der Erde und den Rauch der Holzfeuer, der aus den strohgedeckten Hütten aufstieg. Die Sonne stand hoch am Himmel, als ich die Auffahrt nach Chichi erreichte. Das alte Dorf lag auf dem Plateau eines hohen Tafelberges, und die Straße war gefährlich – sogar für einen Jeep mit Allrad-Antrieb.

Auf halbem Wege dieser engen Berg- und Talbahn stockte der Verkehr in beiden Richtungen, und ich mußte anhalten. Ein riesiger Zirkuswagen, der eine Elefantenkuh und ihr Baby transportierte, war bei dem Versuch, um eine Kurve zu fahren, weit ausgeschert und beinah in den Abgrund gestürzt. Der Verkehr war offensichtlich für Stunden blockiert. Ich zog den Zündschlüssel ab und stieg aus. Scharen aufgeregter Vögel schnatterten im weiten Dom des Waldes, dessen Baumwipfel sich hoch droben berührten. Der Zirkuswagen hatte offenbar einen defekten Rückwärtsgang, und bei jeder Bewegung der beiden Elefanten knarrte und quietschte das ganze Fahrzeug. Ein Auto nach dem anderen bremste. Wütende Guatemalteken riefen dem aufgeregten Fahrer Beleidigungen und gute Ratschläge zu.

Der Tumult steigerte sich. Die Elefantin und ihr Baby schaukelten auf der Wagenpritsche hin und her, und die alten Holzplanken der Seitenverkleidung knackten. Der Wagen schwankte gefährlich – zwei Fuß vom Rand eines tausend Fuß tiefen Abgrunds entfernt. Es war das reinste Tollhaus. Und gerade in diesem Moment hielt ein langer Bus voller Zirkusdarsteller vor der Kurve.

Mißgestaltete Zwerge mit rostigen Ketten auf den Schultern, dicke Frauen und tätowierte Glatzköpfe mit Brechstangen und Flaschenzügen ergossen sich aus der Karosse. Seiltänzer und Akrobaten und

Bauchtänzerinnen, alles stämmige, braunhäutige Guatemalteken, brüllten die Touristen an, sich zum Teufel zu scheren.

Die Elefanten trompeteten in Panik. Der Zirkuswagen schaukelte bedrohlich nah am Abgrund, der für die Tiere den sicheren Tod bedeutete. Die Zwerge krochen, obszöne Flüche plärrend, unter dem Wagen herum. An die fünfzig Menschen beobachteten das Schauspiel – Touristen in Bermuda-Shorts, Guatemalteken, Indianerinnen in traditionellen langen Gewändern und *huipiles,* die ihre Marktkörbe auf dem Kopf balancierten. Wir hielten alle die Luft an.

Einer der Zwerge zog eine Kette um die Hinterachse des Zirkuswagens, und ein anderer befestigte die Kette an der Stoßstange des Reisebusses. Der Fahrer des Zirkuswagens schaltete in den Leerlauf, und der Motor des Busses heulte auf. Es war unglaublich, daß die Stoßstange hielt – ganz zu schweigen von der rostigen alten Kette. Als der Zirkuswagen langsam rückwärts rollte, räumten die dicke Frau und der tätowierte Mann die Felsbrocken hinter den Rädern fort. Sie schleuderten sie beiseite, als wären es Kieselsteine. Jetzt, als der Wagen in Fahrt kam, hörten die Elefanten auf zu schaukeln. Die Zwerge hopsten auf und ab und schossen Purzelbäume durch die Luft, und der ganze Wald hallte von unserem Jubelgeschrei wider. Der Zirkus setzte seine Reise fort.

Ich fuhr weiter nach Chichi, nur um dort zu erfahren, daß ich in eine entfernte Provinz Guatemalas fliegen und die alten Maya-Ruinen von Tikal-Peten aufsuchen müsse, um dort möglicherweise einen Händler zu finden, der mir den Gürtel verkaufen könne. Also zurück nach Guatemala-City, eine halbe Tagesreise mit dem Jeep.

Aber welch ein Flug – nach Tikal-Peten! Die Maschine hatte zehn Plätze, und ich war der einzige Passagier. Es war ein alter Armeetransporter, Veteran aus dem zweiten Weltkrieg. Durch die Bodenritzen sah ich den Dschungel Guatemalas. Die planmäßige Ankunft auf dem kleinen Flugplatz war 6 Uhr morgens, aber schon um diese Zeit war es drückend heiß und schwül. Der Pilot umkreiste die ehrfurchtgebietenden Ruinen, die auf einer Fläche von fünfzig Quadratmeilen teilweise nackt aus dem Dschungel aufragten. Er mußte warten, bis ein Bauer seine Kuh von der Sandpiste gezerrt hatte. Erst dann konnte er landen.

Das Museum, der Touristen halber direkt neben der Flugpiste

erbaut, war beinah menschenleer. Die Frau am Schalter sagte mir, daß der Händler, den ich suchte, nach Guatemala-City zurückgeflogen sei. Sie gab mir eine Adresse und meinte, die nächste Maschine fliege in vier Stunden. Ich war enttäuscht.

Ich kaufte mir eine Dose gekühlten Fruchtsaft und eine Landkarte und erkundigte mich bei einem Fremdenführer, wie die Hauptanlage des Großen Jaguartempels zu erreichen sei. Ich legte einen Film in die Kamera ein und stapfte auf einer ausgetretenen Pfadspur los. Kreischende Urwaldvögel schienen mich zu verhöhnen, und in der Morgenluft hing das schwere Parfüm des Nelkenbaumes. Riesige Palmen säumten den Pfad, und farnwedelförmige Bäume prangten im Blütenschmuck der Lianen. In der zunehmenden Hitze bald naßgeschwitzt, knotete ich mir mein weißes Hemd um die Taille. Ich war ganz allein inmitten all der wuchtigen Steinbrücken, Plattformen und Stelen, und ich war so gefesselt von den Hieroglyphen und Steinskulpturen, so berauscht von den opiatischen Düften in der Luft, daß ich gar nicht merkte, wie ich mich völlig verirrte.

Um eine unübersichtliche Ecke biegend, gelangte ich in einen kleinen Innenhof – und stieß mit einem hochgewachsenen Indianer zusammen. Ich schrie überrascht auf.

«Was tun Sie hier?» fragte er. Sein Gesicht war jung und schön, und er stand völlig reglos. «Sie sollten im Norden sein.»

«Sie meinen – in der Stadt?»

Er sah mich streng an und sprach weiter mit mir, als kenne er mich. «Sie müssen noch einmal in die Stadt zurück, aber dann führt Ihre Reise hoch in den Norden.»

«Wie komme ich zurück zum Flugplatz?» fragte ich nervös, denn ich wollte dieses Gespräch beenden.

«Setz dich», sagte er.

Er strich den Boden zwischen uns glatt und ritzte mit einem Stöckchen eine Wegskizze in den Sand. Er deutete in die Richtung, in die ich gehen sollte. Dabei gab er sich große Mühe, sich mir verständlich zu machen, und ich wunderte mich über die bemerkenswerte Gewandtheit und Eleganz seiner Ausdrucksweise. Als er geendet hatte, meinte ich, ihm etwas für seine Mühe geben zu müssen. Ich kramte in meiner Schultertasche, fand aber nichts anderes als Geld – eine Zwanzig-Dollar-Note. Er nahm sie, und ein seltsames

Licht blitzte in seinen Augen auf, während er mich aufmerksam anschaute.

«Dies Geld, das du mir gegeben hast, bindet dich», sagte er. «Ich werde dir binnen vierundvierzig Tagen zwei Helfer schicken. Der erste Helfer wird eine Frau sein. Du wirst sie nicht als deine Verbündete erkennen. Diese Verbündete mußt du bezwingen. Ich werde dir auch einen männlichen Helfer schicken, der dir deinen Weg weisen wird.» Er riß die Zwanzig-Dollar-Note entzwei, gab mir die eine Hälfte zurück und sagte: «Bewahre es auf.»

Ich war überrascht und verärgert.

«Wir sehen uns wieder», sagte er. «Bewahre dieses zerrissene Geld in deinem Bündel auf.»

«Sie meinen, in meinem Geldbeutel?»

Aber unser Gespräch war zu Ende. Er deutete nur mit dem Stock in die Ferne und sagte eindringlich: «Komm nie wieder an diesen Ort. Beeile dich.»

Mir lag nichts daran, diesen Mann zu reizen, der offensichtlich verrückt war. Ich konnte doch jederzeit, wann ich wollte, nach Guatemala und seinen Tempeln zurückkehren. Ich deutete an, daß ich verstanden hätte.

«Mach schnell, daß du fortkommst, sonst wirst du nie deinen Weg finden.»

Er stand auf und ging fort und war einen Augenblick später im Dschungel verschwunden. Mein erster Gedanke war, den wertlosen Fetzen Geld wegzuwerfen, aber dann steckte ich ihn hinter eine Kreditkarte in meiner Brieftasche. Ich hetzte zum Flugplatz und nach Guatemala City – auf der Jagd nach dem begehrten Fruchtbarkeitsgürtel.

Jetzt hing der Gürtel an meiner Wand. Er war schön – gewiß, und er lohnte die Anstrengungen, die es mich gekostet hatte, ihn zu finden. Ich trank noch einen Schluck Tee, und plötzlich wurde mir klar, daß seit jenem Erlebnis mit dem jungen Indianer mehr als ein Monat verstrichen war. Na ja, das ist seine Sache, dachte ich. Bislang hatte sich keine Helferin eingestellt – was immer er damit gemeint haben mochte.

«Wenn ich heut' abend zu Hause bleibe, werde ich noch wahnsinnig», sagte ich laut. Ich beugte mich vor und langte nach einem silbernen Kästchen, das auf meinem Kaffeetisch stand. Ich klappte den Deckel auf und holte einen Zettel heraus, auf den ein Name und ein Datum gekritzelt waren. Mein alter Freund Arthur Desser wollte am 18. Februar, 20 Uhr, eine Dinner-Party geben – eben an diesem Abend. Ich stopfte die Einladung in das Kästchen zurück. Meine Nerven flatterten – wegen des Zwischenfalls in der Galerie, und wegen der schlaflosen Nacht. Ich fragte mich schon, ob die Fotografie des Hochzeitskorbes nur in meiner Einbildung existierte. Ich blätterte sogar den Veranstaltungskalender der *Times* vom Wochenende durch, um festzustellen, ob überhaupt eine Stieglitz-Ausstellung stattgefunden hatte. Tatsächlich, die Ausstellung war angekündigt.

Und wieder verlor ich die Beherrschung. Ich telefonierte vergeblich mit mehreren Galeristen in New York. Keiner hatte ein McKinnley-Foto von einem Hochzeitskorb, wiewohl einer – möglicherweise – von einem solchen gehört hatte. Was ich jetzt brauchte, war eine Dosis Realität. Ich beschloß, zu Elizabeth Arden zu gehen und mir eine Pedicure zu leisten.

Wieder zu Hause, hockte ich eine Weile auf meiner Bettkante und rieb meine frisch lackierten Zehen gegen den weichen Hirschfell-Teppich. Dann stellte ich den Wecker zwei Stunden vor, vergrub meinen Kopf unter die Kissen und schlief ein.

«Nein, nein, nein», hörte ich meine Stimme in der Ferne schreien. Ich war sofort wach. Schweißgebadet schlug ich um mich, und mein Bettzeug lag überall verstreut. Noch immer den Traum vor Augen, setzte ich mich auf und stieß die Arme vor mir in die Luft, wie um eine gigantische Last wegzuschieben, die auf meine Brust drückte. Die Vision *konnte* doch nicht einfach ein Traum gewesen sein. Ich hatte sie so deutlich gesehen, ein kleines Mädchen mit unheimlich leuchtenden Augen, das mir den Hochzeitskorb entgegenhielt. Sie hatte mir gewinkt, näher, näher und immer näher zu kommen. Dann wurde sie plötzlich immer größer, und der Korb wurde riesig. Sie stürzte sich auf mich und bedrohte mich mit dem hoch erhobenen Korb.

«Oh mein Gott, nicht schon wieder», rief ich. Ich knipste das Licht an, zog die seidene Tagesdecke über mich und warf einen Blick auf die Uhr. Im gleichen Moment rasselte der Wecker. Ich drückte auf die Stop-Taste und ließ mich zitternd auf die restlichen Kissen fallen. Ich hatte nur einen Gedanken: aufzustehen und alle Lichter im Haus einzuschalten.

Ich zitterte immer noch, als ich aufstand, um mich für Arthurs Party anzukleiden. Dann fuhr ich nach Bel Air hinaus, keine zehn Minuten entfernt – über den Carolwood Drive, an Walt Disneys Haus vorbei. Ich mußte an Leon Craig denken, den Erbauer von Bel Air, der gleich neben Walt Disney residierte. Zu seinem Grundstück gehörte ein Garten von Versaille'schen Dimensionen, viele Hektar sauber geharkter Wege und ordentlich beschnittener Hecken und endloser Rosenbeete, die sich in heiterer Vollkommenheit um das weitverzweigte Haus erstreckten. Papa, wie seine Familie ihn nannte, war ein liebenswerter, bezaubernder Mann, der – abgesehen von gelegentlichen Besuchen seiner Verwandten – ganz allein in diesem riesigen Haus lebte. Er war Alkoholiker, ein Mann, der alles hatte, was man auf dieser Welt nur erreichen konnte, und doch im Alkohol Vergessen suchte. Ich mußte immer wieder an ihn denken. Papa glich so vielen Freunden meiner Eltern. Die erste Hälfte ihres Lebens kannten sie nichts als Kampf um die Anhäufung eines Vermögens; die letzten Jahre verbrachten sie im Elend der Verbitterung und Selbstzerstörung. So wollte ich nicht enden.

Beiderseits der Straße erstreckten sich die Symbole des Reichtums. Ich verlangsamte meine Fahrt, um einen Blick in diese herrlichen Gärten zu werfen – mit ihren langen, feierliche Korridore bildenden Baumalleen, mit ihrem im Mondlicht schimmernden Laub. Diese manikürten Sträucher und Blumenrabatten, gejätet und wie mit dem Kompaß ausgerichtet, waren mir ein großer Trost; die geordnete, wohlhabende Welt von Bel Air war mir vertraut. Normalerweise hätte ich die Abendluft in tiefen Zügen getrunken und mich gefragt, wie jemand sich nur wünschen konnte, woanders zu leben als hier. Aber an diesem Abend fühlte ich mich wie eine erschöpfte Batterie. Ich trat aufs Gas und richtete den Blick wieder auf die Straße.

Drei Meilen weiter erreichte ich Arthurs Haus. Ich sah das Licht in den Fenstern und hörte Musik. Auf der Straße parkten an die zehn Wagen – Rolls Royce, Mercedes, ein gigantischer Camper mit Allrad-Antrieb. Ich fragte mich, was für Leute Arthur wohl diesmal zusammengetrommelt haben mochte. Arthur macht sich ein Vergnügen aus intellektuellen Soirées, bei denen er Wissenschaftler und Industrielle, Künstler und Gurus um seinen Tisch versammelt. Arthur, der im Ölgeschäft ein beachtliches Vermögen gemacht hat, ist viermal geschieden, er hat zwei Kinder und macht beinah jeden esoterischen und psychologischen Trip mit. Es bringt ihn nicht weiter – und obwohl ich Arthur gern habe, bin ich bei ihm auf der Hut. Man kann nie wissen, was er im Schilde führt – besonders bei solchen Dinner-Partys.

Eine blecherne Stimme tönte aus der Sprechanlage – mit ausländischem Akzent. Es war das französische Mädchen.

«Françoise, hier ist Lynn Andrews.»

Das Schloß klickte, und Françoise öffnete das wuchtige, chinalackierte Tor.

«Comment ça va?» fragte ich.

«Très bien, merci, Mademoiselle Andrews. C'est magnifique!» rief sie. Sie zupfte an meinem schwarzen Seiden-Chintz-Kimono und tätschelte mir liebevoll den Arm. Plötzlich kamen um den grüngekachelten Swimming-pool die «Hounds of Baskerville» dahergesprungen, wie ich Arthurs Yorkshire-Terrier nenne, drei winzige, zerzauste Bündel voller Wut, Zähnefletschen und Gekläff.

«Oh, nehmen Sie sich vor dem einen in acht, Mademoiselle Andrews», rief Françoise erschrocken. «Sie wissen doch, er beißt.»

«Merlin wird mich nicht beißen, er kennt mich.» Merlin knurrte mich an, beschnupperte meine Zehen und versenkte munter seine scharfen Zähnchen in mein seidenes Hosenbein.

«Autsch, du kleiner Teufel . . .!» schrie ich und stieß ihn fort. Sein Biß war nicht durch die Haut gedrungen, aber meine Hose hatte ein paar Löcher.

«Ungezogener Hund!» schalt Françoise. Sie bückte sich und scheuchte die drei Hündchen, immer noch kläffend und knurrend, in ihren Zwinger.

Ich stieg die Klinkertreppe zum Salon hinauf. Votivkerzen brannten auf jeder Stufe, leuchtend-rote Blumen pendelten von der Empore herab. Arthur stand lächelnd oben an der Treppe, in seinem üblichen blauen Blazer und grauen Flanellhosen, ein Cocktail-Glas in der Hand.

«Darling, du kommst spät», sagte er.

«Dein Köter hat mich gebissen, das kleine Monster!»

«Das kann man ihm nicht abgewöhnen. Komm herein, Darling. Wie schön dein Haar ist. Hier sind ein paar wichtige Leute, die du unbedingt kennenlernen mußt.» Er nahm mir den Kimono ab und hängte ihn in die Garderobe.

«Was hast du heute abend wieder ausgeheckt, Arthur?»

«Hm, ich hab eine besondere Überraschung für dich. Einen indianischen Medizinmann, der den Bestseller *Sieben Pfeile* geschrieben hat. Hast du schon von ihm gehört?»

«Ja. Ich bin begeistert.»

«Dachte ich mir», sagte Arthur sarkastisch. Wir gingen in das quadratische weiße Wohnzimmer. Im Kamin knisterte ein Feuer. Die spiegelnde Licht-Box, ein Objekt von Ray Howlett, warf feine, pastellfarbene Prismen über die gewölbte Zimmerdecke. Ein Bild von Fritz Scholder nahm die ganze Wand hinter dem langen Ledersofa ein, und ein erleuchteter Buddha, sechs Fuß hoch und altersmorsch, hielt über uns allen Wacht.

Arthur stellte seine Gäste vor. «Sieh mal, Lynn, das sind meine ältesten und liebsten Freunde aus Connecticut: George Helmstead und seine Frau Pamela. George ist im Bankgeschäft.»

«Hallo», sagte ich.

«Ivan Demetriev kennst du ja.»

Wir umarmten uns.

«Und meine Freundin Helen, die heute abend einen großen Versicherungs-Deal feiert.»

«Wunderbar», sagte ich und beäugte sie neugierig.

«Kennst du Dr. Friedlander und Lorraine?»

«Ich glaube nicht.»

«Dr. Friedlander untersucht Phänomene der Alters-Verzögerung. Er kommt gerade aus Indien zurück.»

«Freut mich, Sie kennenzulernen.» Ich schüttelte dem Doktor die Hand. Sein Schädel war rasiert und schimmerte rosa und bläulich unter den Reflexen von Howletts Licht-Objekt. Sein Fu-Mandschu-Schnurrbart paßte gut dazu, und seine Augen glitzerten. Lorraine war groß, von pantherhafter Schönheit. Sie lächelte mich an. Dann machte mich Arthur mit einer Schauspielerin bekannt, die jahrelang mein Star gewesen war. Sie trug Pumphosen und eine Federboa.

«Und jetzt, *last but not least,* darf ich dir Hyemeyohsts Storm vorstellen, den Autor von *Sieben Pfeile.*» Ich streckte ihm die Hand entgegen. Mein erster Eindruck von Hyemeyohsts war eine Ruhe, grenzenlos wie die Weite des Nordens. Arthur brachte mir einen Wodka-Tonic, und ich nahm gedankenlos das Glas entgegen. Storm und ich unterhielten uns über sein Buch – und über mein Lieblingskapitel, Jumping Mouse. Noch während wir sprachen, wußte ich, daß irgend etwas von mir Besitz ergriff. Manche Menschen träumen davon, in sich selbst das Spiegelbild eines anderen zu finden, der irgendwie – und wäre er ein gewöhnlicher Mensch – Schönheit in ihr Leben bringen könnte. Etwas Ähnliches empfand ich nun, und es hatte gar nichts mit dem zu tun, was Storm sagte oder tat. Vielleicht war es einfach seine Anwesenheit oder seine Freundlichkeit. Ich weiß es bis heute nicht. Aber ich spürte, wie ich aufgenommen wurde, wie ich plötzlich mit Storm in einen magischen Kreis gezogen wurde – so daß ich hinter ihm und zugleich um ihn war. Äußerlichkeiten, die mir stets angenehm und vertraut gewesen waren, wurden zu Quellen des Unbehagens und der Bedrängnis, und ich fühlte mich unsicher.

Das Mädchen unterbrach unsere Versunkenheit mit der Ankündigung des Dinners, und alle standen auf. In der kühlen Abendluft drängten wir auf den Dachgarten und schlüpften über die enge, chromglitzernde Wendeltreppe ins Tal der Thankas hinunter. So nannte ich Arthurs Speisezimmer, das mit tibetanischen Kunstgegenständen behängt war. Mir fiel auf, daß Arthur und Helen ein wenig schwankten. Das verhieß nichts Gutes für den Rest des Abends.

«Was meinst du?» flüsterte Arthur und zeigte auf Storm.

«Sehr interessant», sagte ich einsilbig. Arthur plazierte uns um einen langen, massiv-hölzernen Tisch, der mit herrlichen Blumenarrangements geschmückt war. Kristall und Tafelsilber blitzten. Arthur nahm am Kopf der Tafel Platz und setzte Storm ans andere Ende – auf den «heißen Stuhl». Ich setzte mich rechts neben Storm. Françoise und ein anderes französisches Mädchen servierten uns einen Salat aus überbrühten Spinatblättern und kredenzten einen der beiden vorgesehenen Weine. Alle redeten über Dr. Friedlanders Anti-Alters-Projekt.

«Ehrlich, ich laß mir einfach ’nen Reißverschluß am Rückgrat einbauen», sagte die Schauspielerin.

Es herrschte ein leichter, unbeschwerter Ton, während wir mit dem Salat fertig wurden.

«Heute abend, hoffe ich, werdet ihr frei genug sein, um alles zu sagen oder zu tun, was ihr wollt», warf Arthur ein.

«Okay, Arthur, aber sagen wir's diesmal mit Humor, nicht mit Ironie», witzelte Ivan in seinem interessanten, russischen Akzent.

«Keine Einschränkungen. Nur keine Einschränkungen», rief Helen und hob ihr Glas, um auf ihre eigenen Worte anzustoßen. Françoise begann den Hauptgang aufzutragen – junge Tauben auf Naturreis.

«Man darf sich nie mit Einschränkungen abfinden. Das einzige, was man davon hat, ist der Tod», sagte die Schauspielerin und tranchierte die Taubenbrust auf ihrem Teller, um an die Füllung heranzukommen. «Finden Sie nicht auch, Ivan?»

«Ja. Solange man lebt, hat man das Gefühl, zu sterben; fühlt man sich verloren.» Er grinste sie höhnisch an.

«Ich finde, die einzige Antwort auf die ewige Suche in dieser Welt ist die Freud'sche Analyse», sagte Arthur, der sich Wein nachgeschenkt hatte.

«Die einzige Antwort ist: Tu, was du willst, und wenn du's nicht kannst, finde einen anderen, der's für dich tut», sagte der Banker aus Connecticut.

Arthur sah mich an. «Ich finde, Lynn, wer sich für die amerikanischen Indianer engagiert, ist ein Verlierer.» Françoise trug unser Geschirr ab. Das andere Mädchen reichte Crème caramelle.

«Findest du, ich bin eine Verliererin?» fragte ich, schon vertraut mit seinen Flachsereien.

«Was die Indianer betrifft – ja. Und was halten Sie davon, Mr. Storm?»

«Nicht viel», sagte Storm ruhig. «Übrigens, Mr. Desser, die einzige Art, wie ich mit Ihnen reden werde, ist von gleich zu gleich.»

Die ganze Runde schwieg.

«Was wollen Sie damit sagen?» fragte Arthur.

«Das werde ich Ihnen gleich zeigen», sagte Storm. Seine Gegenwart beeindruckte jeden, der in seiner Nähe war. «Sagen Sie: ‹Ivan ist nicht gemeint›.» Dieser Mann wirkte geheimnisvoll und tief wie ein Canyon. Er war eindeutig Dakota- oder Montana-Indianer. Man spürte es.

«Ivan ist nicht gemeint», äffte ihn Arthur nach.

«Sagen Sie: ‹Lynn ist nicht gemeint›.»

«Lynn ist nicht gemeint.»

«Sagen Sie: ‹Helen ist nicht gemeint›.»

Nachdem alle Gäste durch waren und die Reihe an ihn selbst kam, sagte Storm: «Wenn Sie's nicht sagen wollen, werde ich nicht mit Ihnen reden.»

«Sie sind nicht gemeint – und doch glaube ich, Sie sind ein Verlierer», sagte Arthur heftig. Er füllte sein Glas nach.

«Okay, mir ist's egal, ob Sie mit mir spielen wollen. Ich werde mit Ihnen spielen», sagte Storm mit unüberhörbarer Drohung in der Stimme.

Um das Gespräch in eine andere Richtung zu lenken, fragte ich Dr. Friedlander, was er in Indien gemacht habe.

«Ich habe ein Forschungsprojekt durchgeführt, obwohl meine Methode ein wenig eigenartig, bestenfalls unwissenschaftlich erscheinen mag. Ich interessiere mich für die Fähigkeit mancher Menschen, willkürlich ihre Körpertemperatur zu senken. Wenn der Körper auf niedriger Temperatur gehalten wird, so konnten wir feststellen, verlangsamt sich der Prozeß des Alterns. Ich meditiere seit Jahren, und ich bin Yogis begegnet, die tagelang in einem trance-ähnlichen Zustand verharren konnten. Was, wie ich hoffte, mit einem Sinken der Temperatur verbunden sein müßte. Also fuhr ich nach Indien, um Yogis zu finden, an denen ich meine Hypothese überprüfen konnte.»

«Und wie haben Sie ihre Temperatur gemessen?» fragte die Schauspielerin.

«Sie werden lachen, aber ich habe ein Rektalthermometer benutzt. Ich bin in Indien herumgereist und habe den Yogis ein Thermometer in den Hintern gesteckt.»

Alle lachten schallend – außer Arthur, der wütend mit Helen geflüstert hatte. Plötzlich befahl er ihr, zu verschwinden, und sie rannte unter Tränen hinaus.

Um den Streit zu überspielen, fragte ich: «Konnten Sie feststellen, daß die Yogis eine niedrigere Körpertemperatur hatten?»

«Nur in einigen Fällen fand ich einen merklichen Unterschied.»

«Haben Sie auf Ihren Reisen wirklich große Gurus getroffen?» fragte Ivan.

«Ja, einige. Meister in den Bergen, von denen noch niemand gehört hat. Sie hatten *Power.* Da war einer – der zog mich nackt aus und befahl mir, Steine zu schleppen und ihm einen Tempel zu bauen. Mitten im Urwald. Es dauerte Monate, und ich mußte alle Arbeiten für ihn und seine Schüler verrichten. Schließlich erlaubte er mir, seine Temperatur zu messen. Dann befahl er mir, alles niederzureißen, was ich für ihn aufgebaut hatte.»

Arthur mischte sich ein: «Mr. Storm, in Ihrer Welt sind Sie doch auch sowas wie ein Yogi?»

«Ja, bin ich.»

«Na, wieso steckt Dr. Friedlander nicht Ihnen ein Thermometer in den Arsch?» Arthur schien übergeschnappt.

Alle hielten erschrocken den Atem an.

Storm stand ganz ruhig auf und ging um den Tisch. Sein Blick hielt Arthurs Blick gefangen, der Raum zwischen den beiden Männern schien elektrisch geladen. Storm beugte sich vor und griff nach Arthurs Bauch. Seine Hand schien in Arthurs Magengrube, in der Gegend des Solarplexus einzutauchen. Dann drehte und zog er, als wollte er ihm die Eingeweide herausreißen. Arthur zuckte heftig zusammen.

«Das hab ich für Sie getan, Lynn», sagte Storm und sah mich unvermittelt an. «Ich habe ihm seinen Willen genommen. Jetzt können wir sprechen.»

Storm kehrte an seinen Platz zurück. Die anderen Gäste schienen nichts bemerkt zu haben und redeten im Stil der Party-Rituale weiter; auch Arthur, der nicht mehr betrunken zu sein schien. Sie waren wie hypnotisiert, und als Storm und ich zu sprechen anfingen, schien niemand uns zu hören. Aber wir sprachen nicht über das, was eben passiert war – ich scheute davor zurück. Schließlich fragte ich ihn mit bebender Stimme, ob er schon einmal von einem Hochzeitskorb gehört habe.

«Ich habe in meinem Leben nur einen Hochzeitskorb gesehen», sagte er, ohne die verzauberten Gäste um uns her zu beachten.

«Ja, haben Sie?» fragte ich aufgeregt und vergaß beinah, was vorhin geschehen war.

«Zufällig weiß ich, daß der Korb noch existiert. Wo – das weiß ich nicht.»

«Aber Sie müssen doch wissen, wo ich ihn finden kann», beharrte ich.

Er musterte mich gelassen, dann sagte er sehr behutsam: «Wenn ich die Absicht hätte, den Hüter des Korbes zu finden, würde ich ins Cree-Reservat fahren, nördlich von Crowley, Manitoba.» Er zögerte, zog tief den Rauch seiner Zigarette ein und sah mich gespannt an. Er fuhr fort: «Ich würde versuchen, eine alte Frau namens Agnes Whistling Elk zu finden. Sie ist eine Heyoka, wie manche Medizinfrauen genannt werden: eine Frau-die-zeigt-wie. Niemand weiß genau, wo sie lebt. Sie zieht viel umher. Anscheinend gefällt es ihr so.»

«Wie soll ich sie finden, wenn ich nicht mal ihre Adresse weiß?»

«Agnes läßt sich nicht festlegen. Zum Glück gibt es eine andere Frau, die Ihnen helfen kann, falls sie in Laune ist. Ruby Plenty Chiefs. Ich bin mir sicher, Ruby wird wissen, wo Agnes zu finden ist. Aber ich kann nicht versprechen, ob sie Ihnen helfen wird. Auch Ruby ist sehr geheimnisvoll – verschlossen, auf ihre Art. Vielleicht machen Sie die weite Reise nach Manitoba, nur um von Ruby zu erfahren, daß Sie umkehren und nach Hause fahren sollen. Sie läßt sich einfach nicht überreden, wenn sie nicht will.»

«Gibt es vielleicht ein Mittel, wie ich mich dieser Ruby Plenty Chiefs nähern könnte?»

«Ja, bringen Sie ihr Tabak mit, eine Stange Zigaretten und eine indianische Wolldecke. So ist es Brauch. Denken Sie daran, daß der Hochzeitskorb heilig ist. Geben Sie sich nicht der Täuschung hin, Sie könnten ihn haben, nur weil Sie ihn haben wollen. Sie können den Korb nur haben, wenn Sie seiner würdig sind.»

«Crowley, in Manitoba?» fragte ich verzagt. Im Stillen dachte ich: schon wieder unterwegs.

«Wozu brauchen Sie gerade diesen Korb? Es gibt so viele schöne Indianerkörbe, die viel ungefährlicher sind.» Irgendwie wußte ich, daß er mit mir spielte.

«Gestern abend, auf der Stieglitz-Ausstellung, sah ich das Foto von diesem Hochzeitskorb. Seither träume ich nur noch davon. Ich bin wie besessen von diesem Korb. Ich muß ihn finden – oder wenigstens eine Abbildung. Die Fotografie, die ich sah, war am anderen Morgen nicht mehr in der Galerie, und es gab auch keine Unterlagen darüber. Tatsächlich, es ist ein Alptraum.»

«Sind Sie Kunstsammlerin?» fragte er.

«Ich sammle und verkaufe indianisches Kunsthandwerk, vor allem Körbe.»

«Sie werden eine Menge Unannehmlichkeiten auf sich nehmen müssen, um den Hochzeitskorb zu finden. Er ist ein sehr hohes, heiliges Symbol in der Welt der Träumer.»

«Träumer?»

«Ja, Träumer.»

«Was ist ein Träumer?»

«Träumer sind diejenigen, die den Traum von sich selbst und von anderen sehen. Aber jetzt ist nicht der Zeitpunkt, über diese Dinge zu sprechen. Falls Sie ernsthaft interessiert sind, will ich Ihnen eine Karte zeichnen und Ihnen den Weg vom Winnipeg Airport zum Cree-Reservat zeigen. Hier ist meine Telefonnummer.»

Er schrieb seine Nummer auf einen Zettel, zeichnete auf die Rückseite eine grobe Skizze und drückte mir das Papier in die Hand. Er lächelte mir freundlich zu, wünschte allen Anwesenden einen guten Abend und ging. Erst jetzt merkte ich, daß er mir auch ein Stückchen graues Fell in die Hand geschoben hatte. Die anderen benahmen sich immer noch sehr merkwürdig, und bald darauf fuhren wir alle nach Hause.

Am anderen Morgen weckte mich Arthurs Anruf. «Sag mal, Lynn, war ich sehr schlimm gestern abend?»

«Arthur, du solltest aufhören zu trinken.»

«Tut mir leid, es ist mir peinlich.»

«Das Essen war fantastisch.»

«Ich weiß nicht, was ich gestern abend angestellt habe. Aber ich hab einen furchtbaren Bluterguß in der Magengrube. Es tut höllisch weh.»

«Nochmals, Arthur, vielen Dank für die Party. Ich ruf dich später an, wenn ich aufgestanden bin. Vielleicht bist du nur hingefallen.»

Was wäre die Stimme der Frau anderes, als die Stimme der Katchina?

– Agnes Whistling Elk –

Meine Maschine, Air Canada 727, landete auf dem Airport Winnipeg, und ich mietete mir einen Wagen. Eine halbe Stunde später rollte ich auf der Autobahn, Storms Kartenskizze folgend, nach Crowley. Ich kurbelte das Fenster hinunter und genoß mit einem ersten tiefen Atemzug die frische Luft Kanadas. Was in aller Welt fiel mir ein, hier draußen in der kanadischen Tundra eine alte Frau aufzusuchen – wegen eines Korbes?

Während der Fahrt stand dieser Korb plötzlich als Vision vor meinem inneren Auge, und einen Moment erlebte ich einen Kontrast von Licht und Dunkel, und ein weiter Raum tat sich vor mir auf. Dann kam wieder die Straße in meinen Blick, öde und verlassen, und ich blinzelte ein paarmal, um einen klaren Kopf zu bekommen. Ich umklammerte das Lenkrad fester.

Ich fragte mich, ob ich auch richtig angezogen sei. Ich trug Sasson-Jeans, hohe Stiefel und eine Khaki-Safarijacke von Kerr. Meine Reisetasche war vollgestopft mit Pullovern, Wollsocken und Pyjamas, außerdem hatte ich meinen Make-up-Beutel mitgenommen. Ich fröstelte ein wenig, darum stellte ich die Heizung an. Das Radio funktionierte, aber der Empfang war schlecht, und ich knipste es wieder aus.

Der Himmel war gewaltig, und nach allen Richtungen sah ich die erhabene Landschaft Manitobas. Auf weiten, hügeligen Flächen wogten und schwankten grüne Gräser im Wind.

Plötzlich kippte die Motorhaube meines Wagens nach links. Mein linker Vorderreifen war geplatzt. «Verdammt!» schrie ich und umklammerte krampfhaft das Steuer, während der Wagen quer über die

Straße und drüben auf das weiche Bankett schleuderte. Rutschend kam ich zum Stehen. Vorbei war mein Tagtraum von der landschaftlichen Schönheit Kanadas. Ich blieb eine Weile sitzen und atmete tief durch. «Nochmal Glück gehabt.»

Wütend stieg ich aus und trat mit dem Fuß gegen den deformierten Reifen. Auf und ab stapfend, hielt ich Ausschau nach einem Zeichen menschlichen Lebens, nach Hilfe, nach einem Telefon. Ich sah nichts dergleichen. Und jetzt fiel mir ein, daß ich seit dem Stadtrand von Winnipeg keinem einzigen Auto begegnet war. Nun ja, wenn kein Wagen der Straßenwacht in der Nähe war, mußte ich wohl selbst den Reifen wechseln. Also schleppte ich das Werkzeug nach vorn – und brach mir einen Fingernagel ab. Ich hockte mich auf die Erde und versuchte herauszufinden, wie der Wagenheber funktionierte. Immerhin war einer vorhanden, aber ich brauchte eine halbe Stunde, bis ich entdeckte, wie man das Ding unter den Rahmen zu schieben hatte.

Während ich neben dem Wagen kauerte und mich abmühte, den Hebel zu befestigen, entdeckte ich zwei schattenhafte Gestalten, groß und schlank, die auf der Straße in meine Richtung wanderten. Ich sprang auf und winkte und schrie – aber dann beherrschte ich mich wieder. Es waren zwei junge Indianer, und ich bekam es leicht mit der Angst zu tun. Sie kamen näher, und ich hörte, wie sie sich in einer mir fremden Sprache unterhielten. Ich nahm an, es sei Cree. Der eine trug eine braunkarierte Holzfällerjacke, der andere eine zerschlissene Kampfjacke von der Armee. Bei mir angekommen, bückte sich der eine, um den Reifen zu untersuchen. Er richtete sich auf, und die beiden fingen an zu lachen. Breit grinsend starrten sie mich an und unterhielten sich in Cree. Ich wurde allmählich wütend.

«Gibt es denn kein Telefon in der Nähe?»

Sie grinsten noch breiter.

«Sprechen Sie Englisch?» (Viele Indianer in den Reservaten tun es nicht.)

Der Mann in der Holzfällerjacke zuckte die Schultern. Keiner von beiden machte Anstalten, mir zu helfen.

«Vielen Dank, ihr Idioten.»

Ich kniete mich wieder hin, um mich mit dem Wagenheber abzuplagen. Dreißig Minuten später – ich war von oben bis unten mit

Wagenschmiere und Reifenstaub bedeckt, ich schwitzte und war erschöpft – war immerhin das Reserverad montiert. Ich hoffte, ich würde es nicht während der Fahrt verlieren.

Ich konnte es kaum glauben, daß die Indianer einfach dabeigestanden und zugeschaut hatten. Ich schleuderte Wagenheber und Werkzeug in den Kofferraum und funkelte die beiden an. Noch immer standen sie, zehn Fuß entfernt, und gafften.

«Ihr seid mir ein paar schlaffe Kerle.»

Ich wollte gerade einsteigen und losfahren, als der Mann in der zerschlissenen Feldjacke seine Hände zu ringen begann – als wolle er sie waschen. Ich fand es sonderbar, maß der Sache aber keine besondere Bedeutung bei. Jetzt hob er die Schultern, warf den Kopf zurück und begann in einer Art Zeichensprache zu gestikulieren. Ich empfand eine starke Spannung unterm Kinn und im Hals, und ich fragte mich, ob zwischen seinen Handbewegungen und dem, was mit mir vorging, ein Zusammenhang bestünde. Für einige Sekunden verschwamm alles vor meinen Augen, und als mein Blick wieder klar wurde, stand der Mann kerzengerade vor mir, die Hände seitlich angelegt. Beide beobachteten mich aufmerksam.

«Wollen Sie mitfahren?» fragte ich und wunderte mich über mich selber.

Der Mann in der zerschlissenen Jacke lächelte. «Klar. Würden wir gerne. Vielen Dank, Ma'am.» Ich war verblüfft, ihn perfekt Englisch sprechen zu hören. Die beiden krochen auf den Rücksitz, und wir fuhren los. Der Reifen schien in Ordnung.

Voller Wut beschloß ich, die beiden Männer zu ignorieren. Vor mir erstreckte sich endlos das Asphaltband. Ich war hungrig. Wir fuhren schweigend dahin. Die Bäume in der Ferne sahen aus wie Statuen. Allmählich fühlte ich mich immer mehr eins mit der einsamen Weite der Prärie.

Jetzt begann der Indianer in der zerschlissenen Feldjacke leise zu summen. «He ya he ya hey hey ooaaah.» Sein Freund fiel ein.

Ich warf ihnen durch den Rückspiegel einen Blick zu. Sie sangen mit geschlossenen Augen, ihre Köpfe nickten im Takt. Meinen Blick wieder auf die Straße gerichtet, mußte ich scharf bremsen, um ein Kaninchen zu verschonen.

«He ya he yah oooooaah, ich bin ein einsamer Cowboy, he ya he.»

Dieser Zwischentext überraschte mich. Im Rückspiegel sah ich, daß der Indianer in der Holzfällerjacke noch immer sang. Sein Blick begegnete meinem, und ich errötete.

Plötzlich schwebte direkt vor mir ein Vogel mit gewaltiger Flügelspanne. Ich versuchte auszuweichen, aber der Vogel schwang sich empor und schwebte gemächlich davon. Im gleichen Moment sangen die Indianer sehr laut, dann verstummten sie.

«Hier wollen wir raus.»

Ich suchte die Landschaft nach einem Haus ab – oder wenigstens einer Pfadspur. Nichts, nur die öde Weite der Prärie. Ich fuhr an den Rand und hielt.

«Sind Sie auch sicher, daß Sie hier aussteigen wollen?»

«Ja», sagte der Mann in der Holzfällerjacke, ohne mich anzusehen. Er öffnete die Tür an der Fahrerseite, und ein kühler Windstoß fuhr herein. Ich hatte gar nicht bemerkt, daß es draußen stürmte.

«Gute Fahrt», sagte der Mann in der Feldjacke. Er warf noch einen scharfen Blick zurück und marschierte mit seinem Freund davon. Rasch verschwanden die beiden hinter einem flachen Hügel.

Wieder auf der Straße, fielen mir die wuchtigen Schatten dicht geballter Wolken auf, die geisterhaft langsam über die Prärie segelten. Ich beobachtete die bläulichen Schwaden, wie sie sich fortwälzten, sich auftürmten und weiterwälzten. Ihre scharf abgesetzten Ränder schienen elektrisch geladen. Ihre Schatten verbargen immer wieder Details der Landschaft vor meinem Blick – als wollten sie mich hänseln. So etwa sah ich ein Pappelwäldchen seitlich in der Ferne verschwinden und dann, als die Hügel auseinandertraten, wieder auftauchen. Da war kein Zeichen menschlichen Lebens, und ich beeilte mich, nach Crowley zu kommen – aber mir war, als sei ich stundenlang gefahren, bis ich endlich dort ankam. Die Linien auf der Landkarte zeigten eine Sackgasse an.

Es waren fünf oder sechs Häuser. Über der Tür des einen hing ein Schild: COUNTRY STORE AND TRADING POST / CROWLEY. Eine Indianerin und zwei Kinder kamen heraus und schlugen die Gittertür hinter sich zu. Ich parkte mein Auto zwischen einem zerbeulten Lieferwagen, der einen Pferde-Anhänger zog, und einem Wagen neueren Datums, vollgepackt mit braunen, pausbäckigen Kindern, die Hostess-Napfkuchen futterten. Die Kleinen guckten mich an und kicherten und schoben sich Schokolade und Kuchenkrümel in den Mund. Als ich ausstieg, kam noch ein weiterer Lieferwagen mit angehängtem Pferde-Anhänger in einer Staubwolke angerauscht. Ein Indianer im Cowboy-Dress stieg aus. Er war gut gebaut – mindestens zweihundert Pfund.

«Hey, Lady, sind Sie zum Rodeo gekommen?» fragte er.

«Nein, ich wußte gar nicht, daß eines stattfindet.»

«Hm, jetzt wissen Sie's», sagte er grinsend. «Bis es dunkel wird, arbeiten wir drüben an'r Straße mit'm Lasso.»

«Besten Dank, aber ich suche eine gute Bekannte.» Nur kein Einlassen über das rein Sachliche hinaus, so dachte ich.

«Yeah, wer mag das wohl sein?» fragte er und setzte eine Bierdose an die Lippen.

«Ich suche eine Frau namens Ruby Plenty Chiefs.» Wirbelnder Staub von der Straße wehte mir in die Augen. Ich nieste und wischte mir mit der Hand übers Gesicht.

«Nie gehört. Sind Sie auch sicher, daß Sie im richtigen Reservat gelandet sind?» Er sah mich sonderbar an. «Na, dann bis später», sagte er, tippte an seinen Stetson und ging in den Laden. Ich folgte, nachdem ich meine Füße abgetreten hatte.

Der Laden war vollgestopft mit Konservendosen, Ersatzreifen, Motoröl, Napfkuchen, Keilriemen und Zeitschriften. Ein Schwall von Zetteln, mit Reißzwecken ans Schwarze Brett geheftet, flatterte raschelnd im Wind, jedesmal wenn die Tür aufging. Hinten stand eine Eisbox, gefüllt mit Milch und verschiedenen Colas. Frittes und Kartoffelchips hingen an hohen Gestellen bis zum Boden herab. Mitten in diesem Chaos – ein paar braune Augen, die mich kühl musterten.

«Kann ich Ihnen helfen?» fragte der Inhaber mit lauter Stimme. Ich zuckte zusammen.

«Nein.»

Rasch ließ ich meinen Blick durch den Laden schweifen, dann griff ich resigniert drei Päckchen Hostess Twinkies aus dem Regal.

Der Rodeo-Reiter sagte: «Die Lady sucht 'ne gewisse Ruby Plenty Chiefs.»

Der Inhaber verriet mit keinem Zeichen, ob er den Namen kannte. Die paar Indianer im Laden, die jede meiner Bewegungen verfolgt hatten, wandten die Augen ab. Ich kramte in meiner Handtasche nach dem Geldbeutel, während der Inhaber schweigend zwei Kinder und den Rodeo-Reiter bediente. Er starrte mich unverwandt an.

«Sie wohnte früher draußen an der Straße, hinter dem Indianer-Museum. Oder sie war, schätze ich, draußen auf der *Black Mesa.*» Er fuhr fort, dem Rodeo-Reiter sein Wechselgeld abzuzählen.

«Wissen Sie nicht, wo sie jetzt wohnt?»

Der Inhaber wandte sich an einen Mann im Hintergrund des Ladens.

«Hey, Emmet, weißt du, wo Ruby wohnt?»

«Yeah», rief der andere. «Früher wohnte sie draußen an der Straße, aber vor einem Jahr ist sie fortgezogen.»

Der Rodeo-Reiter zuckte die Schulter. «Kommen Sie lieber zum Rodeo.»

«Vielleicht ein andermal», sagte ich.

Achselzuckend wandte er sich ab und schlug die Gittertür hinter sich zu. Staub wirbelte herein.

«Bitte», sagte ich, «Hyemeyohsts Storm hat gesagt, ich könnte jedermann hier in Crowley fragen, wo Ruby Plenty Chiefs wohnt, und man würde es mir sagen.»

Der Mann lächelte breit und spuckte Tabaksaft auf den Boden. «Versuchen Sie's doch, und fahren Sie auf der *Gumble* – so nennen wir hier die Teerstraße – fünfdreiviertel Meilen hinaus. Nach der Brücke biegen Sie links auf die Sandstraße ab und fahren etwa vier Meilen weiter. Sie können die Hütte gar nicht verfehlen. Sie liegt rechts am Weg. Hören Sie mal, haben Sie vielleicht die Absicht, diese Twinkies zu bezahlen?»

Ich zahlte und lief rasch hinaus. Ein Windstoß knallte die Gittertür zu. Ich stieg in den Wagen und spürte Sand an meinen Handflächen, als ich das Steuerrad anfaßte. Nachdem ich die Benzinreserve geprüft und mir den Stand des Meilenzählers gemerkt hatte, machte ich mich, ein Hostess Twinkie mampfend, auf den Weg zu Ruby Plenty Chiefs Hütte.

Ich fuhr genau fünfdreiviertel Meilen, und dann entdeckte ich eine Sandstraße, die sich links über einen Hügel schlängelte. Die Fahrspur war tief zerfurcht, und ich holperte und schlingerte mit 15 Meilen pro Stunde dahin. Der Wind hatte sich gelegt, und auf meiner Windschutzscheibe sammelte sich so viel Staub, daß ich zweimal aussteigen und sie abwischen mußte. Dann sah ich, etwa eine halbe Meile vor mir, eine Hütte zwischen Felsen und Bäumen – aber kein Lebenszeichen, außer einem Bussard, der dort oben seine Kreise zog. Als ich die einfache Blockhütte besser sehen konnte, verlangsamte ich, beinah anhaltend, meine Fahrt. Dort auf der Veranda lag reglos ein großes, braunes Tier. Aber als ich mich im Schritt-Tempo näherte, erkannte ich, daß es zwei tote Hirschkühe waren. Ich hielt an. Gerade als ich die Tür aufstieß und ausstieg, kam eine alte Indianerin mit einem gewaltigen Fleischermesser in der Hand aus der Tür. Sie blieb stehen und funkelte mich zur Begrüßung böse an. Vor Angst erstarrte ich auf der Stelle.

Die Frau trug einen langen, wollenen Rock und eine schwarzkarierte Holzfällerjacke. Ihr langes, graues Haar war zu einem einzigen Zopf zusammengeflochten, ihr braunes Gesicht war von Falten zerfurcht. Das Messer noch immer drohend vorgereckt, krempelte sie sich die Ärmel hoch.

«Sind Sie Ruby Plenty Chiefs?» stammelte ich.

«Ja», sagte sie und fuchtelte mit dem Messer vor mir herum. Sie schien sich noch immer über die Störung zu ärgern.

«Hyemeyohsts Storm hat mich geschickt. Er sagte, Sie könnten mir helfen, Agnes Whistling Elk zu finden.» Inzwischen hatte ich mich, um mir einen raschen Fluchtweg offenzuhalten, zu meinem Wagen zurückgezogen. Ich mußte fast schreien, um mich verständlich zu machen.

«Ja», sagte sie. «Ich weiß.»

Ich kam mir albern vor. Ich konnte mir vorstellen, wie ich aussah – ein irres blondes Häuflein Elend, mit Wagenschmiere und Straßenstaub und Kuchenkrümeln bekleckert.

«Darf ich auf eine Tasse Tee hereinkommen?» fragte ich und machte einen Schritt zur Veranda.

Ruby nickte, drehte sich um und ging hinein. Ich nahm an, ich sollte ihr folgen, blieb aber auf der Veranda stehen, um mir die toten Hirsche anzusehen. Im gleichen Moment kam Ruby wieder heraus und blieb direkt vor mir stehen – diesmal mit einem zweiten Fleischermesser in der anderen Hand. Ihre auffällig alten Augen hatten das Leuchten eines Kindes – eines ungeduldigen Kindes. Sie hielt mir das

Fleischermesser hin und befahl mir, ihr beim Ausweiden zu helfen.

«Wir werden später über deine Reise sprechen», sagte sie. «Und wir werden über den Hochzeitskorb sprechen.» Mit der Kraft eines Mannes packte sie mich am Arm und sagte: «Schnell, auf, an die Arbeit.»

Ich war entsetzt. Sie drückte mir das Fleischermesser in die Hand und sagte schroff: «Mach genau, was ich mache. Schnell, bevor die Starre einsetzt.»

Die beiden toten Hirschkühe lagen auf der Seite. Ruby kniete nieder und zerrte sie in eine günstigere Position. Sie drehte sich zu mir um und bedeutete mir mit dem fuchtelnden Messer, ich solle schon mal anfangen. Diese Frau war für mich der Schlüssel zu dem Korb, den ich suchte – also kniete ich mich hin und fing an. Ruby führte einen raschen Schnitt um die Schalen der Hinterläufe; also hob ich mein Messer und zog die Klinge über die Kante der einen Schale. Der Anblick des Bluts und das Knirschen der aufplatzenden Haut trieben mir Tränen in die Augen. Aber ich machte weiter und versuchte, Rubys Bewegungen nachzuahmen. Zuerst schnitt ich nicht tief genug, dann verlor ich die Geduld und drückte das Messer bis auf den Knochen. Ein unsinniger Hieb – und die Schale fiel auf den Boden der Veranda. Ich wollte schreien.

Die Alte arbeitete bedächtig weiter. Sie schlitzte die Haut an der Innenseite der Läufe auf, bis zum Bauch. Die Metzelei schien ihr ein irres Vergnügen zu machen, und sie vergewisserte sich, daß ich nicht zurückblieb. Ich tat mein Bestes, und schließlich war die Haut von allen vier Beinen abgeschält. Als Ruby ihr Tier auf die Seite rollte, gelang es mir, auch das meine umzudrehen. Ich war mit Blut besudelt, das Messer und meine Hände waren klebrig. Plötzlich brach Ruby ihre Hirschkuh auf – es geschah so schnell, daß Eingeweide und gestocktes Blut in einem Haufen auf die Veranda schwappten, bevor ich mich auf den Anblick gefaßt machen konnte. Auch ich stach zu und sondierte mit geschlossenen Augen. Dann schaute ich mir die Eingeweide an. Da war ein Fötus, und Milch floß aus den Zitzen der Kuh. Eine Welle des Ekels erfaßte mich. Ich wandte mich ab und schloß die Augen. Durch das plötzliche Dunkel zusätzlich verwirrt, nahm ich von der Hütte und dem langsamen Fließen der Zeit nichts mehr wahr.

Ich weiß nicht, wie lange es dauerte, aber als ich endlich die Augen aufschlug, stand ich neben den verstümmelten und zerstückelten Tierleibern, und Ruby war nirgends zu sehen. Dann aber kam sie aus ihrer Hütte, breitete Zeitungspapier auf den Bretterboden zwischen den toten Tieren und machte sich wieder über ihr Wildbret her. Diesmal schnitt sie Leber, Nieren und Herz heraus. Die Leber und die Nieren warf sie aufs Zeitungspapier und hielt das noch warme Herz zwischen ihren Händen.

«Gut», sagte sie, und von ihren Fingern tropfte Blut. «Mach's nach.»

Ich hielt entsetzt den Atem an.

«Mach schon.»

Ich schaffte es, die einzelnen Organe herauszuholen. Meine Jacke und meine Jeans starrten vor Blut. Während ich das Herz herausschnitt, stand Ruby nach Osten gewandt und hob das Hirsch-Herz gegen den sich verdunkelnden Himmel. Sie fing an, in Cree zu singen. Ihr Gesang drang mir ins Herz, und ich blickte zum Mond auf, der inzwischen am wolkenlosen Frühlingshimmel strahlte. Langsam drehte sich Ruby zu mir herum, noch immer singend, einen düsteren Glanz in den Augen. «Hey eeeeh, hey yeeh.» Ihr Singsang brach ab, es entstand ein bedeutsames Schweigen, und dann sagte sie: «Es ist der Gesang des Blitzes. Er wird gesungen, um den Geist der Hirsche zu versöhnen.»

Ruby schnitt ein Stückchen Herz ab und begann es zu kauen. Sie winkte mir mit dem Messer, es ihr gleichzutun.

«Oh, nein», stöhnte ich.

Ich stieß die Klinge in das Hirsch-Herz und schob mir ein Stückchen von dem warmen, zähen Fleisch in den Mund. Ich kaute und würgte. Mein Mund war voll Blut.

«Ho», sagte sie und nickte beifällig.

Wir machten uns wieder an die Arbeit. Ich schabte die Haut ab und rollte sie zusammen. Die großen Augen der Hirschkühe schimmerten im Mondlicht. Inzwischen war jegliches Gefühl in mir erstorben.

Rubys Anweisungen befolgend, schnitt ich den Kopf meines Tieres ab. Ich trennte Flanken und Lendenstücke ab und warf die einzelnen Teile in einen Pappkarton. Wir füllten vier solche Kartons mit bluttriefendem Fleisch, und die Eingeweide warf Ruby den Hunden vor, die schnuppernd um die Hütte streiften. Knurrend und schnappend stürzten sie sich auf die Beute, dann rannten sie zähnefletschend davon – lange Darmschlingen hinter sich her zerrend.

Ich war erleichtert, daß die Metzelei vorbei war. So erschöpft und betäubt war ich, daß ich nur noch schlafen wollte. Ruby schleppte einen Karton mit frischem Fleisch hinein, dann kam sie wieder, um den nächsten zu holen. Ich fragte mich, wann sie mich auffordern würde einzutreten, aber sie schleppte alle Kartons hinein und kam nicht wieder zum Vorschein. Schüchtern klopfte ich mit meinen blutverkrusteten Fingern an die Tür.

Sie machte auf. «Was?»

«Ich muß mir die Hände waschen. Darf ich hereinkommen? Ich brauche einen Schlafplatz.»

«Wasch dich morgen früh.» Sie schlug mir die Tür vor der Nase zu.

«Warten Sie einen Moment», rief ich. «Wo soll ich schlafen?»

Ich hörte sie schroff sagen: «Geh und schlaf in deinem Auto, Wasichu.»

Mein Gott, das konnte sie nicht von mir verlangen; das durfte sie nicht. Ich hielt nach einer Wasserleitung Ausschau.

So stand ich ein paar Minuten und starrte ihre Tür an, bis mir allmählich klar wurde, daß mir nichts anderes übrigblieb, als in meinem Wagen zu schlafen. Ich trottete zurück und versuchte, so gut es ging, mich auf dem Rücksitz einzurichten. Ich hörte die Schreie wilder Tiere und verriegelte alle Türen. Viel Schlaf fand ich nicht.

Am Morgen erwachte ich, als Ruby ans Fenster klopfte. Die Alte hielt eine Blechbüchse und zwei Stücke gedörrtes Hirsch-Fleisch empor. Ich machte die Tür auf und streckte die Hand aus, zu schläfrig, um etwas andres zu tun, als dankbar zu nicken. In der Blechbüchse war eine bittere Flüssigkeit, die wie Kaffee schmeckte.

Nach dem Essen ging ich zur Hütte hinauf. Ich stellte fest, daß die Köpfe der Hirsche angenagt waren. Die Schalen und die übrigen Teile waren verschwunden. Das Blut am Boden der Veranda war aufgewischt. Ruby kam mit einem Beil aus der Tür. Sie stapfte zu einem Haufen dürrer Äste, der neben der Hütte lag, und fing an zu hacken, ohne mich zu beachten.

Ich erinnerte mich an die Wolldecke und den Tabak im Kofferraum meines Wagens. Ich holte die Sachen, ging zu Ruby und hielt sie ihr hin. «Ruby, ich bin einen weiten Weg hierher gekommen. Mir ist klar, daß ich ein Eindringling bin und nicht sehr willkommen.»

Ruby hackte weiter.

«Bitte, nimm diese Decke und den Tabak. Ich brauche deine Hilfe. Ich habe dir doch erzählt, daß ich den Hochzeitskorb finden will. Weißt du, wo Agnes Whistling Elk wohnt?»

«Ja, ich weiß es», sagte sie und brach einen Ast übers Knie. Nachdem sie mir Decke und Zigaretten abgenommen und auf den Holzstapel gelegt hatte, drehte sich Ruby langsam zu mir um und sagte: «Sie haust neun Meilen von hier entfernt. Der Weg zu ihr führt immer geradeaus nach Osten.» Sie nahm sich eine Zigarette und zündete sie an. «Man kann nur zu Fuß hingehen. Aber das täte ich nicht, an deiner Stelle. Nicht, bevor ich mich nicht mit meinen Hunden angefreundet hätte.»

«Mit deinen Hunden?»

«Ja. Die Tiere im Reservat sind ungezähmt – beinah wild. Sie haben schon mehr als einen Mann getötet, sogar ein paar Kinder. Die meiste Zeit sind sie draußen und jagen. Sie rotten sich in Rudeln zusammen und laufen meilenweit durch die Gegend. Ich weiß, daß sie viele Hirsche gerissen haben, und manchmal fallen sie sogar ihre eigenen Artgenossen an. Nichts kann sie zurückhalten. Du mußt dich mit ihnen bekanntmachen, und sie müssen dich kennen, bevor du hier durch die Gegend laufen kannst. Die Hunde sind gefährlicher, als du dir vorstellen kannst.»

«Was soll ich denn tun? Sie einfach streicheln – oder wie?»

«Ich werde sie rufen, und du mußt ganz ruhig stehenbleiben. Du darfst keine Furcht zeigen, sonst könnte es dein Ende sein. Ich glaube nicht, daß du sie aufhalten könntest, falls du eine falsche Bewegung machst und sie dich angreifen.»

«Könnte mir wirklich etwas passieren?»

Ruby antwortete nicht, sondern stieß einen schrillen Pfiff aus. Und schon kamen sie aus allen Richtungen gesprungen, an die dreißig Stück, Hunde von jeglicher Größe, Farbe und Gestalt, die sich um uns drängten. Sie sahen, daß es nichts zu fressen gab, und ein häßlicher, großer schwarzer Köter fing an zu knurren und zu bellen. Alle

Hunde fielen kläffend und bellend ein, sie fletschten die Zähne und geiferten. Ruby trug einen Armvoll Holz in die Hütte. «Warte doch», versuchte ich zu flüstern.

Ich wußte, wenn einer der Hunde eine Kettenreaktion auslöste, würde ich in Stücke gerissen werden. Ich mußte meine Angst in den hintersten Winkel meiner Seele verdrängen. Jetzt wurden die Hunde zutraulicher, hechelnd und schnüffelnd rückten sie mir zu Leibe. Ich beherrschte meinen Impuls, laut aufzuschreien. Kalte, feuchte Nasen schoben sich schnobernd unter meine Hosenbeine, glitten meine Beine hinauf, und mehr als eine bekundete besonderes Interesse für meine Leistenbeuge. Der große schwarze Hund sprang mit den Vorderpfoten auf meine Schultern und leckte mir das Gesicht, ein anderer sprang von hinten hoch, und wieder ein anderer benagte meine Stiefel. Ich erstickte meinen Drang, davonzurennen.

Ruby kam auf die Veranda. Sie schaute zu, tat aber nichts.

«Haut ab, zum Teufel», schrie sie schließlich. Die Hunde schreckten auf und rannten davon.

«Jetzt kennen sie dich gut genug.»

Mir brannten Tränen in den Augen, und meine Knie schlotterten. Jetzt, wo die Nervenprobe vorbei war, zitterte ich am ganzen Leib.

«Diese Hunde werden dir nichts mehr tun – du kannst froh sein», sagte Ruby, und ihre Augen lachten seltsam. «Du kannst durch die Gegend laufen, wie es dir gefällt. Ohne die Hunde zu kennen, würdest du ein großes Risiko eingehen. Jetzt hast du die Chance, zu Agnes durchzukommen; vorher hattest du keine.»

Ich hatte meine Hände krampfhaft gefaltet und merkte erst jetzt, daß ihre Durchblutung stockte. «Ja», sagte ich.

«Geh jetzt deinen Weg, Wasichu. Vielleicht wirst du finden, was du suchst.» Sie reichte mir drei Stücke Dörrfleisch, und ich nahm sie dankbar. Lachend ging sie fort. «Der Hochzeitskorb! Die Wasichu hat keine Ahnung.»

Wie ein Tölpel stand ich da – mit dem Fleisch in der Hand. Dann ging ich zu meinem Wagen und holte mir ein paar Sachen für den Fußmarsch zu Agnes.

Ich schlug den Pfad ein, der bei Rubys Haus begann. Neun Meilen, das war eigentlich nicht weit, und ich hatte mir den Parka um die Taille geschlungen und einen extra Pullover in meiner Schultertasche.

Tau funkelte noch im Gras. Ich umging die Felsen hinter Rubys Hütte und folgte dem Pfad in ein breites, friedliches Tal. Saftig grünte das Gras, und die wenigen Bäume prangten in ihrer Frühlingsblüte. Ein Bächlein schlängelte sich neben dem Pfad. Ich machte ein paar Rumpfbeugen, um meine Rückenmuskeln zu lockern, und versuchte, die Hunde aus meinem Gedächtnis zu verscheuchen. Dann joggte ich langsam den Pfad entlang und erreichte nach zwei oder drei Meilen den Talschluß. Langsam stieg ich weiter, nur von hoch dahinfliegenden Krähen begleitet, und rastete an einem Weiher, wo das Bachbett sich verbreiterte. Ich legte mich auf einen flachen, von der Sonne erwärmten Felsblock und aß ein Stück Dörrfleisch. Ich beobachtete die weißen Wolkentürme am Himmel und wurde schläfrig. Eichhörnchen turnten durch einen Baum in der Nähe, und ihr Geschnatter unterstrich noch die unheimliche Stille. Dankbar für die unverdorbene reine Luft, atmete ich tief durch. Ich spürte ihre Frische auf der Zunge.

Ich lag auf dem Bauch und berührte mit dem Finger das Spiegelbild meines Gesichts auf dem Wasser. Zitternde Wellenringe verebbten in Kreisen. Ich fragte mich, warum ich dieser Wahnidee folgen mußte. Jenes unbestimmte Gefühl – eine Mischung aus Angst und Erwartung – war immer noch da; wie damals, als ich zum erstenmal das Foto gesehen hatte. Ich wußte, daß ich mich auf unbekanntes Terrain vorwagte. Sehnsüchtig schaute ich auf das einladend warme Wasser.

«Warum nicht?» Ich konnte ein Bad brauchen.

Ich zog mich aus und ließ mich in die klare Flut gleiten. Bis zum Hals eingetaucht, hockte ich auf einem bemoosten Stein am Grunde des Tümpels. Halb im Traum beobachtete ich das Spiel der Lichtreflexe auf der Wasseroberfläche. Ich wußte nicht mehr, wie lange ich so im Wasser schwebte, aber ein kalter Windstoß brachte mich rasch zur Besinnung. Dunkle Wolkenbänke hatten die Sonne verfinstert. Als ich aufstehen wollte, glitt mein Fuß auf dem Moos aus. Ich griff nach dem Stein hinter mir, merkte zu spät, daß ich benommen und desorientiert war, und fiel platschend ins Wasser, das inzwischen schwarz wie der Himmel geworden war. Ich fand festen Halt und versuchte, auf allen Vieren aus dem Wasser zu kriechen, aber ich rutschte wieder aus, taumelte nach vorn und schlug mit dem Gesicht gegen den Stein. Meine Nase blutete. Ich rappelte mich auf und kroch an Land, so verwirrt, daß ich mit Mühe meine Kleider fand. Allmählich wurde mein Kopf klarer, und ich versuchte, mit meinem weißen Pullover das Blut abzuwischen. Es blieb ein langer roter Fleck zurück. In der Ferne hörte ich Donnergrollen, und es wurde noch dunkler. Ich fing an zu laufen – langsam, um meine Kräfte – oder was davon noch übrig war – zu schonen. Der Pfad führte über einen flachen Hügel und dann auf einem Plateau weiter. Das Gehen fiel mir schwer.

Über mir donnerte es. Ich erkannte riesige schwarze Gesichter in den Wolken. Jeder meiner Atemzüge war mir so bewußt, als ob jemand anders mich atmete. Ich hatte das Gefühl, beobachtet zu werden. Schließlich sah ich sie. Die Elstern, die vorhin umhergeflattert waren, hockten jetzt in einem Baum vor mir und lugten auf den Pfad herab. Als ich vorbeilief, folgten mir stumpfe, schwarze Augen. Sie waren unheimlich und aggressiv. Aber ich kämpfte mich weiter, bis zu einem weiten Canyon. In schiefergrauer Ferne hingen wehende Regenschleier. Von den Felswänden im Norden fuhr ein kalter Wind herab, und ich zog meinen Parka bis zum Hals zu und rannte weiter. Dann verengte sich der Pfad – und war nicht mehr zu sehen. Niedergeschlagen hockte ich mich auf die Erde und preßte die Hände an die Schläfen.

Mein Herz pochte, mein Mund war trocken. Krächzend flog eine Krähe vorbei. Ich hatte sinnlose Angst, aber da war etwas in mir, das mich antrieb, meinem Traum zu folgen. Ich stand auf, um mich zu orientieren. Ich blickte in die Schlucht hinab – hohe Mesa-Klippen auf beiden Seiten, und eine offene Talmündung. In der Mitte floß ein Bach – und wenn ich ein Pfad wäre, so fand ich, würde ich diesem folgen. Ich war wütend. Ruby hatte gewußt, daß der Weg im Nichts endete. Sie hatte mir aber gesagt, ich müsse immer geradeaus nach Osten laufen, und dieser Canyon erstreckte sich nach Osten. Also lief ich weiter, den grasbewachsenen Talgrund entlang.

Ich durchquerte die Schlucht, während es noch immer bedrohlich nach Regen aussah und die Bergflanken in ihren grauen Nebelschleiern trist und verlassen wirkten. Dann spürte ich, beinah ohne mir dessen bewußt zu werden, Pfadspuren unter den Füßen. Gott sei Dank. Es fing an zu tröpfeln, und ich lief weiter, völliger Erschöpfung nahe und ohne jedes Zeitgefühl. Mir war, als käme ich nicht von der Stelle, aber ich wußte, daß ich schon acht Meilen hinter mich gebracht hatte.

Gerade als ich mich einem von großen Felsblöcken unterbrochenen Pappelwäldchen näherte, prasselte der Regen los. Ich blieb wie angewurzelt stehen. Dort, in die Kulisse des Tafelberges eingebettet, sah ich den Umriß einer Hütte. War es Agnes Whistling Elks Hütte? Es war mir egal, so müde und durchnäßt und verängstigt war ich. Kein Lebenszeichen – weder von Mensch noch Tier. Ich nahm einen dicken Knüppel in die eine Hand, einen Stein in die andere – für den Fall, daß es hier Hunde gab, wie Ruby gesagt hatte – und ging näher. Ich kletterte auf die baufällige Veranda und klopfte an die Tür. Keine Antwort. Verzweifelt klopfte ich noch einmal – und die Tür ging auf. Drinnen war niemand. In der Ecke stand ein Bett, bezogen mit einer indianischen Decke. Anscheinend ein Two-Grey-Hills-Muster. Ich ertappte mich bei der Überlegung, ob ich die Decke kaufen könnte – ob dies Agnes' Hütte sei.

Auf dem Fensterbrett standen zwei Petroleumlampen. Auf einer grob gezimmerten Anrichte neben dem Holzofen stand eine blaue Emailschüssel. Kräuterbüschel hingen an Nägeln von den Wänden herab. Hier und dort waren Pappstücke als Isolierung angenagelt – sogar ein Coca-Cola-Schild hatte praktische Verwendung gefunden. Am Fußende des Bettes stand eine schlichte Truhe, darüber ein mexikanisches Stoffbild, das eine spanische Tänzerin zeigte. Daneben hingen mehrere Rasseln aus Hirsch-Schalen und ein Eulenflügel. Auf dem Tisch, in der Mitte des Raumes, entdeckte ich zwei Äpfel. Es gab drei Stühle.

Ich setzte mich und aß gierig einen Apfel. Über mir trommelte der Regen auf das Blechdach. Noch nie im Leben war ich allein in der Wildnis gewesen. Ich schloß die Tür – es war kalt geworden. Die abendlichen Schatten wurden länger, und mein Mut sank. Ich stampfte fest auf, nur um einen menschlichen Laut zu hören, und während ich eine Petroleumlampe anzündete und mich erfolglos bemühte, im Ofen ein Feuer in Gang zu bringen, sprach ich mit mir selbst. Ich war körperlich restlos fertig. Ich aß etwas von dem Trockenfleisch, das an der Wand hing. Niedergeschlagen und zitternd nahm ich mir den alten Schlafsack, den ich in einer Ecke liegen sah, und breitete ihn auf dem Bett aus. Er war voller Ölflecken und hatte ein blaues Baumwollfutter mit Micky-Maus-Muster. Ich hatte meine tropfnassen Kleider ausgezogen und wollte schon hineinschlüpfen, als ich merkte, daß ich dringendst pinkeln mußte.

Stöhnend schlüpfte ich wieder in Parka und Stiefel und öffnete einen Spaltbreit die Tür. Ein Blitz erhellte die Veranda, und ich sah, daß dort niemand war. Ich huschte hinaus, stolperte die Treppe hinunter und hockte mich, sicherheitshalber an die Veranda festgeklammert, unter strömendem Regen ins nasse Gras. Dann eilte ich wieder hinein und schloß die Tür hinter mir. Ich war total naß geworden. Ich zog mich aus und schlüpfte bebend ins Bett. Dann löschte ich die Petroleumlampe. Es hatte aufgehört zu regnen, und jetzt war es nur allzu still. Ich lag starr im Bett.

Ich weiß nicht, wie lange ich geschlafen hatte. Aber plötzlich wurde ich wachgerüttelt. Irgend jemand zerrte mich an meinen Haaren, zog mich an den Schultern hoch und schrie mich an.

«Steh auf! Es ist Zeit! Steh endlich auf!»

Ich riß die Augen auf und hielt den Atem an. Im flackernden Kerzenlicht sah ich ein Gesicht, bleich wie geschmolzenes Wachs. Ich war mir nicht einmal sicher, ob es ein menschliches Gesicht sei. Ich kreischte, und eine Hand legte sich auf meinen Mund.

«Es ist Zeit!»

Ich wandte den Kopf ab und versuchte, mein Gleichgewicht wiederzufinden. «Was ist los?» fragte ich. «Sind Sie Agnes Whistling Elk?»

«Ja, du bist in meiner Hütte. Steh auf und folge mir – sofort.»

Ich rappelte mich auf und schlüpfte in meine Jeans, den Parka und die Stiefel. Mit überraschender Kraft schob mich Agnes zur Tür. Beinah stürzte ich.

«Was, zum Teufel, haben Sie vor?»

Agnes stieß mich vorwärts. «Wir müssen uns beeilen.»

Ich war so steif, daß ich kaum gehen konnte, aber dann rannten wir im Mondlicht wie gehetzt von der Hütte fort. Die alte Frau sprang wie ein junges Mädchen über die Felsen hinter der Hütte. Es gab keinen Pfad. Wir krochen über Steine und zwischen hochragenden, geisterhafte Schatten werfende Klippen hindurch. Ich glitt aus und stürzte, wobei ich mir den Knöchel verstauchte und das Knie aufschlug, aber Agnes packte meine Hand und riß mich weiter. Dieses verrückte Tempo hielten wir über fünfzehn Minuten durch.

Wir erreichten eine Lichtung zwischen den Felsen. Keine zwanzig Schritte entfernt stand ein schimmerndes Tipi. Die Zeltwand war vom Feuerschein innen beleuchtet, und über der Spitze kräuselte sich der Rauch. Das Ganze wirkte surrealistisch. Agnes zerrte mich zum Eingang.

«Nackt!» befahl sie. «Du mußt den Großeltern nackt entgegentreten.»

Mit unglaublicher Geschwindigkeit fuhr Agnes herum und fing an, mir die Sachen vom Leib zu reißen. Ich versuchte zu protestieren, aber sie ohrfeigte mich. Meine Ohren klingelten, und ich zitterte vor Angst. Mir schwanden die Sinne, während Agnes mich in das Zelt schubste.

Sechs alte Indianerinnen, in Decken gehüllt, hockten um ein Feuer in der Mitte. Dichter, stechender Qualm hing in der Luft. Im rötlichen Feuerschein sah ich, daß die Gesichter der Frauen noch älter waren als das von Agnes. An den Zeltstangen hinter ihnen hingen Bänder herab – und Federn und Kalebassen und Büffelschädel. Vier dieser Frauen hockten vor kleinen Erdhaufen, in denen Gebetsstäbe steckten.

«Setz dich», sagte Agnes und drückte mich hinab.

Sie rutschte an meine rechte Seite und setzte sich neben mich. Ich zitterte und umklammerte meine Knie, um meine Brüste zu bedecken.

Glitzernde Augen starrten mich an, und das flackernde Feuer warf tanzende Schatten gegen die Wände des Tipi. Vorstellungen von mittelalterlichen Hexensabbaten wirbelten mir durch den Kopf. Liebgewordene Bilder von schönen alten Indianerinnen, wie die Fotos von Curtis sie zeigen, hatte ich erwartet. Diese Frauen aber schienen mich zu verhöhnen und starrten mich boshaft an.

«Warum bringst du diese Kannibalin mit, Agnes?» fragte eine der alten Frauen in gebrochenem Englisch. Ihre Stimme klang gemein. Bei dem Wort ‹Kannibalin›, so scheint mir, zuckte ich sichtlich zusammen.

Die mir am nächsten sitzende Frau hielt einen langen Stock oder Wanderstab in der Hand, von dem Federn herabhingen. Sie stieß mir die Spitze ihres Stabes gegen die Schultern und Hüften. Eine andere Frau beugte sich vor und kniff mich.

«Dieses Kind will auf dem Weg des Hochzeitskorbes wandeln», sagte Agnes.

Ich ließ die gräßliche Musterung über mich ergehen und wagte nicht, mich zu bewegen.

«Ho», sagte die Frau mit dem Stock. «Warum kommst du erst jetzt?»

Als ich mich umdrehte, überfiel mich ein Frösteln.

«Ich bin nur gekommen, um den Hochzeitskorb zu kaufen, falls es derselbe ist, den ich auf dem Foto gesehen habe – und falls er nicht zu teuer ist», plapperte ich.

«Still, du Närrin», sagte Agnes.

«Aber ich wollte doch nur den Korb ...»

«Still», zischte Agnes. «Sprich nur, wenn du gefragt wirst.»

«Sie ist nicht bereit», sagte die Frau mit dem Stab. Sie beugte sich zur Seite und flüsterte mit Agnes.

Die anderen alten Frauen nickten mit den Köpfen. Ich fühlte mich als Opfer einer schrecklichen Verschwörung.

«Du wirst sie nicht lehren können», sagte eine.

Dann hörte ich ein Geräusch, das ich nur als Gegacker bezeichnen kann – wie von Vögeln oder von Wahnsinnigen herrührend. Die alten Weiber fielen alle gleichzeitig schimpfend über mich her – es war einfach zuviel. Ich wußte, ich war im Begriff, den Verstand zu verlieren.

«Bitte, ich möchte doch nur den Hochzeitskorb sehen.» Ich erkannte meine eigene Stimme nicht wieder.

Die Frau mit dem Stab musterte mich kalt. «Wir werden für dich beten. Wir werden für dich träumen», sagte sie. Ich verstand kein Wort.

Mir schwindelte, der Boden schwankte unter mir, und ich fiel nach hinten. Die Gesichter der alten Frauen wirkten jetzt jünger, ihre Augen glänzten wie Spiegel. Ich sah das kleine Mädchen aus meinem Alptraum. Ein Hirsch saß auf dem Platz der alten Frau neben mir, und da waren auch noch andere wilde Tiere – ein Wolf, ein Luchs und noch ein paar andere, die ich nicht kannte. Das Zelt verschwamm kreisend vor meinen Augen, und ich wurde ohnmächtig.

Spät am nächsten Morgen weckte mich der Qualm des Holzofens. Oder – gehörte das noch zu meinem Traum? Einen Augenblick wußte ich nicht, wo ich mich befand. Agnes brockte Brot in den Tee.

«Iß», sagte sie. «Das Frühstück ist fertig.»

Ich stand auf und ging zum Tisch. Agnes holte zwei Blechteller und stellte sie vor uns hin. Sie setzte sich mir gegenüber. Ich zitterte und war sehr hungrig. Draußen vor dem Fenster schimmerte fahles Licht durch die Bäume. Es regnete. Ich betrachtete das Frühstück – Dörrfleisch vom Hirsch, Brombeeren, geröstetes Brot, Salbeitee – und langte herzhaft zu. Alles schmeckte wunderbar.

«Was ist gestern abend geschehen? Bin ich ohnmächtig geworden? Wie bin ich hierher gekommen?» fragte ich Agnes jetzt, wo ich mich besser fühlte.

«Iß nur», sagte sie und deutete auf meinen Teller. Sie stand vom Tisch auf und setzte sich auf das Bett, in dem ich geschlafen hatte. Ich bemerkte, daß sie meine zerfetzte Jacke aufhob.

Ich wärmte mein Gesicht über dem dampfenden Salbeitee. Die kleine Pappschachtel mit dem Dörrfleisch auf dem Tisch war außen blutverkrustet. Es war mir egal – es schmeckte wunderbar. Ich aß mit einem Bärenhunger.

Agnes flickte einen Riß in meiner Jacke. Ich nahm all meinen Willen und Mut zusammen und fragte: «Wirst du mir den Hochzeitskorb verkaufen?»

«Ich weiß nicht, Lynn, aber du bist in einer sehr gefährlichen Lage.» Agnes nähte unbeirrt weiter, blickte aber kurz auf und lächelte. Es war das erste Mal, daß sie mich mit meinem Namen ansprach.

«Was hat der Korb zu bedeuten? Und überhaupt – warum bin ich so von der Idee besessen, das verdammte Ding zu finden?»

Agnes nickte sanft und freundlich. «Du verstehst nichts.» Sie biß den Faden ab und verknotete ihn, dann legte sie die geflickte Jacke beiseite. «Wenn du nicht auf das Weibliche in dir hörst, wirst du sterben. Vielleicht wird der Hochzeitskorb eines Tages dir gehören. Vielleicht auch nicht. Es kommt ganz auf dich an. Du wirst die Entscheidung treffen müssen. Niemand kann sie dir abnehmen, auch nicht die Großeltern.»

Ihre Worte waren mir unverständlich, aber ihr Ton war entwaffnend freundlich. Agnes benahm sich ganz anders als die Megäre, die ich am Abend vorher erlebt hatte. Ich fragte mich gar, ob es ein und derselbe Mensch sei. Ihre Ohrfeige brannte mir noch immer auf der Wange. Ich wußte, ich hätte sie hassen sollen, weil sie mich so sehr gedemütigt hatte, aber ich konnte es nicht. Das Essen war erquikkend, und das Geplätscher des Regens auf dem Dach klang tröstlich.

«Was soll das heißen: meine Entscheidung? Was redest du eigentlich? Ich bin Kunsthändlerin.»

«Du hast keine Ahnung, was du bist», sagte sie. «Es gibt keine Erklärung dafür, warum du geboren bist oder warum du jener lebendige Teil der Erde bist, der du bist. Du meinst, ich wüßte nichts von dir, oder wer du bist, aber ich kann dir ein Erlebnis erzählen, das du einmal hattest. Ich selbst habe nie die großen Seen dieser Welt oder das Meer gesehen. Aber ich sage dir – einmal hat dich das Wasser überflutet, und darum hat der Schoß dieser Welt dich auserwählt und dir Schutz geboten. Das war ein Machtzeichen für dich, ein Geschenk aus dem Schoß deiner Mutter, der Erde, und das ist der Grund, warum die Träumer dich erreichen konnten. Es gibt keine Erklärung dafür, warum du ausgewählt wurdest. Alles, was dir bleibt, ist das Wissen.»

Mir fiel sofort das Erlebnis ein, auf das sie anspielte. Eines Tages war ich in Venice, Kalifornien, am Strand entlang spaziert, ich war auf einen der Felsen geklettert und hatte das türkisgrüne Meer bewundert. Ohne ersichtlichen Grund war das Wasser plötzlich mindestens dreißig Fuß hochgeschwappt und hatte mich überschwemmt – mich allein, und niemand anderen. Tropfnaß und lachend hatte ich mich an den Felsen geklammert, bis endlich die Strandwächter mit ihren Signalhörnern kamen und alle aufforderten, die Mole zu verlassen.

Agnes schenkte mir Salbei-Tee nach. Eine Weile saßen wir schweigend beisammen. Meine Gedanken wirbelten durcheinander. «Der Korb ist der uralte Weg der Frau», sagte sie sehr sanft.

Aus irgendeinem Grund fing ich an zu weinen, dann plapperte ich drauflos. «Diese gemeinen alten Weiber – vor allem Ruby Plenty Chiefs. Sie befahl mir, die Hirschkuh zu zerstückeln. Und wie sie mit ihrem Messer auf mich losging! Ich dachte, sie wollte mich erstechen oder in Stücke hacken. Es war schrecklich. So etwas ist mir noch nie passiert. Es ist einfach unfair. Ich hasse diese alte Hexe.»

«Es gibt keinen Grund, sie zu hassen», fiel mir Agnes ins Wort. «Sie wollte dich nicht verletzen. Ruby ist blind.»

«Blind?» rief ich, noch immer schluchzend. «Nein. Sie kann nicht blind sein. Das glaube ich nicht. Ach, es tut mir so leid.»

«Du darfst dich nie entschuldigen», sagte Agnes sehr ernst. «Wenn du willst, erzähle ich dir von Ruby. Aber du mußt gut zuhören. Ihre Geschichte ist von Bedeutung für dich.»

«Man merkt gar nicht, daß sie blind ist. Erzähl mir doch . . .» Ich wischte mir die Augen.

«Als Ruby sechzehn war, wollte sie Stuart Runs Backward heiraten. Er war ein guter Mann – aber das ist lange her. Er ist jetzt tot. Sie lebte bei ihrem Großvater. Eines Tages – er war in den Wald gegangen, um Fallen zu stellen, und Ruby war allein im Haus – hörte sie ein lautes Gepolter. Das war in den Tagen, bevor es Autos gab, als alle mit dem Planwagen fuhren oder auf Pferden ritten. Das Getöse wurde immer lauter, und sie schaute aus dem Fenster. Da sah sie einen eisernen Wagen ohne Pferde, aus dem vorne Rauch aufstieg. Vier Landvermesser der Regierung standen dabei und stritten sich.

Einer kam zur Hütte und klopfte an die Tür. Ruby fürchtete sich. Sie hatte noch nicht viele weiße Männer gesehen. Sie waren so seltsam angezogen, und zwei von ihnen trugen Pistolen. Der Mann draußen schimpfte ununterbrochen. Schließlich schlug er so fest gegen die Tür, daß die lederne Angel riß und die Tür nach innen fiel. Der Mann sah Ruby am Fenster stehen, und ich kann mir vorstellen, daß er sehr überrascht war, ein so schönes Mädchen zu sehen. Vielleicht hatte er geglaubt, daß nur ein taubstummer, alter Mann in dieser Hütte hauste. Er kam herein und packte sie am Arm und sagte irgendwelche widerlichen Dinge zu ihr. Ruby verstand kein Wort, aber sie mußte sich schämen.

Die drei anderen Männer kamen, um nachzusehen, mit wem der erste Mann dort in der Hütte redete. Ruby merkte, daß die Sache sehr gefährlich wurde. Sie wußte, daß diese Wasichu sie vergewaltigen wollten, und sie versuchte, durchs Fenster zu springen und wegzulaufen. Einer von ihnen schlug sie und drängte sie in eine Ecke. Einer der Männer war sehr groß. Er nahm seinen Gürtel ab, schlang ihn ihr um den Hals und schleifte sie zum Bett. Sie rissen ihr die Kleider vom Leib. Ruby flehte sie an, aber sie hörten nicht auf sie. Sie schrie und wehrte sich, und es gelang ihr, sich von dem Gürtel loszureißen und ein Holzscheit zu packen. Es gab einen schrecklichen Kampf – ich glaube, die vier Kerle waren wirklich überrascht. Sie wurden wütend und prügelten sie, aber sie waren damit noch nicht zufrieden, und darum vergewaltigten die Männer sie der Reihe nach.

Dann überlegten sie, ob sie Ruby töten sollten. Später sagten manche Leute, sie wäre besser tot gewesen, als auf diese Weise am Leben zu bleiben. Einer der Männer wollte ihr Geld geben, damit sie nichts von der Vergewaltigung verriete. Die Männer wußten, daß sie wegen ihrer Tat keine großen Schwierigkeiten haben würden, denn sie war ja nur eine Indianerin. Aber ihre weißen Familien würden vielleicht Unannehmlichkeiten bekommen. Sie hatten nicht den Mut, Ruby einfach umzubringen, darum zog einer von ihnen einen Kompaß hervor, wie sie ihn zum Zeichnen der Landkarten benützten. Er hatte eine scharfe Spitze. Die Männer wollten dafür sorgen, daß Ruby sie nicht mehr identifizieren könnte. Bevor sie gingen, sorgten sie dafür, daß sie blind war.

Als Rubys Großvater nach Hause kam und sah, was geschehen war, gab er ihr Brühe zu trinken und sammelte Kräuter, um sie zu heilen. Bald kam sie wieder zu Kräften, aber von nun an hockte sie immer nur in der Hütte, machte sich schmutzig und wollte nicht lernen, für sich selbst zu sorgen. Sie flehte sogar ihren Großvater an, sie zu töten, aber er verprügelte sie und sagte, er werde nicht erlauben, daß sie sich so gehenließ. Er sagte, sie habe jetzt einen einzigartigen Gegner – ihre Blindheit. Ruby antwortete, es sei ihr egal – sie wolle lieber tot sein. Ihre Schönheit war besudelt, und damit ihre Chance für ein glückliches Leben. Sie hatte trotzdem Glück, weil ihr Großvater ein Medizinmann war und weil er noch nicht so alt war. Er hatte lange gelernt und hatte große Macht.

Er sah, daß ihr Wille schlief und daß er ihren Bauch aufwecken mußte. Am Anfang war er sehr freundlich zu ihr, aber er stellte ihr häufig Fallen. Er ließ sie stolpern und stürzen, gab ihr kochend heiße Dinge in die Hand und legte ihr ungenießbare Sachen auf den Teller. Er neckte sie und stachelte ihre Wut an, bis er sah, daß ihr Bauch wieder lebendig wurde. Ruby war gekränkt. Sie glaubte, ihr Großvater habe sie nicht mehr lieb.

All diese Zeit saß er draußen im Mondschein, er sang viele Lieder, in denen er um Führung bat, damit Ruby wieder vollständig hergestellt würde. Eines Nachts sah er eine Waschbär-Mutter mit ihren Jungen. Dies war ein Zeichen, daß er Ruby nach Norden schicken sollte – das Zeichen, auf das er gewartet hatte. Sie ging fort.

Die Sautoux, hoch oben im Norden, wußten noch nichts von den Weißen. Ihre Macht war ihnen nicht geraubt worden. Ihre Macht war nicht im Verborgenen. Sie waren große Medizinmänner und -frauen, und ihre Tänze waren noch immer große Magie. Das war, wie gesagt, vor langer Zeit.

Da gab es einen Medizinmann mit Namen Four Deer, vor dem sogar diese Sautoux Angst hatten. Er hauste hoch in den Bergen, wo er von seiner Hütte aus das Dorf beobachten konnte. Die Leute sagten, Four Deer habe die Macht, sogar Tote ins Leben zurückzurufen, und er habe seine Macht von den Frauen, die ihn nicht sehen konnten. Nicht einmal ich verstehe seine Medizin. Alle Sautoux waren dafür, daß Ruby auf den Berg stieg, aber niemand wollte sie begleiten. Zu sehr fürchteten sie sich vor Four Deer.

Immer wieder stürzte Ruby, sie zog sich Prellungen und Schürfungen zu. Four Deer beobachtete sie von weitem, aber er sagte nichts. Irgendwie spürte sie seine Gegenwart, und irgend etwas zog sie zu ihm auf den Berg. Als sie oben ankam, lachte Four Deer. Ruby fragte, was sie tun solle. Er sagte, er wisse nur ein Mittel, ihr zu helfen. Sie werde immer blind sein, aber er könne sie vollständig machen, wenn er sie tötete und in ihrem Tode seine Medizin wirken ließe. Dann würde er von den Frauen, die ihn nicht sahen, Macht bekommen und sie wieder zum Leben erwecken. Danach müsse sie von den Sautoux-Frauen die Hirsch-Medizin erlernen. Sie müsse eine Brühe von Hirschknochen trinken und dürfe von da an nur noch Hirschfleisch essen. Andernfalls müsse sie sterben.

Four Deer errichtete eine Plattform und bettete sie darauf. Er nahm einen Pfeifenstiel und blies ihr Gift in die Ohren. Ruby starb, und ihr Geist zog fort zu den Lagergründen der eben Gestorbenen. Four Deer wirkte seine Medizin, erneuerte etwas in ihrem Körper und beschwor die Macht der Frauen, die ihn nicht sehen konnten, ihren Geist zurückzuholen. Dies dauerte viele Tage. Dann tat er, so erzählte mir Ruby, etwas sehr Kaltes in ihren Mund, und sie erwachte. Sie fühlte sich schlechter denn je. Sie machte einen seltsamen Anfall durch. Four Deer befahl ihr, die durch den Anfall erzeugte Energie zu nutzen, um in alle Richtungen zu fühlen. Er lehrte sie die Beherrschung dieser Energie.

Jetzt ist Ruby blind, aber sie sieht mehr als jeder andere. Four Deer führte sie zum Mittelpunkt des nach außenhin gewalttätigen Kreises, und er lehrte sie, ruhig zu bleiben. Sie wird immer sehen, weil sie immer in diesem Mittelpunkt ist. Er befahl ihr, zuerst zu den Sautoux-Frauen zu gehen und dann zu ihrem Großvater zurückzukehren, um sich durch seine Gesänge lehren zu lassen. Ruby ist eine Medizinfrau. Sie versteht mehr von Hirsch-Medizin als jeder andere. Four Deer und die Sautoux-Frauen haben sie alles gelehrt. Ich hoffe, sie wird ihre Medizin wegschenken, denn es sind viele, die ihre Medizin brauchen.

Ich habe dir nicht von Ruby erzählt, um dich zu unterhalten. Ich habe dir erzählt, um dich zu unterweisen», fuhr Agnes fort. «Ich bin eine Medizinfrau. Ich lebe im Anderswo und kehre hierher zurück, und gestern abend bist du mit mir dort gewesen. Du sollst in ein Wissen eingeweiht werden, das so alt ist wie die Zeit. Die Träumer haben dich angerührt. Du kannst zurückblicken und es nicht beachten. Du kannst wählen, blind zu bleiben, oder du kannst deinem Schicksal folgen.

Agnes' Gesicht war friedlich. Allmählich wurde mir klar, daß ich von einer Kraft angezogen wurde, die sich meinem Verständnis entzog. Ich begann einen Zusammenhang zwischen den Ereignissen der letzten Monate zu erkennen. Überwältigt und wie betäubt lehnte ich mich auf meinem Stuhl zurück. Mir dämmerte die Idee, daß dies kein Fall von Besessenheit sei, sondern daß ich, indem ich erwählt wurde, auch selber wählte. Jede Abscheu, jeder Schrecken fesselte mich nur noch stärker an meinen Traum von dem Korb. Ich wußte nicht, was mich hier festhielt, die Sucherin in mir oder der Alptraum – aber was machte es aus?

Vielleicht ahnte Agnes meine Kapitulation, denn sie lächelte und nickte mir zu. Wortlos begann sie, den Tisch abzuräumen. Ich starrte auf das verwitterte Holz und die gerösteten Brotkrümel. In diesen Krümeln war mein Leben enthalten, ich wußte es, aber es beunruhigte mich nicht.

Agnes legte mir die Hand auf die Schulter und sagte: «Komm jetzt, du wirst nach Kalifornien zurückfahren.»

«Wie kann ich zurückfahren?» fragte ich. «Ich habe den Korb nicht gefunden. Ich kann noch nicht nach Hause fahren.»

Agnes zog ein dickes Wollhemd an und reichte mir feierlich meinen Parka.

«Wir gehen zu Ruby», sagte sie. «Ich schicke dich nach Hause.»

Sie ging zu ihrer Truhe, holte etwas heraus und legte es auf den Tisch. Es war ein Ohrring aus einer Geweihsprosse, mit einem eingelegten Türkis.

«Ruby sagte mir, falls du zufällig bei mir auftauchen solltest, soll ich dir diesen Ohrring geben. Nimm ihn – es ist ein Schutz.»

«Schutz? Wozu brauche ich einen Schutz? Wie kann ein Ohrring mich schützen?»

«Leg ihn an», befahl sie. «Laß nie einen Mann ihn berühren – es sei denn ein Heyoka-Mann in seiner Frauen-Zeit.»

Ich legte den Ohrring an. Agnes war schon hinausgegangen, und ich nahm meine Tasche und folgte ihr.

«Eine Frau wird schwanger geboren», sagte Agnes, während wir von der Hütte fortgingen. «Ein Mann muß von der Frau geschwängert werden. Manche Männer erreichen dies durch Pflanzen – oder durch andere Disziplinen. Es gibt Geheimnisse, die ich dir nicht verraten darf.»

Wir schlugen den Weg nach Westen ein, und Agnes sprach weiter: «Es gibt verschiedene Arten von Kräften in der Welt. Diese Mächte können dich mit Leichtigkeit töten; sie können machen, daß du wolltest, du wärst tot. Falls du die Absicht hast, den Hochzeitskorb zu besitzen, selbst gegen alle Kräfte, die jemals waren, wirst du Mut und Willenskraft brauchen. Dieser Ohrring wird dir helfen, aus deiner Welt in meine herüberzukommen.»

Agnes bedeutete mir, schneller zu gehen. Ich hatte Mühe, mit ihr Schritt zu halten.

«Die Dinge, die dir in deiner Welt früher geholfen haben – deine Kreditkarten, dein Auto, deine Kleider –, das alles ist hier in dieser Welt nutzlos und kann dir nicht helfen.»

Die Luft war klar, und es war wunderbar, den Duft der feuchten Erde zu riechen. Schweigend gingen wir eine Meile dahin. Die Erinnerung an das leuchtende Tipi in der Nacht beunruhigte mich – dies, und das Wort ‹Kannibalin›, das die alte Frau gebraucht hatte.

Schließlich fragte ich: «Gestern abend, Agnes, was meinten die Frauen mit ‹Kannibalin›?»

Agnes lächelte. Ohne stehenzubleiben, holte sie eine dünne Scheibe Dörrfleisch aus der Brusttasche ihres Wollhemdes und hielt es mir vor den Mund. Sie forderte mich auf zu essen. Ich nahm einen Bissen, obwohl ich nicht hungrig war. Das Kauen fiel mir schwer.

Wir kamen an die Stelle, wo der Pfad endete und der Abstieg in den Canyon begann. Jetzt, nach dem Regen, blühten hier viele Blumen. Ihre Farben leuchteten. Die Blüten schaukelten im sanften Wind.

«Gestern abend hast du die Großeltern besucht», sagte sie. «Sie haben sich mir geschenkt, weil du von den Träumern auserwählt wurdest. Die Großeltern helfen mir, dich zu lehren. Du bist in eine Welt eingetreten, die dir fremd ist. Es gibt vieles, was du nicht verstehst.» Agnes hielt unvermittelt inne. Sie kniete auf einer blühenden Wiese nieder und hob einen der blauen Blütenkelche hoch. Ich bückte mich, um ihn zu betrachten.

«Wenn du mit einer Pflanze sprechen kannst», sagte sie, «wenn du weißt, daß eine Pflanze lebendig ist und daß sie einen Geist hat, wirst du die Pflanze essen, und die Pflanze wird sich dir schenken. Durch den Geist der Pflanze wirst du Macht haben.» Sie pflückte die Blume und aß sie. «Wenn ich dich ansehe, weiß ich, daß du nicht verstehst, was ich sage.»

Nervös kaute ich einen Bissen gedörrtes Hirschfleisch.

«Das Fleisch, das du jetzt ißt, ist deine Schwester. Wir essen unsere Brüder und Schwestern. Du bist eine Kannibalin. Deine Schwester ist gefallen, damit du leben kannst.»

Ich nickte verstehend, und wir gingen weiter. Im Canyon wimmelte es von Vögeln, Präriehunden und Schmetterlingen. Überall herrschte frühlingshafte Geschäftigkeit.

«Ja», sagte ich. «Ich glaube, ich kann verstehen, warum du Menschen als Kannibalen bezeichnest. Aber ich verstehe nicht, warum du mich so demütigen mußtest. Ich meine, du hast mich vor allen diesen alten Weibern nackt ausgezogen – vor den Großeltern», korrigierte ich mich.

«Um einen Anfang zu machen, um deine ersten, unbeholfenen Schritte auf dem Weg des Weiblichen zu tun, mußtest du in jeder Hinsicht nackt sein», sagte Agnes.

Wir stiegen aus dem Canyon zum Rand der Hochebene hinauf und sahen in der Ferne den Bach und den Weiher. Ich ließ meinen Blick über die Felstürme gleiten, und wieder mußte ich feststellen, wie schön dieser Weiher gelegen war.

Mit ganz veränderter Stimme sagte Agnes plötzlich: «Bist du eine Frau?»

«Ja.»

«Bist du eine Frau, wenn du nackt bist?»

«Ja», antwortete ich.

«Hast du eine Vagina?»

«Ja.»

Ich hatte keine Ahnung, was sie mit diesen Fragen bezweckte.

«Menstruierst du?»

«Ja.»

«Wir konnten es nicht wissen. In der Welt der Indianer sagen wir: ‹der Mond der Frau›. Dies ist die Zeit ihrer größten Macht. Gestern abend mußten wir uns vergewissern.»

Ich errötete. Schweigend gingen wir den Rest des Weges bis zu der flachen Steinplatte am Wasser. Ich war froh, mich ausruhen zu können. Wir aßen ein wenig Dörrfleisch und tranken Wasser aus dem Bach. Zufrieden und schläfrig lehnte ich mich gegen die Steinplatte. Ich schloß die Augen und gähnte.

Plötzlich hörten wir eine laute Explosion – es klang wie ein Pistolenschuß.

«Wach auf!» schrie Agnes mich an. Ich sprang auf und wirbelte herum.

«Wie kannst du wissen, daß ich dich nicht töten werde?» fragte sie und ließ zwei große Steine, die sie in den Händen gehalten hatte, auf den Boden fallen. Sie sah bedrohlich aus. Sie schien viel größer als gewöhnlich.

«Setz dich», befahl sie und deutete auf den Boden. «Jetzt wollen wir über den Hochzeitskorb sprechen. Du sollst etwas über ihn erfahren, damit du weißt, was dir bevorsteht.

Eines Tages kam ein Mann zu uns – nur ein Mann. Er nannte sich Father Pearson. Er sagte, er wisse alles über die beiden Arten des Sehens. Er könne zum Himmel aufschauen und die guten Geister sehen und hören. Und unten, so sagte er, in der Mutter Erde, seien die bösen Geister. Er hielt das Zeichen der sich kreuzenden Wege empor und sagte, wir wären nicht im Gleichgewicht. Er sagte, wenn wir nicht anfingen, zum Himmel aufzuschauen, würden die guten Geister uns töten. Das fanden wir alle damals ziemlich sonderbar.

Der alte Twin Coyotes hatte Mitleid mit ihm und beschloß, ihn zu lehren. Er zeigte ihm, was wir in unseren Medinzinbündeln hatten; aber immer, wenn Twin Coyotes ihm etwas über die Frauen sagen wollte, wurde der Priester ganz böse. Twin Coyotes sagte zu ihm, wenn er wirklich lernen wolle, Macht zu gebrauchen, dann müsse er zu mir kommen und von mir lernen. Das behagte ihm nicht, aber er war schlau, und er gehorchte. Es gibt keine Medizinmänner ohne Medizinfrauen. Ein Medizinmann hat seine Macht von einer Frau, so ist es immer gewesen. Ein Medizinmann steht auf dem Platz des Hundes. Er ist nur ein Werkzeug der Frau. So scheint es heute nicht mehr zu sein, und doch ist es wahr.

Er kam zu mir, und weil Twin Coyotes mein Freund war, nahm ich ihn als Schüler auf. Er war klug, und er lernte schnell. Ich wußte, daß er sich in mich verlieben würde, je mehr Fortschritte er in seiner Lehrzeit bei mir machte. Das passiert oft bei Männern. Ich liebte diesen weißen Mann nicht, ich hatte ihn nicht einmal gern. Aber ich sah, daß er mächtig wurde.

Eines Tages gestand er mir seine Liebe und wollte mich besitzen. Es verlangte ihn nach meiner Macht, aber ich wollte sie ihm nicht geben. Ich sagte ihm, er müsse eine andere Frau des Wissens finden. Eifersucht war bei meinem Volk damals unbekannt, aber ich sah, wie seine Augen sich mit Haß füllten. Haß ist eine Macht, die ich verstehe, und ich beschloß, ihn mit dem Geschmack des Hasses im Mund weiterleben zu lassen. Der Haß schmeckt wie angebrannter Mais. Wenn er mit Weisheit einhergeht, gibt es fast nichts, was seine Macht aufhalten könnte.

Von da an, bis zum Ende seiner Lehrzeit bei mir, ließ ich ihn eine Maske tragen. Es gibt Masken, die man anlegen kann, um seine Gefühle zurückzuhalten – das weiß jeder Heyoka. Es ist ganz einfach. Du brauchst dir nur mit einer Knochennadel einen Stich im Gesicht beizubringen, und schon kannst du glücklich und voller Liebe herumlaufen – auch das ist eine Maske. Aber die Maske, die dieser Mann trug, war dazu bestimmt, seinen Haß zurückzuhalten.

Er lernte so viel, wie ein Mann nur lernen kann. Er kennt die Welt der Indianer so gut wie nur einer, und er kann tun, was er will. Du wirst es nicht verstehen, aber er besteht ganz aus Macht. Ich lehrte ihn alles, was er brauchte, um ein Medizinmann zu werden, aber das interessierte ihn nicht. Er nahm das Wissen und wurde statt dessen ein mächtiger Zauberer. Das alles hat er nach und nach gelernt, und jetzt ist er so stark wie nur ein Zauberer auf Erden. Er legte sein Priestergewand ab, nahm einen Namen an und lernte, im Verborgenen zu leben. Sein Name ist Der-Mann-der-den-Weg-wählt, oder Verborgener Pfad. Manche behaupten, sein Name sei Fire Dog oder Fire Soldier. Wir, die wir ihn kennen, nennen ihn Red Dog.

Einst war ich die Hüterin des Hochzeitskorbes. Er war aus den Träumen vieler Frauen geflochten, gefertigt und erneuert durch die Bemühungen der Weberinnen und der Träumerinnen. Er ist sehr schön, und er ist allen Frauen heilig. Dieser Red Dog fand den Korb eines Tages, als ich mich mit Twin Coyotes traf. Ich hatte nicht erwartet, daß er ihn stehlen werde, aber er tat es. Er mußte etwas haben, das er als Macht-schenkende-Frau benutzen konnte, darum hat er den Korb gestohlen. In ihm war mehr Macht als bei irgendeiner Frau.

Ich kann dir den Korb nicht geben. Du mußt ihn von Red Dog zurückstehlen, und ich kann mir nichts Gefährlicheres vorstellen als dies. Ich bin bereit, dich zu lehren, wie du ihn stehlen kannst, denn mir kann Red Dog nichts anhaben. Dich aber kann er mit Leichtigkeit auslöschen, und er ist immer auf der Hut. Es wird nicht leicht sein, den Korb zu stehlen, aber wenn du tapfer bist, könntest du dazu fähig sein. Ich kann ihn nicht selbst zurückstehlen, denn so bestimmt es das Gesetz der Träumer. Ich hoffe, du bist bereit.»

«Stehlen! Nie könnte ich etwas stehlen», sagte ich selbstgerecht.

Agnes warf mir einen wütenden Blick zu.

«Ich habe noch nie im Leben gestohlen», log ich.

«Mich interessiert deine Fähigkeit, nicht deine Moral. Wenn du den Korb haben willst, mußt du stehlen lernen.»

Niemand ist jede Stunde des Tages ein Zauberer. Wie könnte man leben?

– Pablo Picasso –

Morgens um sieben war der Holmby Park menschenleer, bis auf ein paar Jogger und zwei ältere Gentlemen, die ihre Hunde an der Leine spazierenführten. Ich machte Rumpfbeugen, holte ein paarmal tief Luft und trabte los. Das Gras war feucht und duftete aromatisch, die Wassertropfen der Rasensprenger glitzerten wie Kristalle. Ich schaute zu den Bäumen und den üppigen Gärten am Rande des Parks hinüber. Das letzte Mal, daß ich einen Dauerlauf gemacht hatte, war in Kanada. Dort gab es keine von Bäumen gesäumten Alleen – nur die Weite der kanadischen Prärie.

Agnes hatte mir empfohlen, meine Rückkehr nach Kanada sehr sorgfältig zu überlegen. Ich würde mehrere Wochen, vielleicht sogar Monate bleiben müssen, und vielleicht würde ich Agnes nie wieder verlassen können. Vielleicht würde ich dort sterben. Sie würde mich lehren, den Hochzeitskorb zu stehlen – falls ich mich entschließen sollte, die Lehrzeit durchzumachen. Hier in Los Angeles aber baute ich jedes nur denkbare Hindernis vor mir auf: Angst, Faulheit, meine ewigen Zweifel. Ich dachte immer, es hätte keine Eile, ich hätte genug Zeit. Ich umrundete das südliche Ende des Parks. Es tat gut, wieder regelmäßig zu joggen. Als ich in meine Wohnung zurückkehrte, war ich durchgeschwitzt und erschöpft.

Nach dem Duschen hüllte ich mich in einen Plüschmantel und bürstete mein Haar – während meine Gedanken um Körbe und häßliche alte Weiber kreisten.

Ich ging ins Schlafzimmer und zog ein weißes Kleid und hochhakkige Schuhe an. Ich wollte in Schwung bleiben, um meinen Gedanken zu entfliehen. Zerstreut fuhr ich zum Bistro Garden, um mich mit meiner Freundin Caroline zu treffen.

«Na, du bist ja in prächtiger Stimmung», sagte Caroline. Unsere Freundschaft hatte sich immer durch ein Quentchen «Hol's-der-Teufel»-Humor ausgezeichnet. Es tat gut, Caroline wiederzusehen.

«Uff, was bin ich in 'nem komischen Zustand!» seufzte ich.

«Ja?»

«Vielleicht starte ich schon in ein paar Tagen nach Kanada, um bei dieser Medizinfrau zu bleiben, von der ich dir erzählt habe. Wir werden ja sehen. Mehr kann ich dir im Moment nicht sagen. Ich werde einfach verrückt, weißt du.»

«Du hast schon immer merkwürdige Geschichten gemacht – aber nach Kanada fahren und bei den Kopfjägern leben, oder was es für Leute sein mögen, das ist'n bißchen stark!»

Ich starrte Caroline mit leerem Blick an und nippte an meinem Martini. Der Drink brannte auf den Lippen, aber es war jetzt genau das richtige Gefühl – giftig und wohltuend. Sofort war ich leicht beschwipst. Im Bistro wimmelte es von schicken Leuten. Geschliffene Glasflächen und poliertes Messing unterteilten die Reihen der Tische, und auf jedem prangte ein zauberhaftes Blumenbouquet. In den großen Wandspiegeln brachen sich endlose Fluchten lächelnder, schöner Gesichter – alles ganz normal, aber völlig absurd. Ich mußte mich zwingen, ruhig und aufrecht auf meiner roten Plüschbank sitzenzubleiben.

Endlich kam unser pochierter Lachs. Während ich Sauce béarnaise aus einer silbernen Saucière schöpfte, mußte ich an die blutverschmierten Pappkartons denken.

«Was ist eigentlich mit dir los?» frage Caroline.

«Sag mal, Caroline, hast du nicht Lust, nach Kanada mitzufahren?» witzelte ich. «Ist zwar nicht gerade Rio, aber wir könnten doch in dem netten Hüttchen hausen, das ich dort kenne. Der Service ist etwas spartanisch, aber dafür ist man ganz ungestört.»

Sie bestellte sich noch einen Drink. «Und – gutaussehende Männer?»

«Oh, ja. Massenhaft ungebundene Junggesellen», lachte ich und dachte an die beiden Indianer, die mir beim Reifenwechsel zugeschaut hatten.

«Ach nein, ich bleibe lieber bei meinem Hawaii. Besten Dank! Kanada ist doch ein bißchen zu wild für meinen Geschmack.»

«Ich hab wieder furchtbare Träume gehabt», sagte ich, um das Thema zu wechseln.

«Kein Wunder, du dumme Gans. Was willst du erwarten, wenn du mit Wilden durch die Lande ziehst?»

«Moment mal. Es sind keine Wilden. Sie sind einfach ein anderes Volk – mit anderen Lebensformen.»

«Andere Lebensformen – wie lustig. Reißen dich in der Nacht aus dem Bett und erschrecken dich zu Tode. Wirklich, nein danke. Und dann sollst du für sie klauen gehen!»

«Es gibt doch keine andere Möglichkeit, den Korb zu besitzen», sagte ich, Trost und Zuspruch erhoffend. «Außerdem ist es kein richtiger Diebstahl. Es ist eine Art Lehrzeit.» Ich spielte mit meinem Ohrring aus Hirschhorn und Türkis.

«Lehrzeit hin, Lehrzeit her. Hast du nicht schon genügend Indianer-Körbe? Wie wär's zur Abwechslung mit antiken Lendentüchern?»

Nach dem Essen fuhren wir zum County Museum, wo wir uns die neueröffnete Afrika-Ausstellung ansehen wollten. Wir trafen eine Stunde vor Torschluß ein und wandten uns gleich zur Ahmanson Gallery. In der Stille dieser Hallen, umgeben von Baule-Masken von der Elfenbeinküste, fühlte ich mich gleich besser.

«Sieh mal, da», rief Caroline.

Wir standen vor dem gleichmütigen Antlitz einer jungen Frau. Es war eine jener Masken, wie sie bei den Mmwo, dem herrschenden Geheimklan der Ibo in Nigeria getragen werden. Es war ein ausdrucksvolles Gesicht, der Kopfputz beinah ägyptischen Stils. Die Augen blickten starr, gleichsam blind für die alltägliche Wirklichkeit.

Eine Ibo-Skulptur aus dem Niger-Delta stellte einen Krieger dar, der rittlings auf einem Schuppentier mit gefährlichen Reißzähnen hockte und eine Rassel und eine Opferschale in den Händen hielt. Das Ungeheuer, auf dem er ritt, war eine Projektion seiner eigenen mörderischen Instinkte; die Rassel hielt er in der rechten Hand. Ich erinnerte mich, daß viele Stämme im Südwesten Nigerias die rechte Hand des Mannes kultisch verehren – die Hand, die seine Fähigkeit als Krieger symbolisiert. Aber ich mußte auch an die Rassel denken, die bei Agnes an der Wand hing.

Ich ertappte mich bei der Überlegung, wie Red Dog aussehen mochte. Vielleicht hatten mich diese unheimlichen, primitiven Skulpturen auf solche Gedanken gebracht.

Neben dem Ausgang hing ein kleines Kunstwerk, das mir gefiel. Der Handgriff eines Fächers war in Gestalt einer Gottheit geschnitzt – ein Doppelwesen mit einem einzigen Körper. Ich fuhr mit dem Finger über das abgegriffene Holz.

«Kannst du dich damit identifizieren?» fragte ich Caroline.

«Nein. Aber ich sehe, daß du es tust.»

Wir lachten. «Laß uns nach Hause fahren», sagten wir wie aus einem Mund.

Später, wieder zu Haus, kuschelte ich mich mit meinem Hund Kona und Peter Mattiessens *Snow Leopard* vor den Kamin. Das Zimmer war gemütlich und warm, und ich war erschöpft.

Ich saß nur und starrte in das flackernde Kaminfeuer. Ich griff nach dem Telefon und wünschte, ich könnte Agnes anrufen. Aber ich wußte, um mit ihr zu sprechen, mußte ich nach Manitoba fahren.

Mein Blick fiel auf meine Katchina-Puppen, die oben auf dem dunklen Kaminsims thronten. In dieser Welt regiert ein dualistisches Prinzip, alles Materielle hat sein spirituelles Gegenstück – und dies letztere findet in den Katchinas Gestalt. Der Feuerschein aus dem Kamin erweckte sie für einen Moment zu tanzendem Leben: ihre Geister schienen erwacht. Ihre gefiederten, leuchtend bemalten Leiber gemahnten mich an eine geheimnisvolle andere Welt. Ich betrachtete sie nachdenklich. Ich dachte an Pablo Picasso, der doch auch von den magischen Bildwerken Afrikas stark beeinflußt war, und ich holte mir ein Buch aus dem Regal, um die Stelle nachzulesen, an die ich mich erinnerte:

> «Da begriff ich, was die Schnitzerei der Neger für sie bedeutete. Warum sie so schnitzten – und nicht anders. Immerhin waren sie keine Kubisten. Die gab es damals noch gar nicht. Natürlich erfanden einige die Vorbilder, und andere ahmten sie nach. Nennt man so etwas Tradition? Aber alle diese Fetische hatten die gleiche Bedeutung. Sie waren Waffen des Menschen, dazu bestimmt, ihn vor der Herrschaft der Geister zu schützen. Sie waren Werkzeuge. An diesem Tag mußte *Les Demoiselles d'Avignon* entstehen, nicht der Formen wegen, sondern weil es meine

erste Darstellung des Exorzismus war. Das ist auch der Grund, weshalb ich später noch mehrere Bilder in der Art dieser früheren gemalt habe. *Olgas Porträt* und die anderen – niemand ist jede Stunde des Tages ein Zauberer! Wie könnte man leben?»

Dann lag ich wach im Bett, sah das Mondlicht durchs offene Fenster fluten und hörte den vertrauten Schrei der Eule. Eine kühle Brise wehte herein, und mir schwanden die Sinne. Dann weckte mich eine seltsame Empfindung: ein Rasseln in meinem Kopf oder an meinem Ohr, das zu einem lauten Schwirren anschwoll. Mir wurde bewußt, daß der Hochzeitskorb mich attackierte – ich konnte mich nicht bewegen. Der Korb war voller Krähen, sie flatterten mit den Flügeln, starrten mich mit blanken Augen an und krächzten. Der Korb stürzte von oben auf mich herab. Dann blieb er plötzlich in der Luft hängen, nah genug, um ihn zu berühren, und aus seinem dunklen Umriß zeichnete sich das geisterhafte Gesicht eines riesigen Katchina-Mannes ab. Er hatte glasige Augen, sein Mund klaffte, und sein Körper war wild bemalt. Ich schrie – und erwachte, als das Telefon klingelte.

«Hallo», hauchte ich mit heiserer Stimme.

«Oh, Lynn, hier ist Hyemeyohsts Storm.»

«Ach, hallo. Moment mal. Ich bin froh, daß du es bist. Ich hatte wieder einen schrecklichen Alptraum.»

«Erzähl mir», sagte er fröhlich.

Ich setzte mich auf, machte Licht und erzählte ihm meinen Traum.

«Wirst du nach Kanada fliegen?» fragte er.

Mein Magen verknotete sich. Kona hüpfte aufs Bett und kuschelte sich aufgeregt an mich. Ihr ganzer kleiner Körper bebte.

«Weiß ich noch nicht. Aber was hat mein Traum zu bedeuten?»

«Ich bin gerade in New Mexico, in Geschäften», sagte Hyemeyohsts, ohne auf meine Frage einzugehen. «Aber ich habe eben an dich gedacht, und jetzt weiß ich warum. Begreife doch, daß die Träumer dich erwählt haben. Erinnerst du dich an das Stück Wolfsfell, das ich dir gab, damals, als ich dir die Kartenskizze zeichnete? Du mußt es immer bei dir haben, auch wenn du schläfst; denn andere Mächte als die Träumer wollen dir schaden. Das Wolfsfell wird dich beschützen. Als Jägerin bist du auch die Gejagte. Begreife doch, daß der Wille kein Geheimnis ist. Es ist ganz einfach. Der Wille träumt das Gleichgewicht und öffnet die Schädeldecke. Was sind deine nächtlichen Visionen oder dein Schmerz anderes, als das Versagen deines Willens? Ich muß jetzt fort. Ich lasse dich im Spiegel des Schöpferischen zurück und im Kontakt mit dem Weltkreis.» Er legte auf.

Durch den überraschenden Anruf verunsichert, starrte ich das Telefon an. Was hatte Hyemeyohsts gesagt – der Wille? Das Versagen meines Willens? Der Wille – wozu? Ich holte einen Notizblock und schrieb seine Worte auf. Als ich den Stift aus der Hand legte, wußte ich, was Hyemeyohsts gemeint hatte. Es gab einen glimmenden Funken in mir. Er versuchte aufzuflackern, aber noch war er zu schwach. Ich wußte: Mein Wille würde irgendwie Nahrung finden, er würde schließlich die Herrschaft übernehmen und mich in ein seltsames Schicksal treiben. Ich wußte: Ich näherte mich einem dunklen Abgrund und mußte mich, schon bald, in diese unvorstellbare Tiefe stürzen. Ich weinte, bis ich wieder in Schlaf versank.

Am andern Morgen erwachte ich mit verquollenen Augen. Ich tat das Stückchen Wolfsfell in einen alten Lederbeutel, den ich einmal für meine Sammlung erworben hatte. Ich legte den Beutel auf meinen Nachttisch.

Am Nachmittag, gegen vier Uhr, kam Ivan mit George und Pamela Helmstead, den Leuten von Arthurs Party. Sie wollten das ‹Wigwam von Beverly Hills› besichtigen, wie Ivan witzelte. Ich ließ mir viel Zeit, ihnen meine Kunstsammlung zu zeigen. Während wir von einem Stück zum anderen schritten, berichtete ich ihnen von meinen Erlebnissen in Kanada. Ich konnte einfach nicht aufhören zu reden. Die Helmsteads lauschten höflich, aber Ivan schien nachsichtig zu lächeln.

Wir gingen auf den geklinkerten Patio hinaus und ließen uns bei Tee und Plätzchen nieder. Die Bougainvilleas am Rankenspalier flammten purpurrot gegen den blauen Himmel.

«Warum möchtest du lernen, Lynn, einen Korb zu stehlen?» fragte Ivan und biß in ein Plätzchen. «Warum klaust du nicht einfach Pillen-Rezepte wie andere Frauen?» Rasch fügte er hinzu: «Die Plätzchen sind köstlich.»

«Ich hoffe nur, du erstickst daran», sagte ich.

George und Pamela lachten.

«Aus meiner Bank könntest du den Korb niemals rausholen», sagte George gönnerhaft. «Da draußen hast du's nicht mit anständigen Menschen zu tun, weißt du? Du wirst den Korb wieder loswerden. Irgend jemand wird ihn dir wieder stehlen.»

«Vielleicht», hörte ich mich sagen, «ist es die Suche und die Herausforderung, was mich interessiert – auch wenn Agnes gesagt hat, daß ich dabei tatsächlich sterben könnte.»

«Du könntest wirklich umkommen?» fragte Pamela ungläubig.

«Das hat Agnes gesagt.»

«In diesem Fall – vergiß es. Immerhin, es ist doch nur ein Korb.»

Pamela nippte an ihrem Tee.

«Vielleicht stehe ich unter einem Bann. Aber ich bin wirklich fasziniert. Außerdem – es ist nicht nur ein Korb!»

«Kannst du nicht einfach nach Kanada fahren und herausfinden, was diese Frau eigentlich von dir verlangt?» fragte Ivan. «Ich könnte mitfahren und feststellen, ob diese sogenannte Medizinfrau ein Scharlatan ist. Na, wie wäre das?»

«Hm, ich weiß nicht, was ich tun soll. Agnes hat mir deutlich zu verstehen gegeben, daß ich niemanden mitbringen darf.»

«Sie ist eine Schwindlerin», sagte Ivan im Ton der Bestimmtheit.

Wir machten noch eine Weile Small talk, tranken unseren Tee aus und sagten good bye. Ich schaute ihnen nach, als sie wegfuhren, und dann, wieder allein, las ich ein Buch mit einem Happy-End.

An diesem Abend setzte ich mich in den Wagen und fuhr ins La Famiglia, zum Dinner mit Arnold Schulman. Die Luft war frisch und vom Duft des nachtblühenden Jasmin geschwängert.

Im La Famiglia herrscht meistens ein interessantes Gedränge, und dort kann ich stundenlang bei einem guten Essen sitzen und mich unterhalten. Man könnte meinen, ich vertrödele dort essenderweise eine Ewigkeit, aber in Los Angeles ist es wirklich die beste Möglichkeit, wenn man unter Menschen sein will. In Rom und Paris genügt es, durch die Straßen zu spazieren, und man steckt mitten im Leben. Nicht so in Los Angeles.

«Lang ist's her!» sagte ich zu Arnold, als wir Platz genommen hatten. «Warst du verreist?»

Arnold lächelte. «Ja, tatsächlich, ich komme gerade aus dem peruanischen Urwald zurück. Vielleicht klingt es absurd, aber ich bin nach Peru gefahren, um eine halluzinogene Droge mit dem Namen Ayahuasca zu suchen. Die Indianer nennen sie Todes-Ranke, und

William Burroughs nennt sie den ‹letzten Trip›. Ich nahm mir einen indianischen Führer und reiste den Amazonas hinauf, um einen indianischen Zauberheiler aufzusuchen, von dem ich gehört hatte. Man hatte mir zwar erzählt, daß es unmöglich sei, den Mann zu finden – geschweige denn, bei ihm in die Lehre zu gehen. Wir hackten uns also einen Weg durch den Dschungel, von Moskitos zerfressen und triefend vor Nässe. Endlich fanden wir das Dorf, wo er wohnt, sechs oder sieben Strohhütten. Als wir ankamen, waren alle auf die Jagd gegangen, das Dorf war menschenleer – bis auf ihn. Da war er nun, hockte lächelnd auf seiner Balken-Plattform, mit Baseball-Kappe und Hawaii-Hemd.»

«Das hat dich wohl geflippt.»

«Ja, wirklich. Er sah aus wie ein indianischer Casey Stengle. Sehr alt. Haut und Knochen.

Wenn die Leute Ayahuasca nehmen, verlassen sie ihren Körper. Während sie außerhalb ihres physischen Leibes weilen, untersucht sie der Zauberheiler, um festzustellen, was ihnen fehlt, und dann heilt er sie. Ich hatte gehofft, an dieser Zeremonie teilnehmen zu dürfen.»

«Und, wie war es?»

«Ich verständigte mich durch meinen Führer mit dem Mann, und er beschloß, ich sollte die Todes-Ranke nehmen und mich ihm gegenüber auf seine Plattform setzen. Es war alles sehr feierlich. Inzwischen war es dunkel geworden.»

«Warst du erschrocken?»

«Klar, aber nicht so erschrocken wie später, nach meiner Rückkehr, als ich feststellte, daß Ayahuasca fünfzigmal stärker ist als LSD.»

«Das habe ich auch gehört. Aber der Unterschied liegt in der Heilkraft, nicht wahr?»

«Man sagt, es tötet – oder es heilt.»

Wir lachten. «Arnold, das klingt ja entsetzlich. Und was geschah dann?»

«Hm, zuerst schenkte ich ihm eine Flasche Jack Daniels und ein paar Kleinigkeiten, die ich mitgebracht hatte. Dann ließen wir uns vor einem improvisierten Altar nieder. In der Dunkelheit konnte man kaum etwas sehen. Nur eine Kerze brannte. Ich sah eine Statue der Madonna, ein paar holzgeschnitzte Fetische, Vogelfedern und kleine, mit Bändern verschnürte Bündel. Da war eine ausgehöhlte Kalebasse, auf Stöcke gestützt, und über ihr begann der Alte seine Lieder zu singen. Schließlich tauchte er eine halbe Kokosnuß-Schale hinein und reichte sie mir. Es roch und schmeckte wie Erbrochenes. Ich zwang mich, das Zeug zu schlucken, und gab ihm die Schale zurück. Er trank. Er sagte, es würde nur sechs bis sieben Stunden anhalten, doch als die Sonne zum zweitenmal aufging und ich noch immer durch die Sphären flog – da wußte ich, daß die Sache gefährlich wurde.»

Arnold lachte. Ich nicht. «Was hast du daraus gelernt?» fragte ich.

«Was ich gelernt habe, läßt sich schwer erklären. Es ist eine Sache des Erlebens. Ich flog mit verwirrender Geschwindigkeit über die Leben von allerhand Leuten hinweg – von Leuten, die ich kenne. Ich sah, wie sie miteinander umgingen und ihre Alltagspflichten erfüllten. Ich meinte, sie irgendwie in einer wirklichen Dimension zu sehen, als sei diese Realität hier etwas Künstliches.»

Wir saßen und schwiegen eine Weile.

«Arnold, hast du das etwa nur getan, um es in einem Fernseh-Script zu verwursten?»

«Nein.»

Arnold faltete seine Serviette zusammen und schenkte mir ein koboldhaftes Grinsen.

«Aber warum hast du dein Leben riskiert? Du hast doch alles, was du willst. Du verdienst -zig Millionen Dollars im Jahr. Man kann sogar sagen, du bist glücklich.»

Arnold überlegte einen Moment. «Vielleicht ist es das, was Nietzsche mit seinem Spruch meinte: ‹Was mich nicht umbringt, macht mich stark.› »

Arnold schwieg eine Weile, dann sah er mich erwartungsvoll an. «Okay, sprechen wir über deine Erfahrungen. Du guckst schon ganz ungeduldig.»

Ich stocherte in meinem Kalbsbraten und überlegte. Was ich in Kanada erlebt hatte, das war viel weniger konkret, als wenn jemand Drogen schluckte und eine Zeitlang halluzinierte.

«Jetzt, wo ich darüber sprechen kann, weiß ich nicht, wo ich anfangen soll. Ich träume immer wieder von einer Begegnung, die ich mit einer Medizinfrau namens Agnes hatte. Ich bin ganz verwirrt.»

Und dann erzählte ich Arnold in großen Zügen die ganze Geschichte, und wie der Hochzeitskorb für mich zur Besessenheit geworden war. Es mochte ihm vorkommen wie ein Alptraum. «Das einzig Reale, was ich vorweisen kann, ist dieser Ohrring. Ich habe ihn zu Hause gelassen, aber irgendwann will ich ihn zeigen. Ich hoffe nur, Arnold – du findest das alles nicht so absurd?»

«Ach, Lynn, gibt es denn etwas anderes als die Suche?»

«Du hast wohl recht.»

«Aber eines begreife ich nicht: was *ist* der Hochzeitskorb? Was hat er zu bedeuten?»

«Weißt du, ich kann dir nur sagen, was Agnes mir erzählt hat.» Ich blickte in den Spiegel hinter Arnolds Kopf und sah endlose Echos meiner eigenen Frustration. «Agnes hat mir erzählt, der Korb sei von Träumern geflochten und stelle die unaussprechliche Leere dar – den Uterus der Frau. Es ist das Gesetz, daß alle Dinge in der Frau geboren werden, sogar Dinge, die von den Männern erfunden wurden. Alle Sterne sind aus der Leere geboren, und die Leere ist die Frau. Als Gleichgewicht dazu hat die Schöpfung den Mann erfunden. Die Schöpfung sprach: Ich will einen Mann in sie hineintun. Im Mann steckt die Frau als Muse. Agnes sagte, die Männer hätten die Leere genommen und als ihr Eigentum ausgegeben, darum sei unsere Mutter Erde jetzt in einem gefährlichen Ungleichgewicht.»

Arnold sah mich an. «Ist der Korb Wirklichkeit – oder ein Symbol?»

«Nein, ich sagte dir doch, ich habe ein Foto gesehen. Der Korb ist eine Tatsache. Er ist kein Symbol.»

«Kann ich dich nach Kanada begleiten? Ich würde gerne deine Medizinfrau kennenlernen.»

«Ich wünschte, du könntest mitfahren. Wenn du bei mir wärst, hätte ich viel weniger Angst.»

«Gibt es einen Grund, warum ich nicht mitkommen kann?»

«Man hat mir gesagt, daß diese Lehren heilig sind und daß ich niemanden mitbringen darf.»

Arnold sah mich unsicher an und nippte an seinem Espresso. Er stellte die Tasse ab. «Lieber würd' ich es mit Agnes *und* der Todes-Ranke aufnehmen, als mit den meisten Studio-Bonzen, die ich kenne.»

Wir lachten. Unser Gespräch verebbte für eine Weile in Schweigen. Ich holte tief Luft und sagte: «Arnold, diese Träume haben mich ganz verunsichert. Ich muß diese furchtbare Geschichte loswerden, irgendwie. Ich weiß nicht, was ich machen soll. Es reißt mich in Stücke. Falls ich zu Agnes fahre, fürchte ich, wird mein bisheriges Leben zu Ende sein. Hier bleibt mir noch so viel zu tun. Ich plane eine große Auktion in New York, und alle Leute verlassen sich auf mich. Ich kann doch nicht einfach – aus einer Laune – alles hinwerfen und einer Wahnidee nachrennen.» Ich hob mein Glas.

Arnold sah mich erstaunt an. «Lynn, diese Chance darfst du nicht versäumen. Deine Träume sind Botschaften. Sei keine Närrin. Überlege, was du sagst. Auktionen, Leute, die sich auf dich verlassen ... Deine Angst – das ist das drohende Gespenst, mit dem du dich auseinandersetzen mußt!»

Mir kamen die Tränen. «Ich könnte dabei sterben, Arnold.»

«Na, und? Das mußt du in Kauf nehmen. Geh hindurch, auf die andere Seite. Du *mußt* nach Kanada fahren. Das weißt du doch selbst.»

Ich wollte einfach nicht zugeben, daß Arnold recht hatte. «Nein, nein, ich weiß gar nichts.»

Arnold beugte sich vor und ergriff meine Hand. «Siehst du denn nicht, was für ein unglaubliches Glück das ist? Du hast ein unwahrscheinliches Geschenk bekommen. Du darfst es nicht anzweifeln. Schau dich um, sieh die Leute hier an – das ist die Elite von Hollywood.»

Ich ließ meinen Blick über die Menge schweifen. Hier, in der schmeichelhaften Atmosphäre des La Famiglia erschienen die Gäste tatsächlich vornehm.

«Aber, verflucht noch mal, was haben sie aus ihrem Leben gemacht?» fragte Arnold und drückte lächelnd meine Hand. «Und was hast du aus dem deinen gemacht? Hier aber wird dir eine große Gnade geboten. Wenn du schon das Glück hast, über eine dieser Schicksalssträhnen zu stolpern, dann hab wenigstens den Mut, so weit mitzugehen, wie sie dich trägt.»

«Ich dachte, Arnold, du willst mich lebendig.»

«Ja, aber *wirklich* lebendig. Du mußt herausfinden, was diese Besessenheit zu bedeuten hat», sagte er. «Und ich wette, du wirst feststellen, daß der Hochzeitskorb deine Rettung sein kann.»

«Hoffentlich.»

«Setz dich morgen ins Flugzeug», sagte Arnold später, als wir aufbrachen. «Ich kann gar nicht erwarten zu hören, wie es weitergeht. Laß es mich wissen, sobald du zurückkommst – falls du zurückkommst.»

«Besten Dank, Arnold», sagte ich und gab ihm lachend einen Abschiedskuß.

Ich fuhr los, entschlossen, gleich von zu Hause einen Flug zu buchen. Aber während mein Wagen über den Beverly Drive rollte, grübelte ich noch immer über meine Erlebnisse mit Agnes und Ruby nach. War ich vielleicht doch, so fragte ich mich, eine Närrin, die auf irgendwelchen Hokuspokus hereinfiel? Zu Hause angekommen, saß ich in meinem Wohnzimmer und versuchte, Bilanz zu ziehen. Plötzlich wurde mir bewußt, daß ich den Hirschhorn-Türkis-Ohrring trug. Hatte ich ihn bei der Heimkehr gedankenlos angelegt? Ich nahm ihn ab und betrachtete ihn. Er war der einzig greifbare Bestandteil dieses Traums.

Ich sprang unter die Dusche und ging zu Bett. Den Ohrring ließ ich absichtlich auf dem Waschbecken im Bad liegen. Ich ließ das Licht brennen und träumte vom Hochzeitskorb. Im Traum ging ich auf ihn zu, aber als ich ankam, stand Agnes an der Stelle, wo er gewesen war.

«Jetzt mußt du kommen. Es ist Zeit.»

«Ja», antwortete ich ohne Zögern.

Ihre Gestalt löste sich auf, und ich schlief friedlich ein.

Am nächsten Morgen hing der Ohrring an meinem Ohr – beim Erwachen stach er mich in die Wange. Diesmal zweifelte ich nicht, daß hier übersinnliche Dinge im Spiel waren. Ich dachte an meinen Traum und betrachtete den Ohrring in meiner Hand. Agnes hatte gesagt, er sei ein Objekt des Übergangs – eine Brücke von meiner Welt zu ihrer.

Ich hob den Hörer ab und buchte einen Flug nach Kanada, zu Agnes – sofort.

Es ist das Gesetz, daß alle Dinge in der Frau geboren werden, sogar die Dinge, die von den Männern erfunden werden.

– Agnes Whistling Elk –

Crowley war mir ein willkommener Anblick. Ich parkte vor dem Laden, zog den Zündschlüssel ab, stieg aus und schlug die Tür zu. Drei kleine Cree-Indianerkinder, schwarzhaarig und rundgesichtig, starrten mich einen Moment an und rannten davon – zum Fluß hinunter.

«Schnell! Schnell!» riefen sie.

Gegenüber hockten ein paar alte Männer auf der Bank vor dem Postamt. Sie verständigten sich in einer Art Zeichensprache – und ich begriff, daß ich die Zielscheibe irgendwelcher Spötteleien war. Ich tat so, als bemerkte ich nichts und stieß die knarrende Gittertür auf. Die Zettel am Schwarzen Brett raschelten, und ich stand vor den Regalen voll billiger Lebensmittel und Haushaltswaren.

Der Ladenbesitzer stand hinter der Theke an der Registrierkasse, die Arme über einem rosenbestickten Western-Hemd verschränkt. Er tänzelte nervös herum und spuckte Tabaksaft auf den Boden.

«Wo haben Sie Thunfisch?» fragte ich.

«Gleich da drüben.» Er zeigte auf die hintere Ladenwand.

Ich lief im Laden hin und her und sammelte Lebensmittel ein – Erdnußbutter, Brot, Marmelade usw.

«Na, haben Sie die alte Ruby gefunden, als Sie letztesmal hier waren?» fragte er, während ich eine Dose Apfelsaft beäugte.

«Ja, ich habe sie getroffen.»

Sein Gesicht blieb teilnahmslos. Er spuckte Tabaksaft. «Hoffentlich wissen Sie, was Sie tun.»

«Das weiß ich.»

«Ich hoffe es.» Er beugte sich vor und stützte die Ellbogen auf die Theke. «Ich will Ihnen nicht Angst machen, aber an Ihrer Stelle wäre ich vorsichtig. Manche Mädchen, die dort hingehen – ich meine nicht nur weiße Mädchen, auch Indianerinnen – verlieren den Verstand. Man sollte glauben, sie wüßten, was sie tun, aber wenn man sie dann wiedersieht, scheinen sie im Inneren tot. Es wäre nicht das erstemal, daß sowas passiert. Es ist gefährlich, mit einer Frau wie Ruby herumzuspielen.»

«Ich spiele nicht mit ihr herum. Außerdem heißt die Frau, die ich diesmal besuchen will, Agnes.»

Der Mann wurde blaß und verschluckte sich beinah an seinem Kautabak. «Agnes Whistling Elk?»

«Ja.»

Plötzlich schien er verängstigt. «Sie kennen sie?»

«Ja.»

Er nahm Haltung an und machte ein Gesicht, als wollte er sich entschuldigen. «Nehmen Sie dies», sagte er und schwenkte eine Stange Zigaretten. «Ich habe nur Spaß gemacht vorhin – wegen Ruby.»

Dieser Umschwung in seinem Benehmen verblüffte mich. Die bloße Erwähnung des Namens Agnes hatte diesen biederen Indianer in Panik versetzt. Er kam um die Theke gelaufen und eilte mir, noch immer die Stange Zigaretten schwenkend, auf dem Mittelgang nach.

«Hier, nehmen Sie den Tabak», rief er laut und drückte mir die Zigaretten in die Hand.

«Ich ... ich rauche nicht», stammelte ich.

«Oh, ist schon in Ordnung. Nehmen sie's trotzdem – okay?» Er wirkte aufdringlich und versuchte ein Lächeln.

«Vielen Dank», sagte ich ärgerlich. Ich hatte absolut keine Verwendung für Tabak. Dann aber fiel mir ein, was Hyemeyohsts Storm gesagt hatte – daß der Tabak bei den Ureinwohnern Amerikas als heilig gelte. Ich legte die Zigaretten zu den anderen Lebensmitteln, und der Besitzer zog sich wieder hinter die Theke zurück.

Ich legte die Einkaufstüte in den Kofferraum, setzte mich hinters Steuer und bog auf die Straße ein. Langsam fuhr ich dahin und schaute mir die einfachen Fachwerkhäuser an, die alten Autos, die verfallenen Wirtschaftsgebäude.

Vor mir sah ich zwei Männer nebeneinander auf der Straße gehen. Es waren dieselben, die zugeschaut hatten, als ich meinen Reifen wechselte. Ich hielt neben ihnen und kurbelte das Fenster hinunter.

«Wollt ihr mitfahren?» fragte ich. «Könnt ihr euch an mich erinnern?»

«Klar erinnern wir uns an Sie», sagte der Größere lachend. Sie stiegen ein und machten es sich auf der Rückbank bequem. Es schien ganz so, als hätten sie auf mich gewartet.

«Wie heißt ihr eigentlich?» fragte ich.

«Das ist Ben, und ich bin Drum», sagte der größere von den beiden.

«Ben und Drum, hm? Mir scheint, wir laufen uns immer wieder über den Weg.»

Schweigen.

«Ich hab mich ganz schön geärgert über euch, letztes Mal, als ihr mir nicht helfen wolltet, den Reifen zu wechseln.»

Wieder Schweigen.

Ben und Drum waren nicht sehr gesprächig.

«Wie ist es euch ergangen?»

«Gut», sagte Drum.

Wieder herrschte ungemütliches Schweigen, aber ich fing an, die Aussicht zu genießen. Tief zog ich die frische Luft ein und entspannte mich allmählich.

Drum beugte sich über den Fahrersitz und flüsterte: «Lynn, halt an.»

«Was?» sagte ich und trat auf die Bremse. «He?»

«Sieh mich an», sagte er, «sieh mich.» Er hielt sich die flache Hand unter den Mund, als wolle er mir Staub ins Gesicht blasen. «Ich sehe das Gesicht einer Göttin.»

«Was zum Teufel redest du da?»

«Noch nie hab ich solch eine himmlische Schönheit gesehen», sagte er. Seine Augen nahmen einen sonderbaren Glanz an, und er schien mir die Worte entgegenzublasen. Das war kein Annäherungsversuch – sein Gesichtsausdruck blieb unpersönlich. Jetzt begann er in einem Rhythmus zu sprechen, der mir vertraut erschien.

«Das ist nicht Cree, Lynn. Ich spreche eine Sprache aus uralter Zeit. Blicke ins Zentrum meiner Worte.»

Einmal, ich war acht Jahre alt, hatte ich beobachtet, wie ein Mann in einer Zoohandlung eine Tanzmaus an eine Schlange verfütterte. Das Geschöpfchen erstarrte vor Angst, bevor die Schlange zustieß. Es erkannte seinen Tod und kapitulierte. Drums unbeschreibliche Worte waren die Antwort auf dieses Rätsel – und jetzt kapitulierte auch ich.

Ich mobilisierte all meine Willenskraft, um mich aus diesem Zustand zu befreien. Ich fing an zu schreien.

«Hör auf! Bitte, hör auf!»

«Womit soll ich aufhören?» fragte Drum. Sein Blick veränderte sich.

«Die Ampel ist grün, Lady», sagte Ben.

Ich schauderte. Ruckend und schaukelnd fuhr ich weiter. Drum lehnte sich zurück und beachtete mich nicht mehr.

«Wohin fährst du?» fragte Ben.

Ich bemühte mich noch immer, meinen Kopf zu klären. «Zu Agnes Whistling Elk. Ich muß den Wagen bei Ruby Plenty Chiefs Hütte parken und zu Fuß gehen.»

Ben und Drum lachten spöttisch.

«Nein, das brauchst du nicht», sagte Ben. «Es gibt eine Nebenstraße zur Hütte der Whistling Elk.»

«Wo denn? Agnes hat mir nie etwas von einer Nebenstraße gesagt.»

Die Ellbogen auf die Lehne des Fahrersitzes gestützt, beugte sich Drum vor. «Natürlich wird sie's dir nicht sagen. Sie wird dir ja nicht mal die richtige Uhrzeit sagen. Sie ist eine Hexe. Das weiß doch jeder.»

«Dort drüben ist die Straße», sagte Ben und deutete. «Du brauchst nur links abzubiegen und kannst bis auf hundert Meter an ihre Hütte heranfahren.»

«Sie hat nichts dergleichen erwähnt», sagte ich.

«Diese alte Hexe», sagte Drum, noch immer über den Fahrersitz gebeugt. «Eine Frau wie du gehört nicht hierher. Überhaupt, wo kommst du her?»

«Beverly Hills, Kalifornien.»

Drum lächelte. «Ist das nicht da, wo all die Filmstars wohnen?»

«Einige.»

«Bist du ein Filmstar?» fragte Ben.

«Nein.»

Drum lehnte sich zurück. «Wir finden, du solltest wieder nach Hause fahren.»

«Warum sagst du das?»

«Hm, das letzte weiße Mädchen, das hierher kam, wurde an einen Ameisenhaufen gefesselt aufgefunden.»

«Sehr spaßig», sagte ich.

«Halt an. Wollen bei der Abzweigung aussteigen.»

Ich fuhr an den Rand und hielt. Ben und Drum kletterten umständlich hinaus. Drum drehte sich, einen Fuß schon am Boden, noch einmal um.

«Wir wohnen da drüben, hier den Weg hinauf», sagte er. «Falls du Hilfe brauchst, oder so, komm 'rüber und hol uns. Wir werden's der alten Agnes besorgen.»

Ben lachte. «Yeah, wir werden's ihr richtig besorgen.»

«Na, vielen Dank», sagte ich. «Falls es sich zeigen sollte, daß sie eine Hexe ist, bin ich gleich bei euch.»

«Wir arbeiten bei einem Weißen», sagte Drum. «Ziemlich gescheit, der Kerl. Du solltest ihn kennenlernen. Er hat was übrig für hübsche Frauen.» Er schlug die Tür zu. «Und sie haben auch was übrig für ihn», rief er nach kurzer Überlegung.

«Wir sehen uns in der Kneipe wieder», rief Ben. «Versuch nicht, den hölzernen Büffel zu reiten.»

Die beiden wanderten den Pfad entlang, der sich zwischen den Hügeln in der Ferne verlor. Ich blieb ein paar Minuten mit laufendem Motor stehen und hatte ein mulmiges Gefühl im Magen. Ich versuchte mir klarzumachen, was passiert war. Irgendein Indianer mit irrem Blick hatte auf einmal angefangen, verrücktes Zeug zu quatschen, und ich war fast in Ohnmacht gefallen und hatte mich dem Tode nah – allzu nah – gefühlt. Der Zwischenfall war beängstigend.

Ich seufzte tief auf und fuhr langsam die Landstraße weiter. Die Sonne brannte heiß durch die Windschutzscheibe. Die Straße schlängelte sich durch sanfte grüne Hügel und endete vor einer nackten Felswand. Keine Spur von einer Hütte, aber dort war ein schmaler Pfad, der die Bergflanke hinunterführte, und ich folgte ihm. Vielleicht war dies gar nicht die Straße, die zu Agnes führen sollte.

Aber dort, direkt unter mir, sah ich schon das Blechdach von

Agnes' Hütte. Rauch kräuselte sich über dem Kamin. Ich rannte, ja, rutschte beinah den Berg hinunter, sprang um die Ecke der Hütte und prallte direkt mit Agnes zusammen. Sie funkelte mich an, ihr Gesicht war gerötet – vor Wut. Ich blieb wie angewurzelt stehen.

«Die beiden Männer, die du mitgenommen hast, das waren Red Dogs Lehrlinge. Du hättest mir sagen müssen, daß du sie schon letztes Mal getroffen hast.»

«Wie, um Himmels willen, hätte ich wissen sollen, daß es mit ihnen etwas Besonderes auf sich hat?»

«Ben und Drum haben dich geraucht, um zu sehen, ob du Macht hast, und sie haben festgestellt, daß du keine hast, jedenfalls jetzt noch nicht. Du bist dümmer, als ich dachte. Du hast deinen ersten Fehler gemacht.»

«Wieso weißt du überhaupt, daß ich sie mitgenommen habe?»

Wortlos drehte sich Agnes um und ging in die Hütte. Ich folgte ihr, Entschuldigungen stammelnd. Sie zog einen Stuhl heran und zeigte mit dem Finger. «Setz dich.»

Ich setzte mich.

Der Tisch war mit verschiedenen Kräutern bedeckt, die Agnes jetzt zu Büscheln zusammenband. «Du hättest ebensogut zu Red Dog selber laufen und deine Ankunft ankündigen können. Nur gut, daß du deinen Ohrring trugst, sonst hätten sie dich getötet.»

Ich war überrascht. «Wie hätten sie mich denn töten sollen?»

«Zauberer töten nie jemand. Sie machen, daß die Menschen sich selbst umbringen.»

«Wie?» fragte ich.

«Würde ein Zauberer das Gewehr nehmen und dich erschießen, dann würde er seine Macht verlieren. Entweder machen sie, daß du dich selbst umbringst, oder sie bringen jemand anderes dazu, es zu tun.»

Ich erzählte ihr mein verrücktes Erlebnis mit Drum. «Kannst du mir erklären, was da passiert ist?» fragte ich.

«Drum hat sich an dich erinnert. Er kehrte zu einem deiner früheren Lebenskreise – deiner früheren Inkarnationen – zurück.»

«Was redest du da, Agnes?»

«Drum hat versucht, dich vor deiner Zeit hinüberzuziehen. Du wärst nie wieder zurückgekommen. Du bist zu schwach. Aber dein

Ohrring hat zu dieser Erinnerung gesprochen, und darum bist du nicht hinübergegangen. Diesmal hast du Glück gehabt.»

«Du meinst, Drum könnte mich töten, nur indem er zu mir spricht?»

«Ja, und es wäre ihm beinah gelungen. Du mußt aufwachen und deine Augen offenhalten. Die Träumer glauben anscheinend, daß du Macht hast, aber ich kann es mir nicht vorstellen.»

Meine Begeisterung für dieses Abenteuer verflog allmählich.

Agnes stand auf und hängte die Kräuterbüschel an verschiedene Nägel über dem Spülstein. Dann tauchte sie eine Blechtasse in den offenen Wassereimer und trank. Sie drehte sich um und sah mich an.

«Erzähl mir genau, was zwischen dir und Red Dogs Lehrlingen vorgefallen ist. Und zwar genau, von Anfang an.»

Ich erzählte ihr alles über unsere erste Begegnung, soweit ich mich erinnern konnte – von dem Moment, als Ben und Drum sich genähert hatten, während ich meinen Reifen montierte. Ich erinnerte mich auch noch an weitere Einzelheiten unserer zweiten Begegnung. Agnes' Gesicht blieb ausdruckslos.

«Und warum wolltest du mir nichts über die Straße zu deiner Hütte erzählen?» fragte ich.

«Erzählen? Hast du's denn nicht gewußt? Du mußt noch eine Menge lernen», sagte sie kopfschüttelnd.

Als wir hinausgingen, um meine Sachen aus dem Wagen zu holen, fiel mir auf, daß eine Tür offenstand.

«Normalerweise schließe ich die Türen ab», sagte ich. «Das ist sonderbar.»

Wir gingen um den Wagen herum. Ich ließ den Kofferraumdeckel hochschnellen.

«Was ist denn das?» fragte Agnes, die Hände in die Hüften gestemmt. Kühl musterte sie meine Habseligkeiten – zwei Koffer, Make-up-Tasche, Luftmatratze, Schlafsack und drei Tüten voll Lebensmittel. Sie schnappte sich zwei Einkaufstüten – aus der einen ragte die Zigarettenstange unter ihrem Kinn hervor – und eilte den Pfad hinunter. Ich folgte ihr mit meinen zwei Koffern. Drinnen stellte ich meine Sachen ab und ging das restliche Gepäck holen. Als ich wiederkam, hatte Agnes die zwei großen Packungen Schokolade-Eis auf den Tisch gelegt. Dort lagen sie in einer großen, braunen Pfütze. Agnes warf mir einen belustigten Blick zu.

«Wie konnte ich wissen, daß es so schnell schmelzen würde?»

«Du bist eine Wasichu», sagte sie.

Agnes holte einen Löffel und aß etwas von dem flüssigen Eis. Als sie genug hatte, warf sie die Packungen vor die Tür.

«Recht gut», sagte sie. «Den Hunden wird's schmecken.»

«Hast du denn keinen Kühlschrank oder eine Eisbox?»

«Ich hatte eine ganz große – im Winter.»

Sie blies meine Luftmatratze auf. Die Gummihülle füllte sich rasch. Als sie prall war, legte sie sie auf den Boden, in der gleichen Richtung wie ihr Bett. Dann rollte sie meinen Schlafsack auf und breitete ihn über die Luftmatratze. Die Einkaufstüten wurden geleert, Lebensmittel und Konserven säuberlich aufs Regal gestapelt. Ich wollte helfen, aber ich wußte, ich würde nur stören. Als Agnes mit diesen Arbeiten fertig war, nahm sie ihre Holzfällerjacke vom Wandhaken und zog sie an. «Ich möchte, daß du mich zu Ruby fährst, damit ich meine Rassel holen kann. Wir werden sie holen, und ich werde sie auf dich einwirken lassen. Meine Rassel hat Medizin-Macht. Ich sehe, daß du ein Problem hast, und ich brauche die Rassel, um es zu kurieren.»

Aber der Wagen wollte nicht anspringen.

«Mir scheint, du wirst marschieren müssen», sagte Agnes gleichmütig. Alle Indianer hatten anscheinend die Angewohnheit, starr vor sich hinzublicken, wenn sie im Auto saßen. «Du kannst sie morgen holen. Ich hoffe nur, dann ist es nicht zu spät. Du brauchst die Macht dieser Rassel so schnell wie möglich. Am besten solltest du jetzt gleich zu Ruby laufen und sie holen, aber in der Nacht ist es zu unsicher. Außerdem bist du nicht an die Dunkelheit gewöhnt, oder?»

«Ich? In der Nacht hier herumlaufen? Ausgeschlossen.» Schon die Aussicht allein war furchterregend.

«Na, komm. Steig aus», sagte sie.

Wir gingen zur Hütte zurück. Agnes behielt ihre Holzfällerjacke an. «Du mußt heute nacht allein hierbleiben. Ich gehe zu einer Medizin-Versammlung. Morgen, wenn ich zurück bin, kannst du dich auf den Weg zu Ruby machen.»

«Hier – allein?»

«Ja. Leg dich schlafen. Und vergiß nicht, die Tür zu verriegeln – auch wenn es zwecklos ist. Red Dog schleicht manchmal in der Nacht hier herum.»

Ich schauderte.

«Ich wünschte, wir hätten meine Rassel holen können», sagte Agnes ernst. «Sei wachsam.»

Ich stand am Fenster und schaute ihr nach, wie sie über den Berg verschwand. Falls irgend etwas passierte, gab es für mich keine Möglichkeit zu entkommen – außer zu Fuß. Ich zündete eine Petroleumlampe an und war froh, daß ich nicht vergessen hatte, Bücher und eine Zeitschrift mitzunehmen. Ich wusch mir in einer Wasserschüssel das Make-up vom Gesicht, zog mich aus und schlüpfte in meinen Daunenschlafsack. Die Lampe stand neben meinem Kopf, und ich beschloß, meine tägliche Eintragung ins Tagebuch zu machen. Ich fing an zu schreiben.

Nach einiger Zeit merkte ich, daß Rauch in der Luft hing. Der Ofen zischte dumpf. Ich legte das Tagebuch weg und fing in meinem warmen Schlafsack an zu frösteln. Wieder fingen meine Gedanken an zu rotieren.

Ich machte mir klar, daß ich, sollte Red Dog tatsächlich in die Hütte eindringen, in meinem Schlafsack wie in einer Falle festsitzen würde. Ich stand auf, zog mich wieder an und setzte mich auf einen wackeligen Stuhl an den Tisch. Im dunklen Fenster spiegelten sich der Eulenflügel und die Rassel, die an der Wand gegenüber hingen. Ab und zu flackerten die Nordlichter über den Himmel, und dann schwebte dort oben ein heller Glanz, wie vom Flammenmeer einer brennenden Stadt. Die Bäume vor der Hütte, unheimlich dunkle Schatten, schwankten hin und her und berührten sich in einem schaurigen Tanz. Eine Eule, hoch oben auf einem knorrigen Ast, schrie unheilverkündend. Ich erkannte ihre gefiederte Silhouette.

Draußen frischte der Wind auf, und von Zeit zu Zeit hallte ein dumpfes Ächzen durch die Hütte. Hin und wieder fiel etwas auf das Blechdach – wahrscheinlich Tannenzapfen. Bei jedem lauten Geräusch schrak ich auf. Während die Nordlichter langsam verblaßten, krochen dunkle Schatten im Raum immer näher.

Ich hatte den Anblick der flackernden Nordlichter immer geliebt – diesmal aber nicht.

Ich zündete die zweite Laterne an, stapfte in der Hütte auf und ab und machte einen fröhlichen Lärm. Ich wusch mir noch einmal das Gesicht mit kaltem Wasser.

«Zum Teufel – was ist das?» rief ich laut.

Da war ein Knurren gewesen und dann ein Geräusch, als bräche ein großes Tier durchs Unterholz. Binnen vier Sekunden hatte ich mir die Kleider vom Leib gerissen und sprang in den schützenden Mutterschoß meines Schlafsacks. Noch immer nicht zufrieden, krabbelte ich wieder hinaus und stellte die beiden Lampen zu beiden Seiten meines Schlafsacks. Das Petroleum wurde knapp, aber ich hatte zuviel Angst, um noch länger aufzubleiben und die Reserveflasche zu suchen. Ein Wolf – oder war es ein Coyote? – heulte in der Ferne, und sein unheimlicher Gesang schien sich zu nähern. Der Wind rüttelte am Blechdach, und ich fürchtete schon, es würde wegfliegen. Die Hütte bebte und ächzte und mir war, als sähe ich für Sekunden das Gesicht eines Mannes, das mich durchs Fenster anstarrte. Ich hörte ein Knirschen, wie wenn ein Hund die Knochen eines Vogels zermalmt.

Beide Laternen fingen an zu zischen und zu flackern.

«Agnes!» schrie ich.

Die Laternen verlöschten nacheinander, im Abstand von einer Minute. Die Nordlichter huschten über die Wände der Hütte, und unter Agnes' Bett funkelten zwei Augen. Ich zog mir den Schlafsack-Mutterschoß über den Kopf und versank in einen ohnmächtigen Schlaf.

«Wußte ich's doch, daß du die Macht-Rassel brauchst. Steh auf, du Närrin. Die Tür stand weit offen. Diese Halunken haben alle deine Kleider mitgenommen.»

Ich war vor Schreck hellwach.

Agnes brach in ein teuflisches Gelächter aus. «Sie haben alle deine Sachen mitgenommen. Sie haben deine Kleider mitgenommen. Sie haben deine Lebensmittel mitgenommen. Sie haben alles mitgenommen.»

Durchs Fenster fielen Lichtstrahlen ein. Es war früher Morgen. Ich sprang auf und stand nackt neben meinem Schlafsack.

«Wer?» schrie ich. «Wer hat was mitgenommen?»

Meine zwei Koffer waren fort. Meine Gucci-Tasche lag offen auf dem Boden, das Futter herausgerissen. Überall lagen Kreditkarten und Geld verstreut. Sogar meine Make-up-Tasche war fort.

«Oh, nein!» stöhnte ich.

«Wenigstens waren sie so schlau, nichts von meinen Sachen zu nehmen», sagte Agnes.

Ich setzte mich an den Tisch, stützte den Kopf zwischen die Hände – und merkte erst jetzt, daß über meiner Stirn ein großes Haarbüschel abgeschnitten war. Ich lief zu dem winzigen Spiegel über dem Waschbecken.

Agnes schlug sich lachend auf die Schenkel.

«Agnes! Sieh nur, meine Frisur. Sie ist ruiniert.»

Agnes grinste.

«Wer hat mein Haar abgeschnitten? Was ist gestern nacht passiert?» Ich kam mir vor wie ein nacktes Kind in einem Zimmer voll fremder Leute. Tränen flossen mir über die Wangen.

Agnes gab mir einen alten Pullover, riesige, zerschlissene Jeans und ein Stück Kordel, um die Hose festzubinden. Meine Turnschuhe hatte ich unter das Kopfkissen gelegt, und jetzt stellte ich erfreut fest, daß sie noch da waren.

«Warum?» fragte ich und blickte auf, nachdem ich mir einen Schnürsenkel gebunden hatte.

«Sie haben dir eine Lektion erteilt. Das ist Red Dogs Art, dich zu demütigen.» Sie kam zu mir und hob ein Büschel Haar in die Luft. «Hätte Red Dog das mit mir gemacht, dann hätte er Ehre eingelegt. Bei dir hat er es vielleicht nur zum Spaß gemacht.» Sie ließ mein Haar fallen.

«Red Dog?» fragte ich. Ich starrte Agnes mit aufgerissenen Augen an.

«Ja, dieser verdammte Hund. Eines Tages werd ich noch Gift für ihn streuen.»

«Du meinst, Red Dog ist mitten in der Nacht gekommen und hat all die Sachen gestohlen?» Ich betrachtete den festen Eisenriegel an der Tür.

«Hm, wenigstens hat er dir nicht die Kehle durchgeschnitten. Jeder andere hätte es getan.»

«Das ist ja furchtbar.» Ich weinte über meine mißliche Lage. «Ich könnte mich umbringen.»

«Warum tust du's nicht?» fragte sie ernsthaft.

Ich schmollte. «Dir wäre es egal, wenn ich's täte, nicht wahr?»

«Es wäre mir nicht egal, denn du würdest die Träumer enttäuschen. Ansonsten ...» Sie zuckte die Schultern. «Du kannst dich umbringen – oder den Tatsachen ins Auge sehen. Tatsache ist, daß du dumm bist. Hier, setz dich und trinke Tee.»

Ich war wütend. «Okay, Agnes. Alle reden dauernd von den Träumern. Wenigstens kann ich von dir verlangen, daß du mir reinen Wein einschenkst. Wer oder was sind die Träumer? Ich glaube, du bist mir ein paar Antworten schuldig.»

«Ja, wir können gleich anfangen. Hör gut zu, Lynn, denn dies sind Geheimnisse.» Sie machte es sich auf ihrem Stuhl bequem. Ich bemerkte eine leichte Veränderung in ihrem Benehmen. «Ein Träumer ist jemand, der aus eigenem Willen in die heilige Runde eintreten und wieder hinausgehen kann.»

«Was verstehst du unter heiliger Runde?»

«Die heiligen Runden, es sind ihrer sieben, werden von den Katchina-Mächten beherrscht. Die erste Runde ist das normale, alltägliche Leben; die Welt, in der du lebst, und die Art, wie du sie für gewöhnlich wahrnimmst. Die zweite Runde ist der Schlaf. Die dritte Runde ist das, wohin die Träumer gehen.» Agnes dachte einen Moment nach und sagte: «Ich muß es dir aus der Indianersprache übersetzen. Es heißt: Durch das Tor zwischen den Welten gehen. Versteh mich wohl, du gehst nur zwischen den Welten. Wärst du in ihnen, dann wärst du ein Geist. Und das wäre dasselbe, was wir Tod nennen.»

«Mit anderen Worten, die Träumer sind in der zweiten Runde zu mir gekommen und haben mich zwischen die Welten geholt?»

«Richtig, aber du hast noch nicht die Macht, dich an etwas anderes als deine Träume zu erinnern.»

«Aber warum sind sie zu mir gekommen?»

«Weil du dich, bewußt oder unbewußt, um Macht beworben hast.»

«Mit anderen Worten – Vorsicht bei dem, was man sich wünscht?» Im Stillen dachte ich an all die Jahre, die ich mich planlos mit Mystizismus befaßt hatte.

«Mädchen», sagte Agnes, während sie Tee einschenkte und eine fröhlichere Miene aufsetzte. «Red Dog kennt dich. Wahrscheinlich wird er dich wieder demütigen. Er will, daß du zurückfährst, woher du gekommen bist. Geh lieber zu Ruby Plenty Chiefs und hol mir diese Rassel, bevor sie mehr tun, als dich nur demütigen.»

Wir tranken Tee und aßen eine Kleinigkeit.

«Weißt du noch den Weg zu Rubys Hütte?» fragte Agnes.

«Ja», sagte ich. «Wie könnte ich ihn vergessen?»

«Willst du nach Hause fahren – jetzt, wo du gesehen hast, was passieren kann?»

«Nein», sagte ich wütend.

«Na, dann paß gut auf dich auf. Red Dog hat's auf dich abgesehen, und er wird mit dir Schlitten fahren. Er könnte eine Menge mehr tun, als dir nur einen Streich spielen.»

Ich schluckte ein paarmal und räusperte mich.

«Kommst du mit?»

Agnes verschränkte die Arme. «Mach, daß du fortkommst.»

Ich trat vor die Hütte und machte mich in flottem Tempo auf den Weg zu Ruby. Ich war überrascht, wie viele Einzelheiten der Landschaft ich vergessen hatte. Ich war mir meiner grotesken Aufmachung bewußt und mußte über mich selber lachen, als ein Windstoß in meine zerschlissenen Jeans fuhr und sich das altersschwache Gewebe um meine Waden blähte. Die Kordel hing von meiner gerafften Taille herab und schlug bei jedem Schritt gegen meine Schenkel. Ich mußte an meine alte Freundin Cyrena denken, und wie sie lachen würde, falls sie mich sehen könnte – aber ich durfte meine Gedanken nicht abschweifen lassen. Ich mußte diesmal einen klaren Kopf behalten und versuchen, etwas zu lernen. So lief ich am blühenden Ufer des Baches entlang. Ich hörte das Plätschern der Wasserstrudel und sah die Strahlen der Sonne sekundenlang durch das Laub der Pappeln blitzen. Ich roch noch immer den Qualm des Holzfeuers in meinen Kleidern. Er haftete mir an wie ein Parfüm.

So marschierte und lief ich drei geschlagene Stunden lang, bis Rubys Hütte in der Ferne auftauchte. Ich blieb stehen, mein Magen krampfte sich zusammen.

Im Weitergehen hörte ich leises Flötentrillern, das mit dem Wind heranwehte. Die Klänge wurden lauter, je näher ich herankam.

Auf Rubys Veranda hockte ein zartes junges Mädchen und blies auf ihrem Instrument. Ihr schwarzes Haar reichte bis zur Taille hinab, und ich sah, wie schön sie war. Ich winkte ihr zu, aber sie reagierte nicht. Ich rief, aber sie spielte weiter auf ihrer Flöte.

«Das klingt gut», sagte ich, als ich zur Veranda hinaufstieg.

Das Mädchen blies weiter auf der Flöte.

«Das klingt gut, habe ich gesagt.»

Sie blies immer wieder die gleiche Melodie.

«Hey!» sagte ich.

Ich kniete mich vor sie hin und schaute ihr in die Augen, aber sie spielte ununterbrochen die gleiche, quälende Melodie. Ich fuchtelte mit der Hand vor ihrem schönen, ovalen Gesicht. Ihre Augen blieben leer, es kam keine Reaktion. Ihr Körper war starr wie Stein. Ich mußte daran denken, was der Ladenbesitzer in Crowley über die Mädchen gesagt hatte, die Ruby besuchten.

Ruby kam aus der Tür ihrer Hütte geschossen. «Hör auf, sie zu belästigen. Es hat keinen Zweck!»

Ich wich zurück.

«Du brauchst nicht mit July zu sprechen. Sie versteht dich nicht.»

Ich wand mich vor Verlegenheit. Das Mädchen blickte starr in die Ferne und spielte immer wieder die gleiche Melodie.

«Was willst du hier, Wasichu?»

«Agnes schickt mich, ihre Rassel zu holen.»

«Welche Rassel?»

«Sie sagt, sie braucht sie, um mir zu helfen.»

«Ich habe ihre verdammte Rassel nicht. Warum ist Agnes nicht selbst gekommen, sie zu holen?»

«Ich weiß nicht.»

Ruby sah mich angewidert an. «Sie meint wahrscheinlich die Regen-Rassel. Sie will sie sich ausborgen. Ich weiß nicht, ob ich sie dir geben soll. Sie ist ziemlich gefährlich.»

«Agnes hat gesagt, sie braucht ihre Rassel», stammelte ich.

«Hm, bist du sicher, daß du es riskieren willst?»

«Was denn riskieren?»

«Den Tod. Was gibt's denn sonst zu riskieren? Falls die Regenrassel auf eine bestimmte Weise in Berührung mit der Mutter Erde kommt, bist du tot. Falls sie nicht bis Sonnenuntergang von Einem-der-weiß-wie versöhnt wird, ruft sie die Geister auf, dich zu töten. Wenn ich dir meine Rassel anvertraue und du einen Fehler machst, kann nichts auf der Welt deinen Tod verhindern. Bist du sicher, daß du es riskieren willst?»

«Agnes hat gesagt, ich soll sie holen.»

Es war offensichtlich, daß die Situation für Ruby unangenehm war. Als ich ihr verdrossenes Gesicht sah, merkte ich, daß sie mich niemals direkt anschaute. Jetzt fiel mir wieder ein, daß sie blind war. Da hatte ich nun zwei Menschen vor mir, die mich anscheinend nicht sehen konnten.

July blies ihre Flöte, und Ruby starrte irgendwo in die Ferne. «Ich werde dir die Rassel holen», sagte sie. Sie zog sich in die Hütte zurück und kam erst nach einer guten Weile wieder.

«Da hast du», sagte sie und warf mir die Rassel zu. Sie war etwa neun Zoll lang, von verwitterter brauner Farbe. Der Griff war mit Schnitzereien verziert. Die Kugel war etwa von der Größe eines Tennisballs, und im Innern hörte ich sowas wie Samenkörner klappern. Es klang unheimlich.

Noch während ich die Rassel untersuchte, schoß Rubys Hand vor und befühlte meinen Kopf. «Mir scheint, du hast da eine kahle Stelle», sagte sie und fing an zu lachen. «Wer zum Teufel hat dir einen Streich gespielt?»

«Red Dog.»

Sie brach in ein hysterisches Gelächter aus, schlug sich auf die Schenkel und krümmte sich.

«Red Dog ist ein grober Kerl», sagte sie und wischte sich die Augen. «Hör mal, ich tu dir einen großen Gefallen, indem ich Agnes meine Rassel borge. Du sollst mir dafür einen kleinen Gefallen tun. Nimm July mit und sage Agnes, ich bitte sie, ein paar Tage auf sie aufzupassen.» July blies noch immer die Flöte.

«Klar, das tu ich gern, Ruby», sagte ich. «Aber hört sie denn niemals auf, diese Flöte zu spielen?»

«Nie. Und wage es nicht, sie ihr wegzunehmen. Das wäre ihr Ende. Sie raubt mir den letzten Nerv. Das ist auch der Grund, warum ich möchte, daß Agnes auf sie aufpaßt.»

Das Flötenspiel ging weiter.

«Kannst du sie dazu bringen, daß sie mitgeht?»

Ruby zog July hoch und redete in Cree auf sie ein.

«Sie wird mitgehen», sagte sie.

Ruby brachte mir ein Erdnußbutter-Sandwich und ein Glas Fruchtsaft. Dann erklärte sie mir, wie ich mich verhalten sollte. Egal was passierte, so sagte sie, die Regenrassel mußte bis Anbruch der Dämmerung in Agnes' Händen sein. Ich sagte Adieu und wir machten uns – July die Flöte spielend, hinterdrein – auf den Weg zu Agnes.

Ich drückte die Rassel mit beiden Händen an meine Brust. Ich war erschöpft, fürchtete mich aber, unterwegs zu rasten. Der Himmel war silbrig blau, und es war nicht mehr kalt. Ich ging langsam, vorsichtig, jeden Schritt wohl erwägend. July bewegte sich immer im gleichen, gemächlichen Takt – nicht langsamer, nicht schneller – und blies immer die gleiche Melodie.

Es war früh am Nachmittag, und ich hatte noch viel Zeit bis zu Agnes' Hütte. Langsam kam mir der Verdacht, Agnes und Ruby hätten sich verschworen, mich als ihren Dorftrottel zu benutzen. Wie konnte diese Rassel solche Macht haben? Und wenn die Rassel mich töten konnte, falls sie auf falsche Art mit dem Erdboden in Berührung kam – warum hatte Ruby sie mir vorhin auf der Veranda zugeworfen? Die Flötenmusik ging mir auf die Nerven, und meine Muskeln begannen zu schmerzen. Und außerdem: so leichtgläubig war nicht einmal ich. Ich verstand mehr von Macht-Objekten als irgend jemand, den ich kannte. Ich hatte viele besessen, gekauft und verkauft. Es lag Magie in ihrer Schönheit, wie in aller Schönheit, und das war ihre einzige Macht.

Nach einer Stunde wurde ich leichtsinnig. July spielte vor sich hin, und ich blieb ein paar Minuten stehen, um auf sie zu warten. Der Wind frischte auf und trieb welke Blätter und Sand vor sich her. July ging wie in Trance, manchmal stolperte sie, aber sie schaute nie auf den Boden vor ihren Füßen, sondern folgte mir geduldig. Sie ließ keinen einzigen ihrer Töne aus. Es war unmöglich, sie zum Schweigen zu bringen.

Die Flötenmusik reizte mich, und ich begann die Rassel zu schütteln. Ich jonglierte den Griff von einer Hand in die andre, und dann, als July und ich auf das Feld mit den Felstürmen kamen, fing ich an, sie in die Luft zu werfen und wieder aufzufangen. Diese alten Weiber sollten mich nicht zum Narren halten! Es mochte wohl passieren, daß die Rassel mir entglitt, aber das war nicht so schlimm. Ich kam sogar in Versuchung, sie absichtlich fallenzulassen.

Dann aber besann ich mich. Ich hatte Angst. Ich erinnerte mich an die kahle Stelle auf meinem Kopf und wollte im Zweifelsfall lieber Rubys Worten glauben.

Eine Krähe flog direkt über meine linke Schulter und landete auf einem Baum. Sie ließ sich auf einem Ast nieder und faltete ihre Schwingen. July blieb unter dem Baum stehen und flötete unbeirrt weiter.

«Komm, July», rief ich.

July reagierte nicht auf meinen Befehl.

Die Krähe sträubte ihr Gefieder.

«Oh, komm doch endlich, bitte!»

Es wurde schon spät. Wenn ich die Rassel nicht bis Sonnenuntergang zu Agnes brächte, so hatte Ruby gesagt, würde der Geist der Regen-Rassel mich töten. Gut möglich, daß July für immer unter diesem Baum stehenblieb, und ich durfte sie nicht verlassen. Vielleicht fühlte sie sich von der Krähe angezogen – und wenn ich den Vogel verscheuchte, würde sie vielleicht mitkommen.

Ich sah mich um und sammelte ein paar Steine auf. Ich achtete aber darauf, nicht mit der Rassel den Boden zu berühren. Ich holte aus und warf – und der Stein sauste rechts an der Krähe vorbei. Immer wieder warf ich, aber die Krähe rührte sich nicht vom Fleck. Wenn die Steine zu nah kamen, hüpfte sie in die Luft, ließ sich wieder auf ihrem Ast nieder und krächzte böse. Ich gab es auf.

«Wir müssen zu Agnes gehen», sagte ich und zog July am Arm.

Ihr Körper war steif.

«July», schrie ich. «Verstehst du nicht? Wir müssen gehen!»

Sie flötete weiter. Ihre schwarzen Augen blickten starr. Droben krächzte die Krähe.

«Gott, verflucht!» schrie ich. «Beweg dich endlich!» Ich zerrte mit aller Kraft an ihrem Arm – und taumelte rückwärts. Die Rassel sprang aus meiner Armbeuge und fiel auf die nackte Erde. Mir war, als müßte ich sterben.

Ein dunkler Schatten fiel über mich. Ein kalter Windhauch streifte mich, und droben polterte ein Donnerschlag. Es fing an zu regnen, kalte Tropfen prasselten auf mich nieder. Ein Blitzstrahl spaltete den Himmel. Ich schaute zu den schwarzen Wolken hinauf, die die Sonne verfinsterten. Der Wolkenbruch hatte so schnell eingesetzt, daß ich fürchtete, einer Sinnestäuschung zu erliegen. July spielte mit aufgeblasenen Backen. Die Krähe stolzierte auf dem Ast entlang und schwang sich in die Luft. Es war, als sei July plötzlich von einem Bann befreit.

Ich konnte sie umdrehen und auf den Weg zu Agnes' Hütte schieben, obwohl ich selbst jetzt wie betäubt war. Ich fühlte mich leicht betrunken und zitterte. Mein Herz pochte heftig, und ich hob die Rassel auf. Der Wind brauste auf, und aus den Bäumen prasselten Wassertropfen. Aber es hatte aufgehört zu regnen. Die Wolken ballten sich grau und bedrohlich zusammen.

Bald nachdem wir jenen Baum verlassen hatten, blieben auch die dunklen Wolken hinter uns zurück. Der Himmel war klar, bis auf ein Inselchen über der Stelle, wo ich die Rassel hatte fallenlassen. Dort teilte ein düster grau-schwarzer Nebelstreif den Himmel.

Hinter mir sang Julys Flöte ihre endlose Melodie.

Endlich erreichten wir Agnes' Hütte. Die rötlichen Strahlen der Sonne erhellten den Horizont.

Agnes kam uns entgegen. «Gib mir die Rassel, schnell!» befahl sie. «Fast wärest du gestorben.»

Mein Herz pochte. Ich reichte ihr die Rassel, und sie eilte damit in die Hütte. July trottete auf die Veranda und setzte sich mit dem Rücken gegen einen Pfosten. Unbeirrt spielte sie weiter auf ihrer Flöte.

Kaum war ich eingetreten, sagte Agnes: «Geh und hol mir Wasser aus dem Bach.» Sie drückte mir einen Eimer in die Hand.

Kurz danach kehrte ich mit dem vollen Eimer wieder.

«Iß», sagte Agnes.

Ich setzte mich an den Tisch und fing an zu essen. Agnes setzte sich gegenüber. «Erzähl mir genau, was dir heute passiert ist – ohne etwas auszulassen.»

Nachdem ich ihr alles erzählt hatte, stand Agnes auf. Mit einer einzigen, gewandten Bewegung packte sie mich am Hals und zog mich nach vorn. Ich wunderte mich über ihre Körperkraft. Sie bog mein Gesicht zur Seite, so daß ich den Korb auf ihrer Truhe anstarren mußte, in dem die Rassel lag. «Schau sie dir an», sagte sie und lockerte langsam ihren Griff. «Wende nicht den Blick von ihr ab. Sage ihr, daß du Respekt hast, und daß du es ehrlich meinst.»

«Du meinst, ich soll zu der Rassel sprechen?»

«Ja. Du hast sie beleidigt.»

Ich war so entnervt durch Agnes' plötzliche Heftigkeit, daß ich förmlich kreischte: «Es tut mir leid. Ich habe Respekt.»

«Es braucht dir nicht leid zu tun», sagte sie. «Hab einfach Respekt.»
«Ich habe Respekt», sagte ich.

«Morgen kannst du noch einmal zu Ruby laufen und die richtige Rassel holen. Du hast die Regen-Rassel mitgebracht. Ich wollte die Mutter-Rassel haben. Die Mutter-Rassel ist eine Schildkrötenpanzer-Rassel.»

«Du meinst, ich soll noch einmal den ganzen Weg zurücklaufen?»

«Morgen. Jetzt geh lieber ins Bett.»

Die einsamen Klänge der Flöte begleiteten mich in den Schlaf.

Das sind die toten Kinder, die noch nicht geboren sind. Sie sind in dir und weinen immerzu. Sie weinen schon seit tausend Jahren, dort, wo die Räder der Finsternis ewig kreisen.

– Ruby Plenty Chiefs –

Langsam wachte ich auf, aber mir war so behaglich und warm, daß ich noch ein bißchen in meiner tröstlichen Traumwelt verweilen wollte. Es war zu früh, um aufzustehen.

Tap-tap-tap-tap ...

Ich vernahm ein Geräusch, wie von einer lose im Wind klappernden Dachschindel. Ich dachte, das Geräusch würde irgendwann aufhören.

Tap-tap-tap-tap ...

Endlich schlug ich die Augen auf und rappelte mich ächzend hoch. Meine Muskeln schmerzten, vom langen Marschieren hatte ich stechende Schmerzen in den Waden, und ich bekam einen Krampf. Ich schaute mich nach Agnes um. Es war niemand da.

Tap-tap-tap-tap ...

Da war es wieder.

Ich spähte durch die schiefen Fensterrahmen. Dort hockte eine große Krähe mit funkelnden Augen und glänzendem Gefieder und klopfte mit ihrem großen Schnabel gegen die Fensterscheibe. Sie reckte den Kopf hin und her und starrte mich an.

Tap-tap-tap-tap ...

Wollte die Krähe mich etwa bitten, sie einzulassen? Vögel sollten sich doch vor Menschen fürchten – und sich allemal fürchten, in ein Haus zu kommen.

Tap-tap-tap-tap ...

Anscheinend wurde sie ungeduldig.

Plötzlich flog die Hüttentür auf, und Agnes kam mit zwei Holzscheiten im Arm herein. Sie schob sie, eins nach dem anderen, in den Ofen.

Tap-tap-tap-tap ...

Sie drehte sich um, beugte sich vor und ließ ein lustiges Zungenschnalzen hören. Dann machte sie das Fenster auf und lachte den Vogel an, der – mit vorgereckter Brust, wie ein Gentleman stolzierend – auf dem Fensterbrett auf und ab spazierte. Er machte, so schien mir, eine höfliche Verbeugung in meine Richtung, krächzte vorwurfsvoll und flog zum Tisch in der Mitte des Zimmers. Ich lachte. Dieser Clown war entzückend.

«Das ist Crow», sagte Agnes. «Lynn, darf ich dir Crow vorstellen?»

«Erfreut, dich kennenzulernen», sagte ich. «Aber ich glaube, er ist unzufrieden mit mir.»

«Das ist er. Er wollte zum Frühstück kommen», sagte Agnes, während sie Crow etwas Dörrfleisch hinhielt. Crow wirkte jetzt, als er den Happen nahm, etwas artiger.

Ich kroch aus dem Schlafsack, zog meine sackförmige Jeans an und gesellte mich zu Agnes und unserem Frühstücksgast. Während wir Kaffee tranken und aßen, gaben wir ihm kleine Häppchen Röstbrot und Schinken, was ihn zu beglücken schien. Er war offenbar ein zufriedener Gast.

«Dieser alte Gauner besucht mich schon seit vielen Jahren zum Frühstück. Er hat einen größeren Appetit als ich.»

July hatte ich ganz vergessen, aber jetzt unterbrachen die schmelzenden, traurigen Klänge der Flöte die Morgenstille.

«Oh, nein», sagte ich. «Nicht schon wieder.»

Agnes nickte zustimmend mit dem Kopf, und wir mußten beide lachen. July ging uns auf die Nerven.

Crow flatterte zum Fensterbrett. Er stolzierte hin und her und krächzte.

«Ich bin voll», sagte Agnes zu ihm.

Crow krächzte noch einmal und flog davon.

«Wie kannst du von einem Stückchen Röstbrot und einer Scheibe Schinken voll sein?» fragte ich. «Ich bin bestimmt noch nicht voll.»

«Das ist eine Redewendung bei meinem Volk. Sie bedeutet: ‹Ich habe gegessen, ich bin voll.› Es hat nichts mit dem Essen zu tun. Wir laufen nicht durch die Gegend und danken einander überschwenglich für alles mögliche. Es gibt nur einen, dem man danken soll, dem edlen Großen Geist. Ich wollte damit sagen, ich bin inwendig voll von dem, was wir gemeinsam genossen haben. Ich fühle mich gut. Wir haben nur eine Gabe, und die ist, unseren Tod zu wählen. In deiner Welt sagt ihr: Dankeschön. Dankeschön ist eine Lüge, und ich rate dir, es nie wieder zu sagen. Du magst es als Höflichkeitsfloskel sagen, aber sage niemals aufrichtig Danke zu einem Mann – es raubt dir Macht. Es gibt nur eine Ausnahme: Wenn du in einem anderen wahrhaft den Großen Geist siehst. Dann darfst du diesen Geist mit Dank und Ehrbezeugung ansprechen. Ansonsten, vergiß es.»

«Aber, ich habe doch gelernt . . .»

«Ist mir egal, was du gelernt hast», sagte Agnes, mir das Wort abschneidend. «Du hast etwas Falsches gelernt.»

Ich kaute meinen letzten Bissen Röstbrot und dachte über ihre Worte nach.

«Kannst du reiten?» fragte mich Agnes unvermittelt.

«Ja. Ich reite manchmal mit Pferden aus. Warum fragst du?»

Agnes ging in der Hütte hin und her und räumte auf. «Du mußt sofort von Ruby die Rassel holen. Heute will ich dich ein Stückchen begleiten. Wir werden zusammen ausreiten.»

Ich war begeistert. Schnell räumte ich den Tisch ab.

«Ich wußte gar nicht, daß es hier Pferde gibt», sagte ich, als ich mit Agnes in die kühle Morgenluft hinaustrat. «Wo sind sie? Ich habe kein einziges Pferd gesehen.»

«Es gibt so vieles, was du nicht gesehen hast.»

Agnes legte ein paar Stückchen Dörrfleisch vor July auf den Boden und flüsterte ihr etwas ins Ohr. July spielte weiter. Ihre Augen waren noch immer glasig, ihr Körper war starr und kalt. Sie wirkte so schwach und verlassen, und ihre Flötenmelodie klang wie der Hilferuf eines Vogels – oder aber wie eine Warnung. Sie schien mit vermehrter Traurigkeit zu spielen.

«Sie wird später essen», sagte Agnes.

Sie bedeutete mir, ihr zu folgen, und wir schlugen den Weg zu Rubys Hütte ein. Nach einer Weile schwenkten wir nach Süden um, und der Weg wurde schwieriger. Wir folgten einem Zufluß des Bächleins, dessen Wasser blaugrün und durchsichtig glitzerte. Überall, am Wegrand und an den Ufern des Baches, standen saftiges Gras und duftender Klee in dichten Büscheln.

«Das Gras ist fett diesen Frühling», sagte Agnes. «Das ist gut für die Pferde.»

Ich nickte zustimmend.

Wir sahen Kaninchen allenthalben, sie machten kehrt und rannten davon, sobald wir uns näherten, und suchten mit leisen Piepsern hinter den Steinen Deckung. Ich folgte Agnes durch eine von Bäumen beschattete Senke und auf eine saftige Wiese hinaus.

«Das ist die südliche Weide», sagte sie.

Sie warf mir einen der beiden Zaumzügel zu, die sie über der rechten Schulter getragen hatte. Er war sehr schön, offenbar aus schwarzem und weißem Roßhaar geflochten und mit Muscheln besetzt. Drunten am Bach grasten drei wohlgenährte Pferde – zwei kastanienbraune Wallache und eine gescheckte Stute. Alle drei Tiere wandten die Köpfe, als wir uns näherten, und grasten friedlich weiter. Sie ließen uns ganz herankommen, und Agnes tätschelte einem der Wallache den Hals. Er schnaubte durch die Nüstern und stampfte mit dem Huf auf.

«Du nimmst die Stute. Sie ist sanft und geht sicher, und du darfst sie reiten, wann immer du magst. Sie braucht Bewegung.»

Wir legten den Pferden die Zügel an und führten sie zu einem kniehohen Stein. Agnes streichelte ihrem Wallach die Stirn, griff ihm von rechts in die Mähne und schwang sich auf seinen Rücken. Ihre Behendigkeit überraschte mich.

«Na, Agnes, was du kannst, kann ich auch.»

Ich griff der Stute von links in die Mähne und sprang hoch, aber mein Fuß traf den Bauch des Pferdes, und ich landete flach auf dem Rücken. Der Boden war hart.

Agnes thronte über mir. Sie saß ohne Sattel auf dem Rücken ihres Wallachs und lachte.

Ich rappelte mich auf. Die gescheckte Stute beäugte mich schläfrig. Offenbar fragte sie sich, was dieses Bleichgesicht wohl im Sinn hatte. Wieder sprang ich hoch, und wieder landete ich auf der Erde. Noch ein Versuch, und ich gab es auf.

«Mach's dir doch leichter», sagte Agnes.

Ich führte die Stute zu dem Stein, kletterte hinauf und rutschte auf ihren Rücken.

Agnes warf mir einen Blick zu und fing wieder an zu lachen.

«Sehr spaßig», sagte ich. Dann aber fragte ich: «Warum steigst du von rechts auf?»

«Weil wir Indianer, vor nicht allzu langer Zeit, unsere Medizinschilde auf der linken Seite trugen.»

Wir ließen uns Zeit und ritten gemächlich zum Pfad zurück. Hoch zu Pferde, mit baumelnden Mokassins, bot Agnes ein erstaunliches Bild. Sie schien von einer unwahrscheinlichen Vitalität, und ihre Zöpfe wehten im stürmischen Wind. Die Pferde, noch im dicken Winterfell, waren fromm und gefügig. Sie waren nicht beschlagen, aber ihre Hufe waren gut in Form, und ihre Leiber waren kräftig und muskulös. Anscheinend wurden sie häufig geritten.

Ich schaukelte im Trab der Stute hin und her und überließ mich der friedlichen Morgenstimmung. Über die sonnenbestrahlte Ebene ließen wir die Pferde im Schritt gehen, dann trabten wir wieder an, durch einen Talgrund und einen felsigen Hang hinauf, immer weiter nach Süden. Beim Anblick einer kleinen Rinderherde, die unter uns weidete, schnaubten die Pferde durch die Nüstern und spitzten die Ohren.

Überall zwitscherten Vögel, und hoch über uns trompeteten Wildgänse auf ihrem Flug nach Norden. Ein sanfter Wind kräuselte das Gras, und wir ritten zu den Kühen hinab. Wir trabten ans andere Ende der Weide, saßen in einem dichten, duftenden Kleefeld ab und ließen die Pferde grasen.

Wir setzten uns und packten den Räucherfisch und das Brot aus. Es war eine schöne, unberührte Wildnis, mit Wäldern und Berggipfeln, und treibende Nebelschleier gaben der Luft eine angenehme Feuchtigkeit. Ich brach ein Stück Brot ab und fing an zu kauen.

Agnes drehte sich um. Ihr Gesicht leuchtete rotbraun vor dem hellen Grün dieses windklaren Tages.

«Lynn, woran glaubst du?»

Die unvermittelte Frage verwirrte mich.

«Woran ich glaube?»

«Ja, sag es mir.» Sie lächelte – mit einem besonderen Glitzern in den Augen.

«Hm, ich glaube daran, ehrlich zu sein.»

Agnes lachte leise. Sie legte ein Steinchen vor mir auf die Erde. «Weiter, was noch?»

«Ich glaube daran, das, was ich tu, gut zu machen.»

Kichernd legte Agnes noch ein Steinchen neben das andere.

Ich fuhr fort und schilderte ihr alle meine bedeutenden politischen und ethischen Werte. Als ich geendet hatte, lag ein ziemlich großer Steinhaufen vor mir.

«Was soll das bedeuten?» fragte ich und zeigte auf den Haufen.

«Diese Steine bezeichnen alle deine Überzeugungen. Es gibt den Ring der Welt, und den Ring des Selbst. Deine Ringe sind wie Nester, die dich einhüllen – sehr tröstlich. Aber du mußt die Existenz solcher sicheren Nester erkennen. Du mußt sehen, daß du auf diesen Steinen hockst, als ob sie Eier wären – und du die Henne, die sie ausbrütet. Du mußt erkennen, daß du nicht frei bist, weil du dein Nest der Selbst-Verblendung nie verlassen wirst.» Agnes deutete auf die Steine. «Das ist dein Nest. Wenn du willst, kannst du den Rest deines Lebens damit verbringen, dies alles auszubrüten. Diese Eier werden die Grenzen deiner Erfahrung sein.»

Sie stieß ihren Mokassin gegen den Rand des Steinhaufens. «Aber da gibt es ein Ei, und du tätest gut daran, es auszubrüten: eines, das im Einklang mit dem Großen Geist steht. Es ist der heilige Stein im Zentrum des Ringes. Brüte den heiligen Stein aus, und du wirst die Königin der Vögel ausbrüten, die mit ihren Fängen alle Schranken der Wahrnehmung niederreißt. Ob du's mir glaubst oder nicht – brüte die Vorstellung aus, daß der Ring des Selbst zugleich auch der Ring des Universums ist. Denn du selbst bist die Vogel-Königin, die sich in alle Ewigkeit aufschwingt, grenzenlos und ohne Schranken. Nur die Vogel-Königin baut ein wahres Nest ohne Trennungen.»

Agnes hob einen der Steine auf. «Dies ist jener Teil von dir, der an das Ehrlichsein glaubt. Und doch kann nur ehrlich sein, wer das Ei des Wahren und des Falschen aufgebrochen hat. Du hegst dieses Ei, als enthielte es ein kostbares Kind. Du brütest auf Wind-Eiern. Kannst du diese Kinder, eins nach dem anderen, wegwerfen?»

«Nein», sagte ich. «Meine Überzeugungen machen das aus, was ich bin. Sie bedeuten für mich eine Art Wahrheit. Wie könnte ich sie wegwerfen?»

«Du solltest es tun. Du mußt erkennen, daß du nicht frei bist. Wandle den heiligen Pfad und brüte das grenzenlose Ei aus.»

«Ich will es versuchen», sagte ich.

«Sprich: Meine Überzeugungen sind nicht notwendig wahr, auch wenn ich glaube, sie wären es.»

Ich wiederholte den ganzen Satz und war verwirrt. Ich betrachtete den Steinhaufen und spürte seine dunkle Masse in meinem Inneren.

«Okay», sagte Agnes und sprang auf. «Eine Sache, die mich sehr interessiert, sind deine politischen Ansichten. Ich bin selbst eine Agitatorin. Also, laß uns agitieren. Es gibt ein paar wichtige Fragen, die endlich diskutiert werden müssen. Ich möchte, daß das Leben auf dieser Welt besser wird.»

Ich folgte ihr über die Weide. Agnes marschierte aggressiv auf die Rinderherde los, kletterte auf einen Felsblock und räusperte sich – ich konnte mir nicht vorstellen, was sie im Sinn hatte. Sie breitete weit die Arme aus, und ihre Stimme nahm den herrischen Ton eines Radiosprechers oder Marktschreiers an.

«Kühe aller Länder, vereinigt euch! Ihr habt nichts zu verlieren als eure Ketten.»

Die Kühe mampften ihr Gras und blickten nicht mal auf.

Agnes fuhr fort: «Hört mich an, oder ihr werdet untergehen. Wißt ihr denn nicht, daß ihr verspeist werden sollt? Gegen euch ist eine finstere Verschwörung im Gang.»

Ich hockte mit untergeschlagenen Beinen im Gras – sehr aufmerksam, sehr im Unterschied zu den Kühen um mich her. Sie kauten noch intensiver, während Agnes mit ihrer Predigt fortfuhr. Ich meinte beinah den Jubel eines unsichtbaren Publikums zu hören und die Transparente einer wogenden Demonstration zu sehen.

«Brüder und Schwestern, niemand ist bereit anzuerkennen, wieviel wir euch verdanken!» Ich mußte beiseite rücken, um einer geschäftig grasenden Kuh Platz zu machen.

«Ihr teilt das eure und verschenkt euch, ohne viel Belohnung zu fordern. Ich aber stelle euch die entscheidendste Frage eures Lebens.» Agnes machte eine Pause. Dramatisch wiegte sie sich auf ihrem Podest, sie zog das Kinn an, um die Gewichtigkeit ihrer Statur zu unterstreichen. Sie war die perfekte Karikatur eines bramarbasieren den Politikers. Ich platzte lachend heraus.

«Wißt ihr denn, daß die Zweibeinigen euch aufessen werden? Kühe dieser Welt, leiht mir euer Ohr.» Agnes machte eine hochtrabende Geste.

«Ihr schlaft und seid blind für die Verschwörung, die euch umgibt. Wo sind eure großen Leit-Ochsen?» Sie stieß die geballte Faust in die Luft und schüttelte sie, im Gesicht einen Ausdruck höchster Konzentration. «Für euch gibt es keine Hoffnung, es sei denn, ihr hört mich an. Hört mich an, was ich euch zu sagen habe. Wißt ihr denn wirklich nicht, daß man euch aufessen wird?»

Eine Kuh muhte, wie von einer gewissen Ahnung beseelt.

«Kühe dieser Welt, wir können ein Reich der Freiheit errichten, frei von Unterdrückung – wenn wir vereint arbeiten, vereint marschieren!» Hoch auf einem Granitblock thronend, mitten auf einem freien Feld voller Kühe und Kuhfladen, reckte Agnes beide Arme empor, wie um eine jubelnde Menschenmenge zu grüßen. Mir rannen vor Lachen die Tränen über die Wangen.

«Es gibt aber einen Führer, und nur einen Führer», schrie Agnes über die Ovationen einer imaginären Menge hinweg. «Die Zweibeiner haben euch gesagt, sie seien intelligenter als ihr, aber was wäre ein kümmerlicher Zweibeiner, verglichen mit eurer gewaltigen Körperkraft? Es ist klar, daß ihr einen neuen Häuptling braucht, und den habe ich euch heute mitgebracht – hier ist sie!» Damit verbeugte sich Agnes und bat mich auf das Fels-Podium. Sie setzte sich und lächelte verschmitzt.

«Als erstes müßt ihr erkennen, daß ihr in Gefahr seid», verkündete ich bombastisch. Dann ließ ich mich flehend auf die Knie nieder: «Ihr habt keine Vorstellung vom Ernst eurer Lage. Ich bin eure Retterin.» Ich machte eine Pause, um den Beifall abzuwarten, und fuhr fort. «Nur wenn wir uns organisieren, haben wir eine hauchdünne Chance, die Macht im Staat zu ergreifen. Wenn ihr doch eure gewaltige Körperkraft erkennen wolltet, ihr könntet, wie Agnes sagte, die Herren dieser Erde sein.»

Ich kniete, die Arme weit ausgebreitet. Einen Moment empfand ich tatsächlich den heißen Wunsch, sie möchten mich verstehen. Schmerzlich wurde mir die Kluft zwischen Wahrheit und Unwissenheit bewußt. Eine neugierige Kuh kam herangetrottet und beschnupperte meine Beine, dann versetzte sie mir mit der Nase einen kräftigen Stoß in die Kehrseite. Ich verlor das Gleichgewicht und purzelte Hals über Kopf zwischen Kleebüschel und trockenen Kuhmist. Dieser unerwartete Überfall war so aggressiv gewesen, daß ich mich ängstlich umdrehte, ob sich die Kuh nicht auf mich stürzen wolle. Aber nein, nachdem sie gesehen hatte, daß ich für sie wohl ungenießbar sei, drehte sie sich um und graste friedlich weiter. Die ganze Szene war einfach zu komisch, ich konnte nicht mehr und ließ mich neben Agnes flach auf den Boden fallen.

Lachend kugelten wir uns im hohen Gras. Die spielerische Härte dieser alten Frau machte mir Angst und imponierte mir. Ich war wie berauscht vom vollen Aroma der feuchten Erde und der blühenden Kräuter. Ich vergrub meine flach gespreizten Hände im Matsch und setzte mich auf. Die feuchte Berührung war wunderbar. Schlamm und Steinsplitter klebten an meinen Fingern und Handflächen, und ich hatte Lust, mir den nassen Lehm ins Gesicht zu schmieren und mich im breiigen Erdreich zu wälzen. Agnes packte mich an der Hand und zog mich auf die Füße. Sie schüttelte über mich den Kopf und lachte, daß ihr die Tränen über die Wangen kullerten. Arm in Arm, kichernd wie zwei Betrunkene, stolperten wir über die steinige Wiese, rempelten uns mit den Schultern und taten so, als hätten wir Mühe, unser Gleichgewicht zu halten. Es war wie ein Rausch.

Wir fingen die Pferde ein und saßen auf. Ich mußte wieder einen Stein zu Hilfe nehmen. Agnes riß ohne Vorwarnung ihren Wallach herum und preschte auf die Kühe los.

«Hilf mir das Vieh zusammentreiben. Wir wollen es ans andere Ende der Weide bringen», rief sie und galoppierte davon.

Ich folgte im gestreckten Galopp.

Es dauerte nur Minuten, dann trotteten die wohlgenährten Kühe, ärgerlich brüllend, in die gewünschte Richtung.

«Die Steine!» rief ich Agnes zu.

Schon waren die Kühe dabei, meinen Steinhaufen – mein Glaubensgebäude – niederzutrampeln. Steine flogen in alle Richtungen, während die Herde direkt darüber weg stürmte. Ich riß meine Stute herum und galoppierte selbst durch die traurigen Reste. Die Steine lagen wild in der Gegend verstreut, und ich zügelte mein Pferd, um auf Agnes zu warten. Sie nickte beifällig, ein fröhliches Blitzen in den Augen.

«Na, Lynn, fühlst du dich jetzt komisch?»

«Ja, ich fühle mich komisch.»

Schweigend ritten wir bis ans Ende der Wiese. Die Kühe, die noch ein Weilchen umhergeirrt waren, begannen wieder gleichmütig ihr Gras zu rupfen.

«Ich reite jetzt zu July zurück», sagte Agnes. Sie nickte mir zu, wendete ihr Pferd und trabte davon. «Denk daran, es ist die Mutter-Rassel», rief sie mir über die Schulter nach.

Den größten Teil des Tages hatten Agnes und ich gemeinsam verbracht. Jetzt blieb nur noch wenig Zeit, um vor Anbruch der Dunkelheit zu Ruby und wieder nach Hause zu reiten.

Hoffentlich wird es eine mondhelle Nacht, dachte ich.

Langsam trabte ich nach Westen, über eine Hügelkuppe, hinter der die Weide mit den Kühen zurückblieb. Ich beschloß, meine Stute ‹Paint› zu taufen.

«Lauf zu, Paint.»

Sie hatte einen herrlich weichen Gang, und ich war dankbar dafür, aber ich wußte, daß ich am anderen Tag einen Muskelkater haben würde. Der Weg wurde mir allmählich vertraut. Was anfangs eine Wildnis voller Schrecken für mich gewesen war, erschien mir jetzt klar und geordnet. Sogar die Elstern, die mir so unheimlich vorgekommen waren, schienen jetzt vergnügter. Paint war willig und in der Lage, ihren Trab – eher ein tänzelnder Schritt – endlos durchzuhalten. Ich vertraute mich ganz ihrem Rhythmus an, und wir bildeten beinah eine harmonische Einheit.

In kurzer Zeit, so schien es mir, war ich bei Rubys Hütte angelangt. Ich schwang mein Bein über Paints breiten Rücken und ließ mich vorsichtig auf den Boden gleiten. Als ich mich aufrichtete, stand Ruby in der Tür.

«Na, was jetzt?» herrschte sie mich an.

«Heute komme ich wegen der Mutter-Rassel», sagte ich. «Gestern hast du mir die falsche Rassel gegeben.»

Ruby funkelte mich an. «Ich hab dir nicht die falsche Rassel gegeben. Agnes selbst hat die Mutter-Rassel», sagte sie ungehalten. «Wozu bräuchte ich die Mutter-Rassel?» Sie stemmte ihre Hände in die Hüften, ihr roter Rock blähte sich im Wind.

«Ruby, du kannst mich nicht zum Narren halten. Ich bin den

ganzen Weg zu dir geritten, um die Mutter-Rassel zu holen. Agnes braucht sie. Du mußt sie doch haben, oder nicht?» Ich endete, wie mir schien, mit einem kläglichen Laut.

«Nicht weinen, Baby. Ich habe Agnes' Rassel nicht. Sag ihr, ich finde, sie wird ein bißchen senil.»

Ich stotterte irgend etwas Zustimmendes. Ruby machte auf dem Absatz kehrt und stiefelte, die Tür hinter sich zuwerfend, in ihre Hütte. Ich war wütend. Agnes hatte mich auf «Wildgänsejagd» geschickt.

Und Ruby – diese verrückte Ruby. Ich hockte mich auf die Veranda und sehnte mich verzweifelt nach einer Rast und einer Tasse Tee. Ruby, so fand ich, hätte ruhig etwas gastfreundlicher sein können.

Am Himmel ballten sich Gewitterwolken zusammen. Die Sonne strahlte aus nebliger Ferne und schoß ihre gold-leuchtenden Pfeile über die Wolkenränder.

«Adieu, Ruby», rief ich durch die geschlossene Tür.

Paint und ich trabten in rascher Gangart davon. Ihr Fell zeigte keine Spur von Schweiß, außer in der Schulterbeuge. Sie war in ausgezeichneter Verfassung. Die Luft roch nach Regen, und über dem Talgrund, dort wo er an die hohen Felsen grenzte, schwebten leichte Nebelschwaden. Ich ritt gegen den Wind, und Paints Mähne, in der kräftigen Brise aufwallend, flatterte mir ins Gesicht. Ich hatte es eilig, nach Hause zu kommen. Immer wieder spähte ich zum Himmel, ob ein Gewitter losbräche, aber die Wolken begannen sich aufzulösen und gaben die Sonne wieder frei. Ich beobachtete einen Bussard, der im Aufwind seine Kreise zog. Am Bach machten wir halt, und Paint trank, bis ich ihren Kopf hochzog und ihr die Sporen gab. Ich war noch immer wütend wegen der Mutter-Rassel.

Es war schon fast Abend, als ich die südliche Weide erreichte. Ich stieg ab und bedauerte es, daß ich keine Mohrrübe für Paint hatte. Ich legte meine Arme um ihren Hals und kraulte sie hinter den Ohren. Sie warf sich hin und wälzte sich im grünen Gras und rieb sich den Rücken, genau wie ich es am Vormittag gemacht hatte, als ich mit Agnes zusammen war.

«Auf bald, Paint», rief ich und winkte.

Dann machte ich mich zu Fuß auf den Weg zur Hütte. Ich war ausgehungert und wünschte mir von Agnes eine gute Erklärung, warum sie mich den weiten Weg zu Ruby geschickt hatte, wo diese die Rassel doch nicht hatte. Ich hörte die Flöte, und dann sah ich auch schon die Veranda, auf der drei Personen saßen. Mein Mund klappte auf. Dort saß Ruby, zusammen mit Agnes und July. Wie konnte sie vor mir angekommen sein?

«Ruby, ich bin platt», stammelte ich, vor der Hütte angekommen.

«Ich habe eine Abkürzung genommen.» Sie lachte über mein erstauntes Gesicht.

Ich starrte über die Baumwipfel in die Ferne und versuchte, mich zu beruhigen. Umständlich setzte ich mich auf die Verandatreppe.

«Du kannst unmöglich vor mir da gewesen sein», sagte ich. «Ich bin immer gerade nach Osten geritten.»

«Wie du siehst, bin ich da. Hast du dich etwa verirrt?»

Agnes lachte. Ich funkelte sie an. «Ruby hat gesagt, du hast die Mutter-Rassel.»

Agnes schnalzte mit den Fingern, als ob sie sich plötzlich erinnerte. «O ja, richtig. Das hatte ich vergessen.»

«Du hast mich absichtlich mit dieser Rassel auf die Gänsejagd geschickt», sagte ich vorwurfsvoll. Ich war wirklich wütend.

«Ha, ha, Gänsejagd», sagte Ruby. Sie flatterte mit den Ellbogen und streckte den Hals vor, genau wie eine wütende Gans. «Honk, honk! Wildgänsejagd!» Honkend und flatternd lief sie um die Veranda. Agnes warf ihr einen bösen Blick voller Verachtung zu.

«Hör schon auf», sagte Agnes.

«Dann gib mir meine Rassel zurück. Die Mutter-Rassel ist meine Rassel.»

«Ruby», sagte Agnes und stampfte mit dem Fuß auf. «Du weißt ganz genau, daß die Mutter-Rassel mir gehört. Du hast sie mir vor vier Jahren geschenkt.»

«Nein, habe ich nicht. Ich hab sie dir geliehen. Das ist ein großer Unterschied.»

«Du hast sie mir geschenkt», sagte Agnes mit Nachdruck.

«Agnes, du wirst langsam schwach im Kopf. Niemals würde ich dir meine Rassel schenken. Jetzt gib sie her.»

«Ich will nicht. Sie gehört mir», sagte Agnes.Ungläubig staunend hockte ich auf der Treppe. Julys Spiel klang weicher, ihr immer gleicher, leerer Blick starrte in die Ferne.

«Nein, die Mutter-Rassel gehört mir», sagte Ruby. «Ich habe sie bei Cloud Woman eingetauscht.»

«Sie gehört mir!» schrie Agnes. «Ist doch wahr, Lynn?»

«Hm, ja. Das hast du gesagt», sagte ich. «Halte mich bitte heraus.»

«Siehst du, das ist der Beweis», sagte Agnes und zeigte auf mich.

«Ah, jetzt hältst auch du zu ihr», sagte Ruby. «So ist es also. Alle sind gegen mich.»

«Ich halte zu niemand, Ruby», sagte ich. «Warum könnt ihr euch nicht hinsetzen und die Sache ausdiskutieren wie zwei erwachsene Menschen?»

«Wie meinst du – etwa so?» Ruby setzte sich und reckte die Nase in die Luft, den Kopf affektiert schiefgestellt. Agnes setzte sich ihr gegenüber und faltete damenhaft die Hände auf ihrem Schoß. Beide machten gekünstelte Gesichter und spitzten die Lippen.

«Nun gut, diskutieren wir über meine Rassel», sagte Ruby.

«Meine, meine, liebste Ruby. Du irrst dich ganz offensichtlich. Ist es nicht peinlich, wie du dich nur so schrecklich irren kannst?»

«Nun, meine Damen», sagte ich ganz ernst. «Woher stammt die betreffende Rassel denn ursprünglich?»

Agnes und Ruby konnten die Scharade nicht länger durchhalten. Sie fielen sich um den Hals und kicherten wie Kinder. Sie hielten sich die Bäuche vor Lachen und hüpften auf und ab. Mir wurde klar, daß ich mich wieder mal hatte foppen lassen. Die ganze Sache war ein vollendeter Schabernack.

Empört ließ ich die beiden stehen und ging in die Hütte, um eine Kleinigkeit zu essen. Dann ging ich wieder hinaus und setzte mich. Agnes und Ruby alberten immer noch herum. Ruby rauchte eine Zigarette. Sie drehte sie zwischen den Fingern, stieß lange Rauchwolken aus, warf die Zigarette weg und trat sie aus – und zündete sich die nächste an. Sie rauchte Kette.

Später, es ging schon auf den Abend, wurden Agnes und Ruby plötzlich ernst.

«Die Dämmerung ist nah», sagte Agnes und reichte mir eine Holzfällerjacke. Sie nahm ihre Nachtfalken-Rassel, und Ruby griff nach ihrer Schildkröten-Mutter-Rassel. Als wir wieder ins Freie traten, leuchtete der Himmel rosarot, golden und flammend-orange.

Wir gingen rechts hinter der Hütte durch einen breiten Spalt in den Felsen, von dem ich gar nichts gewußt hatte, und dann einen schmalen, gefährlichen Steig hinunter, der in eine nackte Felswand abbrach. Ich klammerte mich ans Gestein und tastete mich vorsichtig weiter. Wir querten eine enge Felsverschneidung und kamen in eine Schlucht, auf deren Grund große Felsblöcke verstreut lagen. Im Licht der untergehenden Sonne glühten sie goldgelb und purpurrot wie riesige, gesprenkelte Achate. Die Schlucht führte uns auf ein schmales Granitband, das an der Felswand zu kleben schien. Ich bemerkte Spuren von Werkzeugen, ein in den Stein gehauenes Tier und darüber, undeutlich erkennbar, ein Gesicht. Schließlich arbeiteten wir uns zu einer runden Terrasse in den Felsen vor, die etwa zwanzig Fuß Durchmesser hatte und auf der einen Seite Zugang zu einer niedrigen Höhle bot. Dort fanden sich Reste mehrerer Feuerstellen, und frisches Holz war im Hintergrund der Höhle gestapelt.

«Lynn, du schichtest Holz für das Feuer auf», befahl Agnes.

Sie zeigte mir, wie ich die Späne anordnen und die Scheite darüberstapeln sollte. Während ich ungeschickt mit dem Holz hantierte, beobachteten mich die beiden. Schließlich zündete Ruby die Späne an, und bald flackerte das Feuer.

«Seht euch den Himmel an», rief ich. In allen vier Richtungen glühte das Abendrot purpurrot und rosa. Felszinnen und zedernbewachsene Rinnen bildeten ein Schattenspiel von Flammendrot und Tiefschwarz. Auf meinen Ohren lastete ein Druck, als wären wir ein paar hundert Meter abgestiegen. Agnes packte mich an den Schultern und drehte mich nach Osten, wo das Zwielicht langsam erlosch.

«Dies ist die Zeit, da die Welt sich verändert», sagte sie, «die Zeit, da du verwandelt werden kannst.» Die alten Frauen begannen ihre Rasseln zu schütteln, sie sangen und wiegten sich hin und her und umkreisten mich.

«Du bist das Feuer im Mittelpunkt», sagte Agnes. Sie näherte sich mir von der Seite, schüttelte die Rassel an meinem Ohr, ließ sie immer wieder um meinen Kopf kreisen und zog sich dann zurück.

«Du bist der blühende Baum», sagte Ruby, und ihr Gesicht erschien in der anbrechenden Dunkelheit grotesk verzerrt. Sie schüttelte die Schildkröten-Rassel an meinem anderen Ohr und ließ sie abermals um meinen Kopf kreisen. Dann trat sie zurück, und ihre Rassel hörte sich an wie das Zischen einer zum Biß bereiten Schlange.

Diese Bewegungen wiederholten die beiden immer wieder. Der Himmel war jetzt pechschwarz, das Feuer knackte und leuchtete gelblich. Über die hohen Felsen huschten lange, schwankende Schatten. Die alten Frauen verwandelten sich in wirbelnde Stürme der Nacht, sie hüpften und schüttelten ihre Rasseln und kreisten mich ein mit der Klanggewalt des gewölbten Kraters. Mir wurde allmählich schwindlig. Der Salbei-Rauch des Feuers wallte über den Boden und waberte an uns hoch, derweil Agnes und Ruby durch die grauen Schwaden ein und aus tanzten. Die Rasseln rasselten erbarmungslos. Die Dunkelheit und der Qualm fühlten sich fest an – wie meine Haut. Der Klang der Rasseln war unheimlich und greifbar, ich schmeckte geradezu ihre Musik. Es war mächtig und eindringlich.

Agnes richtete sich mit ihrer Nachtfalken-Rassel vor mir auf, ihre funkelnden Augen nagelten mich fest. Ich zitterte. Mir war, als schwebte ich im Innern der Rassel. Das Geräusch war betörend. Meine Ohren pochten, und ich wollte schreien. Plötzlich war ich selbst der Klang und konnte ihn nicht länger in mir halten. Es war, als sei ein Damm gebrochen, ein Damm aus Melodie und Rhythmus. Ich explodierte in ein rotes Nichts, das sich in der glühenden Röte der Felsen ringsumher spiegelte. Es war, als sei mein Schädel aufgebrochen. Agnes' Rassel hatte mich aus mir selbst hervorgeholt. Das Bewußtsein meines physischen Seins war verschwunden. Ich blickte auf die beiden Frauen hinab, und dann war ich sie selbst.

Einen Moment schwebte ich empor, und dann zerrte der Klang von Rubys Mutter-Rassel an mir wie eine Hand, die nach meinem Schoß griff. Ihr unaufhörlicher Rhythmus riß mich zurück in eine andere Art des Bewußtseins. Agnes' und Rubys Gesang schien jetzt sehr sonderbar, weit fort. Mein Mund war trocken. Es war, als knisterten von meinem Körper rote Funken in die Luft, mir war heiß, und mein bewußter Sinn konzentrierte sich auf meinen Bauch. Agnes und Ruby verschwanden, und unzählige Kinder fingen an zu weinen. Alle Kinder dieser Welt waren in mir und um mich versammelt. Ich war eine gewaltige Blase, die sie alle umspannte. Ich lag am Boden.

«Das sind die toten Kinder, die noch nicht geboren sind», sagte Ruby und legte ihre Hand auf meinen Leib. «Sie sind in dir und weinen immerzu. Sie weinen schon seit tausend Jahren, dort, wo die Räder der Finsternis ewig kreisen.»

Ich versuchte, mich aufzurichten. Agnes hüllte mich in meine Decke.

«Nimm dich all dieser weinenden Kinder an», sagte sie. «Fühle in dir die Macht der Frau, der Mutter. Du bist die Mutter Erde selbst.»

Tränen strömten mir über die Wangen. Ich fühlte mich gereinigt, von neuer Kraft erfüllt und tief glücklich. Ruby trat das Feuer aus. Agnes half mir aufstehen, und wir traten den Rückweg an.

Die Himmels-Krieger lächelten, wenn ein hoher Krieger Macht stahl.

– Agnes Whistling Elk –

Ich hörte die Krähe ans Fenster klopfen, dann machte Agnes auf, um sie einzulassen. Es war eine freundliche Art, geweckt zu werden. Ich machte die Augen auf und sah die Gipfel der schattigen, grünen Hügel und die tief über sie hinziehenden Wolken. Auf dem Tisch plusterte Crow sein Gefieder. Er blinzelte schläfrig und schüttelte sich. Der Kaffee duftete wunderbar.

«Wo sind Ruby und July?» fragte ich, als ich mich zum Frühstück an den Tisch setzte.

«Sie machen einen Spaziergang», sagte Agnes. «Sie werden den größten Teil des Tages fortbleiben.» Sie zuckte die Schultern. «Wenigstens brauchen wir uns nicht dieses Gedudel anzuhören. Die Flöte tut meinen Ohren weh.»

Ich nickte und lächelte zustimmend. «Agnes, erkläre mir bitte, was mit mir geschehen ist. Ich kann es kaum glauben, woran ich mich erinnere.»

«Du wurdest gestern abend zwischen die Rasseln gestellt, die Mutter-Rassel und die Nachtfalken-Rassel, zwei unwiderstehliche Kräfte. Zwischen ihnen war dein Leben wie ein Spinnennetz aufgespannt. Jeden Moment hätten sie dich auseinanderreißen können. Aber sie waren es, von denen du deine Macht bekamst. An dir ist kein Teil, das nicht von diesem Mutter-Planeten wäre. Die Mutter-Bärin tanzt mit den weißgefiederten Pfeilen, und gestern nacht trafen die Spitzen der Pfeile zusammen. Die Mutter Erde vermischte ihre Energie mit der deinen.»

«Ich fühle mich so viel stärker.»

«Das bist du auch. Die Erde ist ein Energiespeicher. Du bist mit dieser elementaren Kraft verschmolzen, und du bist diese Kraft.» Sie warf Crow ein geröstetes Brotkrümchen hin, und er hüpfte herbei und pickte es rasch auf.

«Ich fühle mich beinah schwanger. Diese Kinder – sind sie noch immer in mir?»

«Sie sind immer in dir gewesen, und in allen Frauen. Vergiß nicht, alles muß aus der Frau geboren werden. Sie ist eine Macht, die von der Welt vergessen wurde. Die Männer sind Zwischenträger. Viele Menschen, auch Menschen meines Volkes, verstehen es nicht und würden sich über meine Worte ärgern. Und doch ist es das Gesetz. Die Frau ist der blühende Baum. Du bist der Mittelpunkt des Universums, der Schöpfung, der Mutter Erde. Du mußtest es erst wieder lernen und deine Kraft aufbauen. Jetzt kann dein Training beginnen.»

«Training – um den Hochzeitskorb zu stehlen?» fragte ich übermütig.

«Ja, was dies betrifft, habe ich deinen Körper und deinen Willen gefestigt. In mancher Hinsicht bist du noch schwach. Du hast viele törichte Bindungen. Ich muß dich von ihnen losreißen, damit ich dich zur Macht führen kann. Laß uns mit einer Geschichts-Lektion beginnen – einer Lektion, die nicht in den Lehrbüchern steht. Ich will, daß du dir Notizen machst.»

Agnes sprach so lehrerhaft, daß ich lachen mußte.

«Es ist mir sehr ernst, Lynn. Ich will, daß du dies nie vergißt. Schreib alles auf. Dein Tagebuch und Bleistifte sind in der oberen Kommodenschublade.»

Ich holte mein Schreibzeug. Ich kam mir vor wie ein Schulmädchen, aufrecht sitzend und bereit zu schreiben. Agnes nahm einen langen Stock und deutete in die Ferne.

«Schau in diese Richtung», sagte Agnes. «Und verrate nie jemandem die Richtung, in die du schaust. Sie ist so heilig wie dein wahrer Name. Die heiligen Ahnen sagten, daß es vor langer Zeit keinen Tag und keine Sonne gab. Der Große Geist war das einzige. Der Große Geist war der Mittelpunkt. Der Große Geist war die Quelle ohne Ende. Die Ahnen befahlen den Töchter-Winden, den Makrokosmos ins Dasein zu wehen. Der Große Geist verbarg sich und teilte sich in Nichte und Neffe. Die beiden sangen den Gesang der Schöpfung.

Alles hallt von dieser Stimme wider – das Universum, die Galaxien, die Sonne und die Erde. Licht und Dunkel und alle Dinge sind nur ein Gesang des Großen Geistes. Der Große Geist schlummert in allen benannten und namenlosen Dingen.

Viele, viele Dinge geschahen, wie die Ahnen vorhergesagt hatten. Was aber ist Ewigkeit vor dem Großen Geist, denn ein Atemzug? Der Plan des Universums ist nichts. Alle Zeit ist nur das Schwirren eines Pfeils auf der Bogensehne des Großen Geistes. Der Gesang der Pflanzen-Stämme ward gesungen. Der Gesang der Tiere ward gesungen. Der Gesang der Menschen-Stämme ward gesungen. Jegliche Welt ward in dem Gesang erinnert, und keine Welt wurde vergessen. Der Große Geist schlummert in allen benannten und namenlosen Dingen.

Der Große Geist erwählte diesen Kreis. Der Große Geist hob beide Hände empor, sang lieblich und schuf sieben Blasen. Die Blase, in der wir sind, ist in der Mitte. Das Rad hat sich viele Male gedreht, und es fanden viele Wanderungen statt. Alles Land hat sich gewandelt, aber das Rückgrat der Mutter Erde ist geblieben. Wenn die Zweibeinigen ihr das Rückgrat brechen, wird sie davonwackeln und sterben. Das ist die Grenze, die auch ihr Leib nicht mehr ertragen kann.

Ich habe mit dem Schamanen-Baum, dem Baum des Erinnerns gesprochen. Zuerst war die Sonne. Dann, zweitens, die Erde. Drittens die Pflanzen. Der Baum blickte auf und war einsam. ‹Ich will viele Kinder›, sagte der Baum. Der Mond-Stamm des Baumes sprach es zum Sonnen-Stamm des Baumes, und der Sonnen-Stamm sprach es ins Dasein. Die Menschen, die Zweibeinigen, wanderten die vielen Wolfs-Pfade. Die Menschen malten viele Gesetze.

Es war an irgendeinem Punkt auf dem Kreis des Ewigen. Manche nennen es den Anfang, manche nennen es das Ende.» Wieder deutete Agnes mit ihrem Stock. «Dort unten war ein Insel-Land, das die Indianer das Land der Sechsfingerigen nannten. Ich nenne es das Land der Diebe. Jeder war wohlhabend, denn jeder hatte viele Dekken und Vorräte. Keiner brauchte etwas, denn alles war da. Jeder hatte in Fülle. Jeder war glücklich und segnete die Mutter Meer. Das Wasser dort unten war heiß – ich meine wirklich kochend heiß. Hitze wogte in Wellen über dem Insel-Land. Man könnte meinen, daß Wesen, die auf einem solchen Insel-Land wohnten, langsam und träge gewesen wären. Mitnichten. Sie waren sehr nervöse und flinke Wesen. Sie liefen dauernd auf der Insel umher.

Alle Dinge haben Gesetze. Das Gesetz auf der Insel lautete, zu spielen und Spaß zu haben. Das ist also der Grund, warum die Wesen immer herumliefen und etwas taten – rauben und stehlen, was immer sie in die Hand bekamen. Vergiß nicht, wenn du auf dieser Insel lebtest, wurdest du als Diebin erzogen. Von dem Augenblick, da du geboren warst, wurdest du angeleitet und trainiert. Wesen, die nicht stahlen, galten für verrückt, aber das war auch recht.

Abgesehen vom Stehlen waren die Insel-Wesen Lügner. Man mußte sich die Wahrheit aus Lügen zusammenstückeln. Falls ein Inselwesen dir einmal die Wahrheit sagte, geschah es nur aus Versehen, oder es geschah, um dich zu verwirren. Es hört sich kompliziert an, aber dieses Insel-Land hatte zumeist sehr fortgeschrittene Methoden, die Dinge zu tun. Mord und dergleichen waren unbekannt. Man könnte meinen, das Land der Diebe sei ein schlimmer Ort gewesen, aber es war ein recht guter Ort. Niemand langweilte sich. Alles geriet diesen Wesen wohl, und sie hatten gute, einfache Herzen. Es war so wunderbar, zu lügen, zu betrügen und zu stehlen, wenn es nur rein und richtig geschah und niemand verletzt wurde. Wenn sie einen Dieb erwischten, lachten sie. Wenn die Insel-Wesen etwas sahen, was sie haben wollten, nahmen sie es – und befolgten das Gesetz. So lautete das Gesetz. Du konntest jederzeit alles von jedem stehlen.

Und diese Insel-Wesen entwickelten Geduld und Geschicklichkeit. Sie verstanden es, unauffällig im Hintergrund zu bleiben, bis der richtige Augenblick gekommen war, etwas zu rauben. Sie waren die ersten Unsichtbaren, und sie konnten über das Unsichtbare lachen. Im Lachen ist Unsichtbarkeit. Sie konnten sich selbst vergessen und auch andere dazu bringen, zu vergessen. Sie konnten sich so gut an ihre Umgebung anpassen, daß man sie nicht sehen konnte. In diesem Busch-Land hier gibt es so viele Dinge, die deine Augen zu sehen lernen müssen. So viele Dinge sind unsichtbar. So viele Dinge sind nicht das, was du glaubst, sie wären es. Der ganze Busch würde sich verwandeln, wenn du ihn sehen könntest. Aber selbst mit dem besten Busch-Blick könntest du ein Insel-Wesen nicht sehen. Solche Meister in der Kunst der Dieberei hat es seit jenen alten Tagen nicht mehr gegeben.

Es gibt Mittel, um die Sechsfingerigen zu erreichen. Du ißt etwas. Es ist braun, mit einem großen Hut, der wie ein breites Tipi aussieht. Die Menschen haben die Beine vom Boden gegessen und die heilige Speise ausgerissen – vergebens. Sie finden nur die jadeäugige Katze. Nur ein großer Mann oder eine große Frau, die den Kopf hoch über der Erde tragen, können die Medizin des Wissens essen. Aber laß dich nicht täuschen durch den Pilz – das war der Fehler dieser Insel. Der Pilz war zu groß für sie. Sie mußten ihn ausspucken, und das machte die Erde beben und brachte das Ende. Das war ihr Fehler.

Die Freuden im Land der Diebe währten viele lange Jahreszeiten, aber dann brach die Insel entzwei. Heiße Wirbelstürme erhoben sich, die nichts verschonten. Die ganze Insel rollte und stampfte und brodelte und versank dann im Meer, und alle wurden getötet. Sie tauchte nie wieder auf, und die Weisheit dieses Volkes ging beinah verloren.

Der Tabak hatte sie gelehrt – sie hätten Wasser-Bogen sehen können. Es wird wieder geschehen. Die Menschen wissen nichts von den Schritten zum Altar, aber mein Volk weiß genau, was geschah, selbst wenn da heute jene sind, die sagen, wir verlangten nach Blut. Unsere Altäre könnten von all den kommenden Dingen künden. Ersteige die heilige Leiter, Lynn, und bring der Katze Tabak-Opfer dar. Trommle mir deine Schritte zum heiligen Berg. Fall nieder auf die blutende Erde und weine.

Wenn du etwas wissen willst über die wichtigen Dinge – jene Insel-Wesen waren nicht bereit, zu sterben. Darum blieb ihr Geist. Sie starben mit dem Namen des Großen Geistes auf den Lippen. Es war zu spät, sie zu verschonen, aber die Insel-Wesen wurden aus der brodelnden See herausgeführt. Der Geist dieser Wesen vereinigte sich zu Einem, es war ein phosphoreszierendes Wesen, dessen Hände sechs Finger haben. Jetzt wandert er über die Erde als der größte aller Diebe. Du kannst dich im Traum an ihn wenden, damit er etwas in dein Medizinbündel tut. Falls du ihn erreichst, kann er dir helfen, den Hochzeitskorb von Red Dog zu erlangen. Ja, es wäre dein Glück, den Geist des Landes der Diebe zu finden und dich mit ihm zu verbinden und dich von diesem Geist leiten zu lassen. Dieser Dieb könnte dein größter Verbündeter sein. Wenn du den Sechsfingerigen in einer mondhellen Nacht siehst, dann willst du vor Freude singen. Berühre die Erde mit beiden Händen und streichle mit ihrem Segen deinen Leib.»

Agnes machte eine Pause, und ich fragte sie, ob ihre Geschichte wahr sei. Das sei sie, sagte sie mit Nachdruck. Ich fragte sie nach dem Pilz, und sie sagte, sie könne mir vielleicht eines Tages mehr darüber erzählen.

«Jetzt aber, Lynn», sagte Agnes, «solltest du versuchen, dich an das sechsfingerige Wesen zu erinnern, für den Fall, daß du ihm begegnest. Das war der Sinn dieser Geschichte. Jetzt aber mußt du etwas über mein Volk erfahren», fuhr sie fort. «Und dies ist ein weiterer Grund, warum ich dir von den Sechsfingerigen erzählt habe. Du siehst, es gibt viele Welten. Vor nicht langer Zeit war es ganz anders. Alle taten dasselbe. Da wurden Decken genäht und Perlen gestickt und Felle gegerbt. Manche Menschen machten Pfeifen. Manche machten Schilde. Es gab große Jäger und große Krieger. Es gab große Heiler. Aber wir alle taten praktisch das gleiche. Kannst du das verstehen?»

«Ja, ich glaube ja», sagte ich. Ich schrieb wie wild.

«Der einzige Unterschied war damals die Art, wie wir es taten. Manche Menschen konnten die Dinge besser als andere, aber niemand liebte es, immer wieder dasselbe zu tun. Wenn der Geist des Tuns eingefangen war, ließ man es damit bewenden. Wir erzählten eine gute Geschichte, und ließen es damit bewenden. Wir rezitierten eine gute Hymne, und ließen es damit bewenden. Wir sangen ein gutes Lied, und ließen es wiederum damit bewenden. Es gab eine Ausnahme – wenn ein Ding Macht hatte, behielten wir es. Wir behielten das Wissen.

Das Lager war nicht geteilt. Frauen hatten genausoviel Macht wie Männer. Die Frauen sind, wie ich dir sagte, die Quelle aller Macht. Es gab sehr große weibliche Häuptlinge, und Frauen waren hohe Krieger, genau wie die Männer.

Nehmen wir an, Lynn, du wärst in jener Zeit eine hohe Kriegerin gewesen. Jeder erkannte eine hohe Kriegerin an. Jeder sprach von dir. Man sagte: Lynn hat dies oder jenes getan. Lynn hat dem oder jenem einen Streich gespielt. Lynn hat dies oder das von dem oder jenem gestohlen. Deine Taten und deine Ehre waren wohlbekannt. Alle hohen Krieger kannten einander. Ein hoher Krieger zu sein, damit waren viele Gesetze verbunden.» Agnes lächelte freudig. «Stell dir vor: Du bist eine hohe Kriegerin in jenen Tagen.

Am besten, wir erinnern uns an gewisse Dinge. Es war die Zeit, bevor das Pferd kam. Es waren weite Entfernungen überall – Hunderte und Tausende von Meilen. Es war eine lange Wanderung, hundert Meilen bis zum nächsten Lager. Man wurde ziemlich müde. Sogar zu Pferde ist es ein langer Ritt.

Stell dir vor, du gehst in ein feindliches Lager, um Ben und Drum einen Streich zu spielen. Es würde ihnen keinen Spaß machen, mit dir zu kämpfen, wenn du müde bist. Welche Ehre wäre dabei für sie zu gewinnen? Sie würden verlangen, daß du in bester Verfassung bist, eine hohe Kriegerin, damit sie Ehre einlegen könnten. Und erinnere dich auch, jeder junge Krieger wollte einem hohen Krieger einen Streich spielen. Was geschah also? Das Lager beherbergte dich im – wie sie es nannten – Feindes-Tipi. Sie fütterten dich mit den besten Speisen und gaben dir von allem das Köstlichste. Das ganze Lager war aufgeregt und kam, um Lynn, die große Kriegerin, zu sehen. Ich stelle mir vor, das geschah damals anstelle von Radio und Fernsehen.

Am nächsten Tag zogst du aus, um mit Drum zu kämpfen. Du hattest deine besten Kleider angelegt. Dein Messer und dein Beil waren geschärft. Das ganze Lager schaute zu. Es kam nicht darauf an, Drum zu töten, noch ihn zu verletzen oder gar zu skalpieren, sondern nur, ihn zu demütigen. Seine Zöpfe abzuschneiden oder allen zu zeigen, daß er ein Feigling sei. Alle sehen, du kannst seine Zöpfe nehmen, aber du tust nicht einmal das. Du trennst seine Hosen auf und schneidest ihm ein Büschel Schamhaar ab. Alle lachen gewaltig. Du wendest dich ab und kehrst Drum den Rücken, so daß er dich töten könnte, aber du weißt, er wird es nicht tun. Täte er es, er würde nie ein großer Krieger werden. Kein menschliches Wesen würde ihn je wieder achten. Ein paar Tage später kämpfst du mit Ben oder jenem anderen Krieger, der dich herausfordert. Die ganze Zeit bleibst du im Feindes-Tipi und wirst mit Ehrerbietung und Respekt bedacht.

So war der Kriegspfad.

Jetzt mußt du aber etwas über das Stehlen erfahren. Das Stehlen ist die Schwester-Kunst der Zauberei, und alle wahren Zauberer verstehen sich darauf, Macht zu stehlen. Macht kann dir entweder gewährt werden, oder du mußt sie stehlen, auf jeden Fall aber mußt du sie zu behalten wissen. Es gibt gewisse Mächte, die im Tode mit einem Zauberer sterben, die zurücksickern in die Mutter Erde und an ihren Ursprung zurückkehren. Es gibt überall auf der Welt verborgene Plätze, wo die großen Häuptlinge tanzten, um Macht zu erlangen, und dort wohnt der Geist dieser toten Krieger. Wenn du einen dieser Plätze finden und den Geist für dich gewinnen kannst, dann hast du seine Stärke, und er ist hoch geehrt. Um das zu tun, mußt du eine große Kriegerin sein. Irgendwo auf dieser Mutter Erde gibt es Plätze, wo große Männer wie Buddha, Christus und Crazy-Horse ihre Macht erlangten. Wenn dir Macht gewährt ist, mußt du sie zu behalten wissen. Wenn du Macht stiehlst, wird es dir wahrscheinlich nicht so schwerfallen, sie zu behalten. Wenn du zufällig über Macht stolperst und sie dir nicht nimmst, weil es dir an Mut gebricht, dann bist du es nicht wert, eine Zauberin zu sein. Siehst du also, warum du zuerst ein tapferes Herz haben mußt, bevor du dir Macht nehmen kannst?

Die erste der Taten eines hohen Kriegers war es, eine Frau oder einen Mann zu stehlen. Es machte keinen Unterschied. Es war eine Ehre für die Frau oder den Mann, von einem hohen Krieger gestohlen zu werden. Viele Hochzeiten kamen auf diese Weise zustande. Vergiß nicht, damals in den Tagen, von denen ich spreche, war es verboten, jemanden aus dem eigenen Lager zu heiraten.

Die nächstwichtigen in der Reihe der Dinge, die es zu stehlen galt, waren Schilde, Stöcke, lange Pfeile oder Lanzen, Bogen und so weiter. Wenn ein hoher Krieger diese Gegenstände zu stehlen verstand, war es sehr gut für ihn. Jetzt aber muß ich von noch größerem Gewinn erzählen.

Wie du siehst, gab es viele Wege zur Macht. Macht gewinnt man vor allem in Visionen und Träumen, aber ich hoffe, du verstehst nun, daß es auch ehrenhaft war, Macht zu stehlen. Um das zu tun, mußtest du die großen Medizinschilde, das sind Macht-Objekte, und die Medizin-Dinge, das sind Macht-Dinge, stehlen. Selbst dann aber konnten diese Dinge dir nichts nützen, es sei denn, du wußtest sie zu gebrauchen. Falsch gebraucht, konnten sie dich töten oder verletzen.

Es war ein sehr großes Risiko. Macht zu stehlen war das Gefährlichste, denn wenn du eines dieser Macht-Objekte raubtest, war es die Pflicht seines Hüters, dich zu töten. Man konnte noch gefährlichere Dinge stehlen. Wenn es dir gelang, dich anzuschleichen und ein Macht-Ritual zu stehlen, dann war es die Pflicht des ganzen Lagers, dich zu töten.

Stehlen war für den hohen Krieger ein Mittel, sich auszuzeichnen und ein Medizinmann oder eine Medizinfrau zu werden. Die Himmelskrieger lächelten, wenn ein hoher Krieger Macht stahl.

Nimm an, du müßtest mir gegenübertreten, um Macht zu erlangen. Nimm für einen Moment an, du wärst mächtiger als ich und könntest dich an mich in anderen Leben erinnern, wie Drum es bei dir getan hat, als er dich zu töten versuchte. Mit einem Hauch deiner Medizin-Macht kannst du alle meine Medizin stehlen. Was soll ich tun? Ich bin ein altes Weib, aber das ist keine Entschuldigung. Du bist stärker als ich, und ich weiß es. Ich bin geehrt. Ich weine und rufe den Großen Geist an, daß er sich deiner annimmt und dir noch mehr Macht gibt. Du kommst aus dem Feindes-Tipi, und ich bin geehrt. Eine Medizinfrau ist immer durch ihre Nachfolgerin geehrt. Lehrer wollen, daß ihr Wissen gestohlen wird. So ist es immer gewesen. Und so ist es heute noch. Die alte Art ist immer noch bei denen, die Wissen haben. Heute aber ist nichts mehr so, wie es zu sein scheint.

Die alte Art war eine gute Art, eine freundliche Art. Dann änderte sich plötzlich alles auf der Welt. Es wird erzählt, daß ein Mann in ein Dakota-Dorf kam. Der erste weiße Mann, den jemals einer gesehen hatte, und alle waren neugierig. Sie waren sich nicht sicher, was er sei – ein Mensch, oder was sonst? Die Medizinmänner kamen und schauten ihn an, und dann die Häuptlinge. Ein Medizinmann schüttelte den Kopf und sagte: ‹Vielleicht hat dieser Mann, falls er ein Mensch ist und nicht ein Geist, zuviel Kreide gegessen.›

Der weiße Mann versuchte, allen zu erzählen, daß sein Magen beinah an seinem Rückgrat klebte – so hungrig war er. Weil aber niemand seine Sprache verstand und er sich auch nicht mit Zeichen verständigen konnte, hatte er eben Pech gehabt.

Die Häuptlinge sagten: ‹Falls er ein Mensch ist, muß er eine sonderbare Krankheit haben, vielleicht ist sie ansteckend. Wir wollen nicht unsere Farbe wechseln und aussehen wie er. Er wird sowieso sterben – wir sollten ihn töten. Und falls er kein Zweibeiniger ist und aus irgendwelchen Gründen diese Gestalt angenommen hat, wird es ihm nicht weh tun, wenn wir ihn töten.›

So oder so, meinten sie, sei es ein Akt des Mitleids, ihn zu töten. Dann aber fragten etliche Frauen, die gekommen waren, um den weißen Mann zu sehen: ‹Seht ihr denn nicht? Er ist nur ein Mensch wie jeder andere. Er wird verhungern, wenn er nichts zu essen bekommt. Gebt ihm ein Messer und laßt ihn Fleisch von den Hirschleibern dort abschneiden.›

In jenen Tagen, muß ich dir sagen, war Fett sehr knapp. Das Fett war der wertvollste und wichtigste Teil eines Tieres. Wenn der Mensch nicht genug Fett bekam, mußte er bald sterben, und es gab nicht viele Möglichkeiten, sich Fett zu beschaffen. Fett war kostbar.

Eine Frau gab dem weißen Mann ein Messer und zeigte ihm die Hirschleiber, die in der Nähe aufgehängt waren. Der Mann rannte hin und schnitt von allen Hirschen das Fett ab und aß es auf. Das war der erste weiße Mann, den wir jemals sahen, und die Dakota nannten ihn Wasichu. Das bedeutet: ‹Nimm-das-Fett›. Die Medizinmänner und -frauen sahen den weißen Mann an, dem der Hirschtalg übers Gesicht floß, und sie schauten einander an. Sie wußten, das alles aus war, und sie hatten recht. Die langen Messer kamen und nahmen viel mehr als nur Hirschtalg. Danach endete alles, und heute siehst du diesen größeren Weltenring – den Ring der vielen Nationen.

Die Medizin blieb erhalten, aber sie wurde verborgen. Wahres Wissen aber wird immer verborgen und nur denen gewährt werden, die seiner würdig sind. So muß es sein. Es gibt viele Geheimnisse, und viele von ihnen kommen heute, in deiner Zeit, ans Licht. Red Dog ist ein Meister all dieser verschollenen Künste. Er versteht es, Macht zu behalten und vor allem, sie zu stehlen. Er hat den Hochzeitskorb geraubt, nicht wahr? Er sagt: ‹Wer wird es wagen, mir entgegenzutreten? Wer wird mich besiegen? Wer hat genug Macht, um mich zu bestehlen?› In deiner Welt geschieht alle große Dieberei auf dem Papier. Ja, schreib nur alles auf. Vielleicht solltest du ein Buch über Red Dog schreiben. Das würde ihn fertigmachen. Das würde ihm nicht gefallen – er bleibt lieber im Verborgenen. Lerne, ihn zu sehen. Du nimmst zu viele Dinge als selbstverständlich hin. Dein Blick ist nur ein flüchtiges Ahnen. Alles ist verborgen.

Was ist eine Medizinfrau? Wir sind Reisende der Dimensionen. Laß dich nicht in den Prismen der Ewigkeit einfangen. Beginne mit deinem Bauch zu denken. Zwei Hunde sind es, die in deinem Bauch Wache halten. In der Sprache der Weißen heißen sie Eifersucht und Furcht. Der eine Wachhund ist eifersüchtig furchtsam, der andere ist furchtsam eifersüchtig. Sie sind Medizin, um dich zu schützen.

Benutze immer deine Intuition – du kannst ein Problem niemals auf der Ebene lösen, auf der es geboren ist. Um den Hochzeitskorb zu stehlen, mußt du in deinem Streben unerbittlich sein. Sei Herrin deines Schicksals, denn es ist unbedingt notwendig für dich, dich zu behaupten.

Jetzt wanderst du in die heiligen Berge, wo die Bärin mit den weißgefiederten Pfeilen tanzt. Du hast die Träumer gehört. Gefühle werden in dem Augenblick geboren, da du mit etwas in Verbindung gerätst, und du bist mit den Träumern verbunden. Folge dem richtigen Weg, und werde Eines. Werde eine Frau. In deiner Welt ist das Weibliche verschollen.»

Agnes schwieg. Ich hörte auf zu schreiben und leerte den Rest meines Tees. Ich wußte nicht, was ich sagen sollte. Agnes ging vor die Hütte, und das warme Sonnenlicht strömte durch die Tür herein. Ich hörte die Vögel singen.

Agnes kam wieder durch die Tür. «Leg deine Notizen weg und kommt mit», sagte sie.

Draußen stiegen wir schweigend den Pfad hinauf und wandten uns nach links, in eine Wiese voll blühender, gelber Blumen. Bienen und Heuschrecken huschten durch die Gräser, und das helle Licht der Sonne tat wunderbar gut. Bevor Agnes zur Hütte zurückkehrte, ermahnte sie mich, den Rest des Tages draußen im Freien zu verbringen und mich nicht von «dem, was zu sehen ist», getrennt zu fühlen. Bis zum Spätnachmittag streifte ich durch die Wiesen.

Es war schon fast dunkel, da hörte ich Agnes, die mich zum Essen rief. Sobald ich ihre Stimme hörte, rannte ich zur Hütte, wo es herrlich nach Essen duftete.

Agnes tischte mir eine heiße Suppe auf, die einen fremdartigen, köstlichen Geschmack hatte. Die Dämmerung rückte mit grauen Schatten heran und belagerte den kleinen, flackernden Lichtschimmer unserer Kerze. Durch die offene Tür wehte ein sanfter Wind herein. Agnes saß auf dem Bett und nähte an einer alten Holzfällerjacke. Ohne mich anzusehen, fragte sie: «Lynn, was willst du wirklich?»

«Was, glaubst du wohl, will ich? Ich will den Hochzeitskorb.»

Agnes sagte nichts. Ich schlürfte den letzten Tropfen Suppe und legte den Löffel weg. Agnes tat die Holzfällerjacke beiseite und sah mich direkt an.

«Um den Hochzeitskorb zu besitzen, mußt du das richtige Gefäß werden», sagte sie. «Du mußt deine Leere reifen lassen, damit die Energie dessen, was du willst – in diesem Fall des Korbes – wie magnetisch in deinen Bauch strömen kann. Du mußt werden, was *sie* will, so daß nichts euch trennt. Wenn du dich selbst als ein gesondertes Wesen denkst, wirst du diesen Strom unterbrechen, und der Korb wird dich zurückweisen.»

Diese Ausdrucksweise verwirrte mich. «Wie soll ich wissen, wann meine Leere gereift ist?»

«Du mußt einfach deiner Macht gewahr werden. Du wirst deine Zeit spüren. Du kannst ihr nicht ausweichen.»

«Agnes, ich verstehe deine Ausdrucksweise nicht. Wie soll ich all diese Dinge lernen?»

«Das ist der Grund, warum du hier bist – um zu lernen.»

Sie legte die Holzfällerjacke ins Schubfach ihrer Truhe, ging auf die Veranda hinaus und setzte sich. Ich schenkte mir Tee ein und folgte ihr. Agnes beobachtete die Nordlichter. Golden und rosa blitzend, schienen sie von einem Karneval auf der anderen Seite der Welt zu künden. Ich setzte mich auf die Treppe und bewunderte das Farbenspiel auf dem Gesicht dieser merkwürdigen Frau. Ich empfand eine besondere Zärtlichkeit für sie. Ihr Gesicht war mir ein Künder großen Leidens, denn es erinnerte mich daran, daß das, was ich bisher als mein Leben gekannt hatte, im Begriff war zu vergehen. Ich hätte mir selbst nicht erklären können, inwiefern ich mich änderte, aber ich wußte, ich entwickelte mich zu einem Menschen, den ich noch vor ein paar Monaten nicht wiedererkannt hätte. Es war wie Verliebtsein.

«Heute nacht haben die Ahnen ein großes Geschenk für dich. Ich werde dir deine Medizin geben.» Agnes klopfte auf die Holzplanken und bedeutete mir, näher an ihre Seite zu rücken. «Wenn du ein Tier wärst – welches möchtest du sein?»

Ich war verblüfft. «Du stellst mir immer Fragen, die ich kaum beantworten kann.» Ich überlegte eine Weile, und sagte: «Pferde habe ich immer geliebt – oder vielleicht eine Hirschkuh?»

Agnes lächelte mich an. «Du bist ein schwarzer Wolf.»

Sie beobachtete meine Reaktion, dann streckte sie die Hand aus und berührte meine Stirn. «Erwache in dir selbst.» Sie zog ihren Finger zurück. Die Berührung vermittelte mir ein eigenartiges Gefühl im ganzen Körper. «Du bist der schwarze Wolf, im Gegensatz zum weißen Wolf, denn du trägst das schwarze Kleid der Kontemplation. Wärest du der weiße Wolf, dann wärst du mehr nach außen gerichtet, extrovertierter. Du spürst durch die Wälder nach dem, was du suchst, dann kehrst du zum Rudel zurück und streckst dich in die Sonne und sinnst darüber nach. Du bist ein einsamer Wolf, der Angst davor hat, einsam zu sein. Laß mich dir eine Geschichte erzählen.

Am Anfang, als die Welt geschaffen wurde, schickten die Häuptlinge die Wolfs-Welpen aus, um die Welt zu erforschen und auszumessen. Sie liefen alle Pfade dieser Welt und sagten: ‹So ist es jetzt, und so war es einst.› Wolfs-Medizin bedeutet Maß. Wölfe sind gute Mathematiker, wenn sie wollen. Wenn du eins bist mit deiner Medizin, kannst du nie getäuscht werden, denn du bist alle Pfade gelaufen. Es ist eine sehr mächtige und suggestive Medizin.

Ich will dir ein Beispiel erzählen. Der Wolf geht am frühen Morgen zum Fluß. Er sieht dort draußen sein Frühstück schwimmen und tanzt freudig am Ufer entlang. Alle Gänse sind fasziniert und hypnotisiert. Sie schwimmen zu dem tanzenden Wolf. Wenn die Gänse nah genug sind, springt er ins Wasser und tötet so viele Gänse, wie er braucht – sie kann sehr gefährlich sein, seine Medizin. Ein Jäger braucht viel Glück, um auch nur einen Wolf zu erlegen oder in der Falle zu fangen, und zwar, weil der Wolf die anderen Wölfe lehrt, was die Jäger im Sinn haben. Wenn du der Jäger wärst, dann wäre es unmöglich. Du kannst nicht deine eigene Medizin töten. Tätest du es, dann gerietest du in sehr große Schwierigkeiten.

Die Wölfe gründeten die erste Schule. Sie waren die ersten Lehrer. Der Wolf lebt auf eine Weise, die sein Rudel stark macht. Stets bringt er Nahrung für die Alten und Kranken, er erzieht die Welpen und verteidigt sein Territorium gegen andere Wölfe. Er kann Spuren verfolgen wie kein anderes Tier. Er hat Ausdauer, und er kann lange Zeit ohne Nahrung überstehen. Der Wolf ist große Medizin. Und denk daran, ich habe den Wolf nicht für dich ausgesucht. Du bist Wolf.»

Agnes lehnte sich zurück.

«Ich fange an zu verstehen. Du hast etwas tief in meinem Innern angerührt», sagte ich. «Wirklich, ich fühle mich irgendwie als Wolf. Ich liebe es, neue Spuren zu entdecken, und ich spüre eine neue Art Bewußtheit in der Mitte meines Seins. Hyemeyohsts Storm muß meine Medizin erkannt haben, denn er schenkte mir ein Stückchen Wolfsfell. Welchen Sinn hat es, Medizin zu haben?»

Ich lehnte mich gegen den Pfosten und war verblüfft, wie wölfisch ich mich fühlte.

«Der Sinn der Medizin ist Macht. Du gehst zu einem Psychiater, und er sagt dir, daß dein Kopf verfault ist. In Wirklichkeit aber hilft er dir, in dich hineinzusehen und etwas über deinen Charakter zu erfahren. Aber weil die Indianer seit Jahrtausenden die Vierbeinigen und Geflügelten und alle Kräfte der Natur beobachten, kennen wir unsere nächsten Verwandten. Wenn ich dir sage, daß du der schwarze Wolf bist, brauchst du nur in dich hineinzusehen, um zu wissen, daß du es wirklich bist. Wenn du die Mächte des schwarzen Wolfes verstehst, wirst auch du diese Mächte haben. Alle Medizinen sind gut und haben Macht. Die Weißen haben die Angewohnheit zu sagen: ‹Ich bin keine Schlange, ich bin kein Eichhörnchen, ich bin etwas Wichtiges.› Sie sondern sich ab, und das ist ihre Tragödie.»

Agnes sah mich eine Weile an, und ihre Augen spiegelten das rasch wechselnde Farbenspiel der Nordlichter. Meine Seele war erfüllt von diesem neuen Wissen. Ich holte das Wolfsfell aus meiner Tasche und befühlte seine Weichheit. Agnes stand unvermittelt auf, und wir gingen in die Hütte, ohne ein weiteres Wort zu wechseln.

«Räum die Hütte auf», sagte Agnes. «Ruby und July werden bald hier sein. Wir werden zusammen ein Schwitzbad nehmen, in der Schwitzhütte, hinten am Fluß. Es gibt so viel zu lernen, und diese Erfahrung, die dir bevorsteht, hat so viele Bedeutungen.»

«Was ist der Zweck der Schwitzhütte?» fragte ich, leicht besorgt.

«Das will ich dir gleich sagen – es ist nicht so einfach. Der Zweck eines Schwitzbades ist, Geist und Körper zu reinigen, um die Kommunikation mit dem Großen Geist zu ermöglichen. Heute abend sollst du auf deine Medizin lauschen – auf dein Schwarz-Wolf-Selbst. Durch diese Reinigung wirst du Führung und Erneuerung finden.»

Und dann erläuterte mir Agnes ausführlich die Bedeutung der Schwitzhütte.

«Wir müssen uns beeilen», sagte sie, «falls du die Eine bist, die es wagt, Red Dog den Korb zu stehlen. Heute nacht, wenn dein Geist gereinigt ist, werde ich deinen Körper auf eine bestimmte Weise bemalen, und wir werden deinen Tanz für den Geist der Welt tanzen. Du wirst dich verwandeln und eins mit deiner Medizin werden, und du wirst ihre Macht kennenlernen. Du wirst an einem Platz tanzen, der dich mit deiner Wolf-Energie aufladen wird. Er wird einer deiner Macht-Plätze sein. Bedenke diese Dinge wohl, und dann, wenn du wirklich Macht begehrst, kannst du dich nur noch ihr anvertrauen.»

Wir gingen hinaus, und am Himmel lohten die Nordlichter in einem Flammensturm von Orange, Grün und Blau-Weiß. Aus der Ferne hörte ich Flötenklänge. Bald darauf sah ich die Gestalten der alten Frau und des Mädchens in der Dunkelheit auftauchen.

«Fast hätte ich das Schwitzbad vergessen», sagte Ruby. «Aber, da sind wir.» Sie schien von der langen Wanderung erschöpft. In ihrer Nähe empfand ich ein prickelndes Unbehagen.

Agnes versammelte uns, wie eine Glucke ihre Küken, und schob uns auf den Pfad zum Dead Man's Creek. Ich holte mein altes Handtuch aus dem Auto. Die Luft war mit dem feuchten, schweren Duft drängenden Wachstums gewürzt.

Ruby und Agnes gingen kichernd voraus, July, trittsicher wie die Stute Paint, trottete hinterher. Ich erspähte in der Ferne einen Erdwall, den ich vorher noch nicht gesehen hatte. Als July und ich dort ankamen, befahl mir Agnes, mich hinzusetzen und zu schweigen.

«Schau einfach zu, wie wir das Feuer schüren und die Steine erhitzen. Stell dir vor, es sei das ewige Feuer. Es wird nach heiliger Art geschürt, und durch dieses Feuer werden wir gereinigt und uns der Quelle aller Macht nähern. Sitze auf heilige Art und träume.» Agnes ließ mich auf dem sandigen Ufer am Bach zurück.

Ruby hatte, wie ich sah, July die Flöte abgenommen und neben Agnes' Pfeifenbeutel gelegt. Zu meiner Verwunderung war July fügsam und still. Wir saßen nebeneinander auf einer Waldlichtung. Die

Nordlichter waren schwächer geworden, und die Sterne bildeten funkelnde, eisblaue Tupfer in der Schwärze der Nacht. Jetzt, wo das Feuer knisterte, schien es noch dunkler zu sein. Hoch züngelten orangegelbe Flammen in die Nacht, und die Luft schien dicht und schwer. Agnes hockte neben dem Feuer. Ihr Gesicht glühte rot, und nun begann sie leise ihre Trommel zu schlagen und zu singen. Lange sang sie ihren Hymnus, und dann begann sie, über dem Feuer zu beten.

Nach ein paar Minuten sagte Ruby: «Ho!» Agnes ging zu dem Erdwall und legte ihre gefüllte Tabakpfeife auf den Boden. July und ich zogen uns – unter ihrer Anleitung – aus und schlüpften in die Hütte. Wir mußten uns bücken, weil der Eingang nur vier Fuß hoch war. Drinnen sprach ich ein stilles Gebet an den Großen Geist. Agnes betete laut, und wir schritten im Sinn der Sonne im Kreis herum. Dann setzte ich mich Agnes gegenüber, neben die Tür. Wir alle schwiegen eine Weile. Die Luft roch stechend nach Salbei.

Schon vorher hatte Agnes mich ermahnt, niemals kleinlich zu sein, stets an das Höchste zu denken und das Gute in allen Dingen im Sinn zu behalten. Das alles versuchte ich nun, als wir im Dunkel saßen; der einzige Lichtstrahl fiel durch die Tür herein. Draußen flackerte und knisterte das Feuer – Ruby schürte ein wahres Johannisfeuer. Sie reichte mir die Pfeife, und ich legte sie vor mich auf die Erde – mit dem Stiel nach Westen, wie Agnes mich gelehrt hatte. Mit Hilfe einer großen Astgabel schob Ruby jetzt einen glühenden Stein in die Mitte der Schwitzhütte, in die ausgehobene Altarmulde. Fast berührten meine Knie ihn.

Ruby sagte etwas in Cree.

Agnes bedeutete mir, den Stein mit dem Pfeifenkopf zu berühren, und dann sprachen wir alle in Cree unser Dankgebet.

Ruby schob noch mehr Steine herein – einen für jede Himmelsrichtung, einen für die Erde, einen für den Himmel. Agnes befahl mir, dem Himmel, der Erde und den vier Himmelsrichtungen die Pfeife darzubieten und sie dann anzuzünden. Nachdem ich ein paar Züge genommen und den Rauch über meinen ganzen Körper verrieben hatte, reichte ich die Pfeife nach links an July weiter. Sie nahm sie entgegen und rauchte. Agnes rauchte und reichte sie mir zurück. Sie wies mich an, sie zu reinigen und die Asche behutsam am Rande des heiligen Altars auszuklopfen. Dann forderte sie mich auf, ihr die Pfeife noch einmal zu reichen. Sie hielt die Pfeife, den Stiel nach Westen, über den Altar und bewegte sie dann langsam – über dem heiligen Pfad – nach Osten, wo Ruby, draußen vor der Tür, sie entgegennahm.

Die Steine im Mittelpunkt glühten feuerrot. Die Hütte war klein, etwa acht Fuß im Durchmesser, ein korbähnlicher Mutterschoß aus geflochtenen Weidenstangen, mit verschiedenen Tierfellen bedeckt. Plötzlich zog Ruby die Eingangsklappe zu und hängte eine Wolldecke vor den Durchschlupf. Wir waren in eine Dunkelheit gehüllt, die, wie Agnes mir gesagt hatte, die Dunkelheit der Seele vorstellte – die Unwissenheit, von der wir uns reinigen mußten, damit wir das Licht empfingen. Ich hörte Agnes' Stimme in der Dunkelheit. «Während der Zeremonie wird die Eingangsklappe viermal geöffnet werden, um uns zu gemahnen, daß wir das Licht in den vier Zeitaltern empfangen haben.» Dann sprach sie in Cree ein langes Gebet an die Geister. «Blitz unter der Erde, Maulwürfe», sagte sie. Dann spritzte sie viermal mit ihrer Adlerfeder Wasser aus einer Holzschale auf die Steine, während sie unentwegt zu den Großeltern betete.

Aromatischer Dampf zischte auf und verteilte sich in Schwaden nach oben. Es wurde unglaublich heiß, und ich wunderte mich, wie dunkel es war – in der Kammer herrschte eine dichte, zähe Schwärze. Dann rief Agnes den Whiskey Jack – oder Strahlenden Morgenhimmel-Stern – an und verspritzte noch viermal Wasser. Ich hielt meinen Kopf zwischen die Knie, um besser atmen zu können. Nun rief sie die Regenbogen an, und dann die Adler, und sang einen melodisch flehenden Gesang. Ihr Gefühl war ergreifend. Ich fing an zu weinen. Ich hatte gemeint, die Hitze werde ein gewisses Maß erreichen und dann nicht weiter ansteigen, aber sie nahm ständig zu und wurde fast unerträglich. Die glühenden Steine erschienen mir wie die funkelnden Augen der Erdmitte selbst. Agnes rief ihre Macht der Wandlung – den Hirsch – an und spritzte noch viermal Wasser. Ich wurde gewahr, daß ich laut betete. Schweiß floß mir in Strömen über die Stirn und in die Augen. Ich verschmolz mit der intensiven Hitze.

Ruby zog die Wolldecke vom Eingang weg, und ein kühler Lufthauch umfächelte uns. Der Feuerschein warf unheimliche Schatten in unsere dunkle Nische heiligen Gebets. Die plötzliche Helle verwirrte mich, aber ich war dankbar, wieder atmen zu können. Agnes reichte eine Schale Wasser herum, und wir alle rieben uns damit ein. Ich fühlte mich demütig und dankbar.

Jetzt wurde die Eingangsklappe wieder geschlossen, und ich nahm July wahr, die leise stöhnend vor und zurück schwankte. Dann fing sie an, verzweifelt zu schluchzen. Ich mußte an das Leiden der Welt denken. Ich wußte nicht, waren es Tränen oder Schweißtropfen, die mir über die Wangen flossen – ich konnte kaum atmen. Ich war in ein schwarzes Loch der Traurigkeit und Verlassenheit gefallen. Schimmernder Dunst stieg auf und verteilte sich in dem engen Rund.

«Lynn», sagte Agnes, «du mußt als Regenbogen-Kriegerin zu mir kommen. Du bist eine Brücke zwischen der Welt der Indianer und der Welt der Weißen, eine Brücke zu jener großen Schildkröten-Insel. Wenn du dich selbst erkennst, wirst du deinen Weg kennen. Wenn du deinen Weg erkennst, wirst du das Erhabene kennen. Wenn du das Erhabene erkennst, wirst du den Geist sehen. Wenn du den Geist siehst, wirst du das Volk sehen.»

Und dann lehrte sie mich, meine Medizin, den Wolf, anzurufen. Sie sagte: «Ich lehre dich deinen Gesang. Hör zu und singe mit mir.»

Während ich mit geschlossenen Augen sang, tauchte hinter meinen Lidern ein grünblaues Rad auf. Es kreiste zuerst rechtsherum, dann linksherum und hypnotisierte mich. Ich hatte eine Vision. Ich war draußen vor der Schwitzhütte, und vor mir stand eine alte Frau mit einem kleinen Mädchen.

«Wie seid ihr hergekommen?» fragte ich. «Und wer seid ihr?»

«Alle Pfade führen zurück zum Mittelpunkt – alles Geist.» Die Vision verflog, und ich war wieder in der Schwitzhütte.

Ich hörte Agnes fragen: «Was hast du gesehen? Wo warst du?»

Ich erzählte es ihr.

«Das war Wolf-Mädchen und seine Großmutter», sagte Agnes. «Was haben sie gesagt?»

Ich erzählte es ihr.

«Ja, alle Wege, alle Religionen führen zurück zum Mittelpunkt. Wandle in der Güte.»

«Aber ich begreife nicht, wer die alte Frau und das kleine Mädchen waren.»

«Sie sind Wolf-Medizin.»

«Was bedeutet das?»

«Laß mich dir antworten, meine Tochter. Liebe ist ein guter Führer. Wissen ist ein guter Führer. Anteilnahme ist ein guter Führer. Selbsterfahrung ist ein guter Führer. Ich brauche nicht zu glauben, um Trauer zu kennen – ich weiß, wann ich traurig bin. Ich brauche nicht zu glauben, um Liebe zu kennen – ich weiß, wann ich liebe. Ich brauche nicht zu glauben, um Freude zu haben – ich weiß, wann ich froh bin. Um hier zu sein, bin ich hier. Glaube also nicht, daß du nur ein Mensch bist. Erkenne dich selbst. Es gibt viele Medizinen.»

«Deine Worte machen, daß ich mich gut fühle, Agnes, aber sie fügen sich nicht in meinem Kopf zusammen.»

«Du hattest einmal ein Kind.»

«Ja.»

«Du hattest es nicht in deinem Kopf, ein Kind zu haben. Du hattest dein kleines Mädchen in deinem ganzen Sein – nicht nur im Kopf. Laß es geboren werden.»

Ich empfand eine schmerzliche Hilflosigkeit, als ob Seile, die mich umschlangen, auch meine leiseste Bewegung erstickten. Ich wollte schreien und weglaufen, aus dieser quälenden Hitze und Enge flüchten. Ich zwang mich willentlich zur Unterwerfung, aber auf einmal begann die Dunkelheit wunderbarerweise mit mir zu atmen. Die Glut der Steine begann mit meinem pochenden Herzen zu pulsieren. Mein Körper schien zu schmelzen, und meine Hände waren auf sonderbare Weise zu Fäusten geballt. Ich versuchte, meine Finger auseinanderzuziehen, aber sie waren seltsam gekrümmt, wie Klauen, und ich konnte sie nicht bewegen. Ich hockte gebückt, mit seitwärts gedrehtem Kopf, und als ich in das duftende Dämmerlicht blinzelte, fühlte sich mein Gesicht erstarrt an. Meine Lippen wölbten sich aufwärts und vorwärts, und meine Zähne bleckten. Ich fletschte die Zähne – alle Schranken waren gefallen. Ich spürte das weiche, schwarze Fell an meinem Bauch. Ich war die Ur-Wölfin und stieß mit zurückgeworfenem Kopf ein stummes Geheul aus.

Agnes sprach leise in Cree. Ich verstand ihre Worte nicht, aber ich wußte, sie sollten mir Mut machen.

Die Eingangsklappe wurde geöffnet und wieder geschlossen. Ich war gänzlich vom Wölfin-Geist besessen, hatte kein anderes Gefühl als Wolfsgefühle. Ich beugte mich über meine Welpen, die im Dunkel des Erdlabyrinths winselten. Ich verlor jegliches Gefühl für das, was dann geschah, aber irgendwann später hörte ich das Plätschern des Wassers im Bach. Agnes saß neben mir.

«Du warst heute nacht gesegnet, Lynn», sagte sie. «Deine Wolfheit ist sehr mächtig.»

Ich zitterte vor Angst. «Ich konnte meine Finger nicht strecken, und dann war ich eine wirkliche Wölfin.»

«Sei unbesorgt, ich bin froh», sagte Agnes. «Die Träumer hatten recht. Du bist die perfekte Jägerin, um den Korb zu stehlen.»

Langsam kam ich wieder zu mir. Mein Haar war naß und klebte mir am Kopf, und Agnes legte mir eine Wolldecke um die Schultern, die nach Zedernholz roch. Das Plätschern des Bächleins wurde klarer, lauter. Ich wollte aufstehen, aber Agnes hielt mich zurück.

«Bleib noch eine Weile sitzen.»

Agnes setzte sich neben Ruby ans Feuer und fiel in ihren Trommelschlag ein. Ich sah nur die Silhouetten der beiden in der Dunkelheit.

Über den Hügeln schwebte die Sichel des jungen Mondes, sein Licht sickerte leise durch den Himmel. July hockte weiter unten am Bach, sie starrte auf das milde, silberne Spiegelbild des Mondes, das auf dem Wasser schwamm. Nachtblühende Blumen würzten die Luft.

«Komm», sagte Agnes. «Wir wollen zur Hütte gehen und etwas essen. Und dann bereiten wir dich auf deinen Tanz vor.»

Abrupt drehte sie sich um und stieg den Pfad hinauf. Ich raffte mich auf und folgte ihr, meine Erschöpfung vergessend.

«Was hast du gesagt, Agnes? Mein Tanz?»

Agnes beschied mich mit einem barschen «Ja», und ich blieb zurück, um auf July zu warten, die wieder ihre Flöte spielte.

Nachdem wir in der Hütte eine Kleinigkeit gegessen hatten, legte ich mich hin, um mich auszuruhen. Undeutlich nahm ich wahr, daß Agnes und Ruby fortgingen. Das Rauschen des Windes in den Bäumen wiegte mich in den Schlaf. Ich träumte, ich wäre in einem riesigen Hochzeitskorb gefangen und könnte nicht hinaus. Jedesmal, wenn ich die Innenwände des Korbes hinaufzukriechen versuchte, glitt ich wieder ab.

«Wach auf, Lynn», sagte Agnes und rüttelte mich. Ich war froh, aus dem Traum erlöst zu sein.

«Der Korb! Ich hab schon wieder von ihm geträumt.»

«Ich wußte, daß du von irgend etwas träumtest. Du hast recht komisch ausgesehen», sagte Agnes grinsend.

Auch Ruby beugte sich mit belustigter Neugier über mich und lächelte. Ich war verwirrt – Ruby hatte mir noch nie zugelächelt. Es war unglaublich – dieses Lächeln in ihrem verwitterten Gesicht.

Agnes nahm mich am Arm und führte mich hinaus. Es mochte Mitternacht vorbei sein.

«Dies ist eine heilige Nacht für dich. Versetze dich in die heilige Art, die ich dich gelehrt habe, denn bald werden wir zur Macht gehen. Lausche auf den Gesang deiner Verwandten. Ich bin gleich wieder hier.»

Agnes ließ mich stehen und ging in die Hütte. Irgendwo jenseits der Hügel heulten die Coyoten. July schlief, noch immer mit dem Rücken gegen den Pfosten gelehnt. Ich beobachtete die im Wind schwankenden Gestalten der Bäume, dann setzte ich mich auf die Verandatreppe und wartete.

Ein paar Minuten später kamen Agnes und Ruby heraus. Wir gingen ein gutes Stück bis zu einem Krüppelzedern-Gehölz und schwenkten dann scharf nach links, zwischen zwei Felsblöcken hindurch, die hoch über uns aufragten. Das Knirschen des Gerölls unter unseren Füßen unterbrach die Stille der Nacht. Der schmale Pfad schlängelte sich weiter zwischen Felsblöcken hindurch, und ich fühlte mich benommen und desorientiert. Agnes und Ruby gingen so nah bei mir, daß ich ihren Atem spürte.

Bald gelangten wir an eine Lichtung, wo ein ganz anderer Geruch in der Luft lag. Ich hielt es für Schwefel oder dergleichen, vermischt mit dem vollen Aroma von Zeder und Salbei. Wir bogen um eine Ecke und kamen zu einem schwelenden Feuer, das offenbar schon einige Zeit brannte. Ruby legte Holz nach und fachte die Flammen an.

Als ich mich umschaute, hatte ich das Gefühl, daß meine Sicht teilweise beeinträchtigt sei. Agnes führte mich ans Feuer, wo sie eine schöne, alte Indianer-Decke mit schwarzroten Blitzmustern ausgebreitet hatte. In der Nähe gab es eine Quelle, aus der Dampf aufstieg.

«Zieh alle deine Kleider aus, Lynn, und setz dich neben dem Feuer auf die Decke», sagte Agnes.

Während ich mich auszog, ging sie fort und kehrte mit zwei irdenen Töpfen wieder, aus denen Stöcke ragten. Ruby sang hinter mir, Agnes betete und die Trommel schallte in einem tiefen, anhaltenden Rhythmus. Die Stimmen der beiden erhoben sich zu einem wunderbaren Gesang in einer geheimnisvollen Sprache, der weit durch den Wald hallte. Ich wünschte mir, die Bedeutung dieser uralten Sprache zu verstehen.

Die Holzkohlen glimmten, und mit jedem Windhauch leckten die Flammen empor. Ich spürte die Hitze auf meiner nackten Haut. Die Decke fühlte sich rauh an, es war ein festes Gewebe. Ruby und Agnes tanzten zu meinen Seiten hin und her, und immer wenn sich Agnes mir näherte, schüttelte sie die Rassel an meinem Ohr. Ich war freudig erregt, aber noch immer desorientiert. Ruby ging auf die andere Seite des Feuers und fuhr fort, die Trommel zu schlagen und leise zu singen.

Agnes setzte sich vor mich. Nach langem Zögern sagte sie. «Wir haben dich zu diesem heiligen Ort geführt. Es ist ein verborgener Platz. Hier wirst du eine neue Geburt erleben, denn hier sollst du bemalt und für immer verändert werden. Mit der Bemalung wirst du in eine neue Beziehung zu deiner Wolf-Medizin eintreten, und du wirst neue Verantwortung übernehmen.»

Agnes tauchte ihre Finger in einen der irdenen Töpfe. Sie berührte meine Kopfhaut am Scheitel – es fühlte sich feucht an – und zog eine Mittellinie über meine Stirn.

«Diese Farbe ist Rot – für die Frau», sagte sie. «Diese rote Linie verbindet dich mit der Erde, wo alles west und fruchtbar ist.»

Mit sicheren Bewegungen brachte Agnes zwei weitere rote Streifen unter meinen Augen an. Die Farbe fühlte sich kalt an und hatte einen blumigen Duft, und für einen Moment war mir, als spüre ich sie auf der Haut brennen.

«Großer Geist, es ist dein Wille, daß diese junge Frau gekommen ist, um bemalt zu werden. Gib, daß sie, die auf uraltem, heiligem Boden sitzt, rein wie aus deiner Schwitzhütte geboren werde. Da ich sie nach dieser heiligen Art bemale, reinige sie abermals. Scheide diese junge Frau von ihren Leiden der Vergangenheit.» Dann befahl sie mir aufzustehen.

Ich sprang auf. Agnes malte meine Beine bis zu den Knien rot an.

Unsicher stand ich da, dem Feuer zugewandt, fühllos gegen alles, außer Agnes' Handlungen. Sie malte Wellenlinien auf meinen linken Arm, dann dasselbe auf den rechten. Und dann schritt sie viermal um mich herum.

«Wir haben in dieser Nacht den Tod beschworen», sagte Agnes, mir wieder ins Gesicht blickend. «Diese Macht steht hier bei uns. Wir haben so viele Dinge getötet. Du wandelst nun auf dem heiligen Pfad – du beginnst eine neue Art des Gehens. Ich grüße den, der uns beobachtet, den Hüter des Anderswo. Diese Linien auf deinen Armen sind das Symbol des Regenbogens, des Bogens der Träumer.»

Ich war völlig ruhig und beobachtete Agnes bei geschlossenen Augen mit meinem Herzen. Bei jedem Farbstrich hatte ich ihre Berührung tief empfunden. Ich machte die Augen auf und sah Tränen über ihre Wangen rollen. Sie bückte sich, hob ein zusammengefaltetes Wildleder-Bündel auf, hob es mit beiden Händen empor und reichte es mir. Rubys Trommel hallte in meiner Brust wider, sie stieß wie eine flache Hand gegen meinen Körper.

«Zieh dies an», sagte Agnes. Ich nahm das gefaltete Wildlederbündel. «Es ist ein Kleid, und Mokassins. Ich habe die Sachen getragen, als ich ein junges Mädchen war. Du bekommst heute nacht neue Kleider, weil du eine neue Frau geworden bist.»

Sorgfältig legte ich die Sachen an. Das Kleid prangte mit Glasperlen, die im Feuerschein wie Goldtropfen leuchteten. Mit Stachelschweinborsten waren verschiedene Symbole und Muster eingewoben, und an Ärmeln und Saum hingen Fransen herab. Es paßte mir vollkommen, genau wie die perlenbesetzten Mokassins.

«Jetzt wirst du in den Heyoka-Künsten geschult», sagte Agnes und legte mir eine Hand auf die Schulter. «Dieses Gewand wird dir beim Lernen helfen.

Federn sollen das Zeichen deiner Lehrzeit sein», fuhr sie fort. Ich wandte den Kopf nach rechts und nach links, während sie mir zwei Eulenfedern ins Haar flocht. Mich überkam eine weibliche Zärtlichkeit, hingebungsvoll und still. Ich befand mich in einer glühenden, pochenden Blase, schwebend im Raum. Ich hatte die Welt vergessen.

«Setz dich, Lynn. Ich werde dir von meiner eigenen Lehrerin erzählen. Ich war einmal, vor langer Zeit, verheiratet und hatte eine Tochter. Die Winter sind mitunter hart hier im Norden. Eines Tages im

Winter lief sie hinaus in den Schnee. Sie war noch klein, vier Jahre alt. Die Hunde, die wir hatten, waren scharf abgerichtet. Die Hunde fielen über meine Tochter her, bevor ich ihr beistehen konnte, und töteten sie. Wir brachten sie in unsere Hütte und legten sie über Nacht zwischen uns. Das Kleid, das du jetzt trägst, wollte ich meiner Tochter schenken. Jetzt schenke ich es dir. Meine Tochter trug den Namen Little Black Wolf Dancing. Nachdem sie gestorben war, blickte ich nach Osten, wo die Sonne geboren wird, und versuchte, meine Tochter der Mutter Erde zurückzugeben. Vielleicht habe ich das Kleid immer aufbewahrt, weil ich sie nicht loslassen konnte, meine schöne Little Black Wolf Dancing. Und dann blickte ich nach Westen, wo die Sonne stirbt, aber niemals seither konnte ich meine Trauer aufgeben – bis zu diesem Augenblick. Wie die Erde meine Mutter ist, so bin ich deine Mutter. Jetzt habe ich eine neue Tochter. Meine Familie, meine Sippe soll dich als ihresgleichen aufnehmen. Meine kleine junge Wölfin wird wieder leben in dir.»

Ich konnte meine Tränen nicht mehr zurückhalten. Agnes tätschelte meinen Arm und fuhr fort: «Das war, bevor ich irgend etwas wußte, und damals glaubte ich, Medizinmänner und -frauen seien es nicht wert, sich mit ihnen abzugeben. Bald danach starb mein Mann durch einen Unfall beim Holzfällen – ich glaube, sein Herz war gebrochen. Meine Trauer war namenlos. Damals ging ich zu einer Heyoka, und sie lehrte mich alles. Mir wurde Macht zuteil, und ich empfing meinen Namen, und dieser bedeutet: ‹Eine, die Geheimnisse weiß›.

Vorher hatte ich nicht viel über mein Leben nachgedacht, über all das, was mir widerfuhr. Ich wußte es nicht, aber in solcher Selbstvergessenheit liegt große Medizin. Ich hatte gehört, daß die Heyoka jede Frage beantworten könne, und ich brauchte jemanden, der mir den Grund für meinen großen Schmerz erklärte. Die alte, heilige Heyoka-Frau antwortete auf alles mit einer Frage. Sie tat so, als habe sich nichts verstanden, bis mir die Tatsache aufging, daß sie im Mittelpunkt des heiligen Ringes lebte und Macht besaß, alles zu verändern, wie es ihr beliebte. Stundenlang erzählte ich ihr von meiner toten Tochter. Als ich geendet hatte und sie um eine Erklärung bat, warum Little Black Wolf Dancing tot sei, fragte sie mich: ‹Wer will wissen, wer tot ist?›

Diese Frau wurde meine Lehrerin. Nach vielen Jahren gab sie mir ihre Medizin, und dann ging sie fort, um glücklich zu sterben. Sie war eine Frau, die an allen Orten sein und alles sehen konnte. Ich liebte sie, nachdem ich sie kennengelernt hatte, und vieles von ihr lebt in mir fort. Ich weiß nicht, was mit mir geschehen wäre, hätte nicht sie mir meinen Weg gezeigt. Durch sie habe ich ein sinnvolles Leben.»

Agnes' Blick traf den meinen, und ich weinte, bis aller Schmerz verausgabt war. Ich stand auf, und Agnes und ich entfernten uns vom Feuer. Meine neuen Mokassins paßten bequem, und ich spürte gerade genug von der Erde unter meinen Füßen. Agnes trug die beiden Rasseln. Sie blieb stehen und stampfte ein paarmal mit dem Fuß auf. Dann sprang sie plötzlich in die Luft und wirbelte herum. Vornübergebeugt, begann sie mich zu umkreisen. Ich war hypnotisiert. Ihr Gang war steifbeinig wie der Gang einer Wölfin – genau wie ein Wolf. Sie hielt den Kopf schräg und verdrehte die Augen, glitzernd und listig wie die eines Tieres. Sie rieb ihre Hüfte an meiner, dann wich sie zurück und heulte. Irgend etwas quoll in mir hoch, und ich stieß ein Antwortgeheul aus. Es war voller Sehnsucht und schien aus weiter Ferne herüberzuhallen, und es klang nicht mehr menschlich.

Dann brach und riß etwas in meiner Brust. Vielleicht war es, weil der Trommelschlag aufhörte. Ich hörte ein Hecheln.

«Atme viermal, für die vier Himmelsrichtungen», befahl Agnes mit sonderbar grollender Stimme. «Wirf den Kopf zurück und preß beide Fäuste gegen dein Kinn. Sieh mich jetzt noch nicht an.»

Ich tat, wie sie mich geheißen.

Ihre Stimme war unheimlich. «Mach es noch einmal, und diesmal duck dich nieder, und diesmal streck beide Arme nach hinten, während du deinen Atem ausstößt. Zieh beim Ausatmen Energie aus der Erde herauf. Stiehl diese Energie, indem du mit dem rechten Fuß aufstampfst. Mach keinen Fehler. Die Wölfe kennen diesen Platz, und du kannst ihn auch kennen. Wirf deinen Kopf nach links und nach rechts, und dann nach vorn. Gut. Jetzt lauf nach Westen und winsele wie ein Wolf. Fang an zu traben.»

Ich folgte ihren Anweisungen, so gut ich konnte. Der Rhythmus der Trommel hallte, und während ich trabte und winselte, spürte ich, wie meine Zehen sich spreizten. Wir wandten uns wieder nach Osten, und als ich mir mit dem Arm über das Gesicht fuhr, spürte ich Fell an meinem Hals. Meine Ohren spitzten sich nach vorn. Meine Augen lechzten nach einer imaginären Beute. Wir trabten schnell – dann langsamer – nach Norden, und dann nach Süden. Auf einer Hügelkuppe blieben wir stehen und bellten, aber auf einmal war es nicht mehr Agnes, die neben mir stand. Ich sah nur eine Wölfin, eine fremde Schwester dort im samtenen Dunkel.

Die Trommel hielt inne, und der Bann war gebrochen. Meine Fangzähne schrumpften, meine Pfoten zogen sich zurück, und auch Agnes schien ihre Gestalt zu verändern, sich auf den Hinterbeinen aufzurichten und wieder sie selbst zu werden. Mein Körper nahm wieder irgendwie seine alte Form an. Mit Mühe konnte ich Agnes zu der heißen Quelle folgen, wo sie mir mein neues Kleid vom Leib riß und mich in das heiße Schwefelwasser stieß. Das Wasser rötete sich von der Farbe, als bluteten die Kräfte der Natur.

«Wasch sie ab.»

Ich wusch mich, kroch aus dem Wasser und blieb wie betäubt am Ufer liegen, während ich zu den Sternen hinaufblickte. Agnes warf mir die Decke über. «Komm», sagte sie.

Auf dem Rückweg zur Hütte trug ich mein schönes Kleid in der Hand. Meine Mokassins hatte ich angezogen. Als ich in meinen Schlafsack kroch, dämmerte gerade der Morgen.

Der Sinn der Medizin ist Macht.

– Agnes Whistling Elk –

«Ich möchte, daß du eine Wolfspuppe machst», sagte Agnes am folgenden Tag.

Ich saß am Tisch und trank Salbeitee. «Eine Wolfspuppe?» fragte ich. «Du meinst, sowas wie ein Wolfs-Fetisch?»

«Du kannst machen, was du willst, solange es nur ein Wolf und eine Puppe ist. Du kannst sie aus Ton machen, aus Heu oder Holzspänen, aus Fellstücken oder allem anderen. Du kannst sie sogar schnitzen, wenn du willst.»

«Wie groß soll sie werden?» fragte ich, ganz begeistert von der Idee, meinen eigenen Fetisch anzufertigen.

Agnes hielt ihre Hände weit auseinander, dann nah zusammen. «Du kannst sie groß oder klein machen, ganz wie du willst. Sie wird dir auf manche Weise helfen. Du mußt dich immer an deinen Medizin-Tanz erinnern. Es gibt Mutter-Mächte, die dir jetzt bewußt geworden sind, und gewisse Mächte brauchen jetzt deinen Schutz. Das Verstehen kam zu dir in Form von Träumen – die Träumer haben dich wachgeträumt. Jetzt bring du diese Träume und Mächte in eine greifbare Form. Du kannst sie nutzen, und sie können dir viel sagen. Schaffe dir eine Wolfspuppe als Interpretin zur Überbrückung der Welten. Wenn du fertig bist, zeige mir dein Werk.»

Agnes wandte sich ab, und ich war entlassen. Bilder von Indianerpuppen, die ich verkauft und gesammelt hatte, wirbelten mir durch den Kopf. Ich packte ein Messer und etwas zu essen ein und machte mich auf zu Paints Koppel. Ich hatte es auf ihren langen, schwarzen Schweif abgesehen. Es war ein dunstiger, bewölkter Tag – ein guter

Tag, um meinen Träumen Form zu geben. Rasch eilte ich die Steigung eines Hügels hinauf. Steine und Gräser verschwammen in grauem Dämmerlicht. Der Pfad zur südlichen Weide war überschattet von dunstigen, wabernden Baumgestalten, die ich nicht wiedererkannte. In überhängenden Zweigen hörte ich das Rascheln und Flattern von Vogelschwingen.

Ich erreichte die nebelverhangene Weide und fand Paint. Ihre Hufe verschwanden in den weißen Dunstschwaden über dem Boden.

Ich schnitt ein paar Haare aus ihrem Schweif, die ich für meine Wolfspuppe verwenden wollte, und dann wanderte ich den Rest des Tages im Nebel umher. Ich scharrte im Sand und kletterte auf Bäume und suchte nach Federn, Rindenstückchen, Fellresten – alles, was mir ungewöhnlich und geeignet erschien. Am Dead Man's Creek entdeckte ich ein ziemlich glattes Stück Holz, das andeutungsweise einen Wolfskörper auf vier Beinen ahnen ließ. Es war etwa sechs Zoll lang, und am einen Ende war die heulend emporgereckte Schnauze zu erkennen, nachdem ich sie fertig geschnitzt hatte. Ich nahm Salbeizweige, Fell und andere Dinge, die ich gesammelt hatte, und machte ein Zickzack-Bündel, das ich um den Bauch des Wolfes wickelte. Das Roßhaar diente als Schwanz, und auf den Rücken schnitzte ich Symbole des Nachtfalkens und des Bären. In Agnes' Hütte hatte ich Leim und eine Spiegelscherbe gefunden, und so leimte ich ihm zerbrochene Muschelstückchen als gefletschte Zähne ins Maul, und darüber zwei Stückchen Spiegelglas als Augen. Ich zerdrückte ein paar rote Kreuzdornbeeren und rieb den Wolf mit ihrem Saft ein, der wie Blut aussah. An die Pfoten leimte ich ihm Vogelkrallen. Während ich meinen neugeschaffenen Wolf schnitzte und verleimte und mit Macht ausstattete, entwickelte er eine beängstigende Gegenwärtigkeit. Irgendwann wurde mir bewußt, daß ich bei der Arbeit ein sonderbares Lied sang – ich hatte es immer wieder gesungen, bis ich es merkte. Es war ein mir zugedachter Traumgesang.

Gegen Abend war mein Puppen-Wolf fertig. Er heulte und sah wild aus, aber er hatte auch etwas Vogelhaftes an sich. Und das bedeutete, er konnte zwischen den Welten hin und her fliegen – er war auf der Erde wie im Himmel daheim. Ich weiß nicht, warum ich ‹er› zu ihm sagte, aber er schien mir irgendwie maskulin, vielleicht weil er grimmig und eckig aussah. Ich bewunderte ihn ein Weilchen, wiegte ihn in meinen Armen und spazierte zurück zu Agnes' Hütte.

«Laß mal sehen», meinte sie, bevor ich Gelegenheit hatte, etwas zu sagen. «Stell ihn dort auf den Tisch.» Ich stellte die Figur hin, und sie schien den Raum zu beherrschen. Agnes umkreiste es mit schief gestelltem Kopf und geheimnisvoll leuchtenden Augen.

«Was kannst du mir über den Menschen sagen, der das gemacht hat?» fragte sie.

«Ich habe es gemacht.»

«Was könntest du sehen und erkennen, wenn nicht du selbst es gemacht hättest? Wenn ich so etwas ansehe, weiß ich, wer es gemacht hat. In diesem Fall hast du es gemacht, also ist es ein vollkommener Spiegel deiner Empfindungen.»

«Es ist nur eine Puppe», sagte ich.

«Nein, es ist nicht nur eine Puppe. Ich sehe, wer sie gemacht hat. Wenn ich dich noch nie im Leben gesehen hätte, so wüßte ich doch, daß der Mensch, der dies gemacht hat, eine Frau war. Sie ist eine Weiße und hat nur sehr beschränkte Kenntnis von Wölfen und dem Leben der Tiere. Als du dies machtest, da zeigtest du mir deine wahre Natur. Du bist eine Frau mit vielen Masken. Du hast keinen Grund, mir etwas vorzumachen.»

«Ich mache dir nichts vor», wandte ich ein.

«Doch, das tust du. Du machst mir vor, du respektiertest mich, weil du etwas haben willst, das ich dir geben kann. In Wirklichkeit meinst du, ich würde nicht in deine Welt in Kalifornien passen.»

«Wirklich, Agnes.»

«Ja, das ist's, was du wirklich von mir denkst. Du fragst dich, was dich das alles kosten wird. Du fragst dich, ob ich dich nicht eines Tages per Rückgespräch von der Bus-Station anrufen werde? Du findest, du bist zu gut für uns hier.»

«Agnes, warum läßt du mich bei dir bleiben, wenn du so etwas von mir denkst?»

«Ich denke es nicht von dir. Ich weiß es von dir. Du hoffst, daß ich nicht eines Tages an deine Tür klopfen werde, denn du weißt nicht, wie du mich deinen Freunden vorstellen solltest. Du meinst, ich passe nicht in dein Leben voller Sensationen und eleganter Leute?»

«Hm, ich glaube, irgendwann habe ich mir solche Gedanken gemacht.»

«Du fürchtest, ich wäre vielleicht nicht gebührlich beeindruckt oder wüßte nicht, was sich gehört. Du schämst dich für meine Kleidung, meine Armut, meine Manieren – für alles.»

Ich zuckte zusammen. «Agnes, ich finde es nicht fair, daß du so etwas über mich sagst.»

«Diese Wolfspuppe sagt mir alles, was ich wissen will. Fürchtest du etwa, mein Gefühl zu verletzen, wenn du es mir selbst sagen würdest? Hast du es nötig, dies Wolfsding für dich sprechen zu lassen?»

«Du sprichst nur Vermutungen aus. Unmöglich, daß du so viel darin sehen kannst.»

«Du liebst gutes Essen. Du sammelst gern schöne Dinge – aus ästhetischen Gründen. Das ist ganz leicht. So etwas kann ich auf Anhieb erkennen. Du hast Humor – auch das ist leicht. Du lebst gern in einer Umgebung, die du als schön empfindest. Du kannst es nicht erwarten, heimzukehren in ein – wie dir scheint – vertrautes Territorium. Du kannst es nicht erwarten, dorthin zurückzukehren, wo du Dinge kaufen kannst: Komfort, Nahrung, Dienstleistungen.»

«Was ist daran so schlecht?»

«Nichts, aber hier mußt du dafür arbeiten.»

«Was siehst du noch in dem Wolf, Agnes?»

«Na, paß mal auf. Siehst du, wie das Leder um dieses Bündel gefaltet ist?»

«Ja», sagte ich. Ich sah es mir genau an.

«Kannst du mir daraus irgend etwas verraten?»

«Ich bin mir nicht sicher. Die das gemacht hat, ist Rechtshänderin, denn es ist im Sinn der Sonne gewickelt. Die das gemacht hat, ist auch eine Perfektionistin, denn die Wicklung ist viele Male verknotet und nochmals verknotet. Übrigens, warum hast du das Roßhaar vom Schweif, und nicht von der Mähne geschnitten?»

Ich war verblüfft, daß Agnes dies wußte. «Ich weiß nicht. Es erschien mir einfach richtig.»

«Dachte ich mir's», sagte Agnes lachend. «Du hast das Zeug zu einer wahren Heyoka.»

Ich lachte mit, aber ich verstand den Witz nicht ganz.

Agnes fuhr fort: «Diese Puppe erzählt mir etwas über deine Selbsttäuschungen, über das, was du für wichtig und bedeutsam hältst und wofür du bereit bist zu sterben. Du verstehst nichts von Nahrung oder von der würdigen Art, einen guten Freund zu töten. Die Puppe erzählt mir etwas über deine Stellung in der Welt. Sie verrät mir, was du begehrst und was du nicht begehrst. Du siehst deinen Tod nicht, und du wirst nicht erfüllt in den Tod gehen – als gute Tochter des Universums. Die Jägerin bringt dem Tod gegenüber niemals Entschuldigungen vor.

Du kannst dich im Leben nur für zwei Dinge entscheiden», fuhr sie fort. «Du kannst sterben wie eine verängstigte Hure, oder du kannst leben wie eine würdige Jägerin und als solche sterben. Wenn dein Blick dem der höchsten Jägerin begegnet, kannst du sagen: ‹Ich bin bereit. Ich war tapfer, solange die Jagd währte. Ich pirschte meine Beute an und tötete sie mit Würde. Ich sorgte gut für mein Lager, ich aß meine Beute, und ich verschenkte sie mit Respekt. Ich handelte in deinem Namen, und ich habe dich gut vertreten. Ich erkenne, daß ich von dir gelebt habe, und jetzt bin ich dein Fleisch. Wir sind im Einklang. Ich bin bereit, mit dir in der Welt der Geister auf die Jagd zu gehen.›»

«Bin ich in deinen Augen ein Feigling?»

«Du bist keine gefährliche Frau. Du bist in mancher Hinsicht wie ein Vogel mit gestutzten Schwingen – du flatterst sinnlos mit deinen Flügeln. Ich sehe eine Frau, die viel mehr Willen und Mut braucht – wahren Mut. Du bist gar nicht so einfach, wie du scheinst. Das Traurigste, was ich sehe, ist, daß du dich für wichtig hältst. Was mich betrifft, so ziehe ich es vor, wichtig zu sein, statt mich wichtig zu machen.»

«Wie wird man wichtig?»

«Lerne von deinem Tod.»

«Das verstehe ich nicht. Was hat der Tod mit dem Wichtigsein zu tun?»

«Viel. Akzeptiere deinen Tod und werde gefährlich. Verschaffe dir Macht.»

«Moment mal. Ich bin völlig verwirrt. Willst du, daß ich sterbe?»

Agnes lachte laut heraus. «Das ist spaßig», spottete sie. «Ich kann dich nicht hindern zu sterben. Wirf deine Gaukler-Augen weg und sieh, was wirklich ist. Menschen mögen dir wegen diesem oder jenem wichtig erscheinen. Du fürchtest sie, weil sie irgendeine Macht zu haben scheinen. Wüßtest du aber um deinen Tod, dann könntest du sehen, welche von diesen Menschen wahrhaft Macht haben – und es sind wenige. Du kannst nur gefährlich sein, wenn du deinen Tod akzeptierst. Dann wirst du trotz allem gefährlich sein. Du mußt lernen, die wachen Menschen zu erkennen. Eine gefährliche Frau vermag alles zu tun, weil sie alles tun will. Eine gefährliche Frau wird das Unvorstellbare tun, weil das Unvorstellbare ihr gehört. Alles gehört ihr, und alles ist möglich. Sie kann ihre Vision verfolgen und sie erlegen, indem sie sie wahr werden läßt.»

«Was schlägst du vor? Wirst du mich über den Tod lehren, damit ich den Hochzeitskorb stehlen kann?»

«Am Anfang werde ich dich lehren zu jagen, damit du, wenn du mit deiner Suche beginnst, eine Chance hast. Du willst doch nicht ziellos umherirren, ohne zu wissen, was du tust. Du sollst Nahrung jagen, um dich zu ernähren und mit anderen zu teilen. Falls ich Erfolg habe, wirst du sehr gefährlich sein.»

«Warum hast du verlangt, ich solle eine Wolfspuppe machen?»

«Ich wollte dir vor Augen führen, daß es nichts ohne einen Grund gibt. Wohlüberlegt geschaffene Dinge sind ein exakter Spiegel dessen, der sie schafft. Du kannst deine Bewußtheit entwickeln, indem du alles genau untersuchst. Schau richtig hin, und eine Sache wird deutlich zu dir sprechen. Wenn du genug weißt, wirst du an der Art, wie jemand ein Glas oder einen Bleistift in die Hand nimmt, viel über ihn erfahren. Im Handeln eines Menschen kannst du tausend Dinge erkennen. Aus der Art, wie ein Jäger ein Feuer macht, kannst du alles über ihn erfahren. Genau wie du aus der Art, wie ein Vogel sein Nest baut, alles über ihn erfahren kannst. Wenn du einen Gegenstand anschaust, kannst du erkennen, wieviel Mitte er hat. Ein wahres Macht-Objekt hat eine Mitte. Du fühlst dich von diesen Dingen angezogen, aber du weißt nicht einmal warum.»

«Was hat das alles mit dem Hochzeitskorb zu tun?»

«Wir haben jetzt – direkt oder indirekt – viel über das Stehlen gesprochen. Du hast gelernt, daß du eine Kriegerin sein mußt, bevor du erfolgreich stehlen kannst. Siehst du das ein?»

«Ja – ich erinnere mich.»

«Bevor du eine erfolgreiche Kriegerin sein kannst, mußt du eine erfahrene Jägerin werden.»

«Was muß ich wissen, um eine erfolgreiche Jägerin zu sein?»

Agnes lachte wie ein Kind. «Viele, viele Dinge, und selbst dann kannst du nicht alles wissen. Du siehst, eine Jägerin zu sein, ist sehr schwierig. Hörst du, es gibt so viele Geschöpfe zu jagen. Du kannst sogar einen Geist jagen oder in einer Falle fangen, wenn du weißt wie. Es gibt Geisterfallen, die du aufstellen kannst, und Fallen, um Wasser-Kinder zu fangen, und selbst dann mußt du wissen, wie man Nahrung für sie zubereitet. Im Augenblick bleiben die Geister vor dir verborgen – du meinst, sie würden in deiner Phantasie geboren. Aber die Phantasie kann sich gegen dich wenden und dich töten, wenn du nicht weißt, wie du sie ansehen mußt. Ein Kaninchen zu jagen ist eines. Etwas ganz anderes ist es, einen Grizzly-Bär zu jagen. Das Kaninchen und der Grizzly sind zwei Sorten Wild. Glaube nur ja nicht, daß das Kaninchen harmlos sei. Ich habe festgestellt, daß Kaninchen ohne weiteres einen Mann töten können. Zum Glück begegnen sogar die guten Jäger selten solchen Kaninchen. Würdest du versuchen, ein solches Kaninchen zu töten, dann würde es mit seiner Hinterpfote klopfen – die Welt würde für dich versinken, und du würdest sterben. Auch der Grizzly ist kein Ziel für den tölpelhaften Jäger. Nicht einmal das Karibu ist zu unterschätzen. Man sagt, daß manche Karibus den Verstand in solche Fernen verstreuen können, daß der Jäger eines Tages verrückt wird. Falls es Fleisch ist, was du jagst, darfst du nie etwas davon vergeuden – nicht mal die Knochen. Jagdfleisch hat einen Geist. Es hat einen großen Geist, der dich stark macht. Das süße Fleisch der Sklaven-Tiere hat keine Verantwortung gegen dich. Es schmeckt süß, aber es macht dich dick und träge. Du mußt in der körperlichen Welt im Gleichgewicht sein und in der geistigen Welt im Gleichgewicht sein. Und diese beiden Gleichgewichte müssen abermals im Gleichgewicht sein.»

«Und dieses doppelte Gleichgewicht bekommt man durch die Nahrung, die man ißt?» fragte ich, verzweifelt bemüht, Agnes' Logik zu folgen.

«Zum Teil. Wenn du Sklaven-Fleisch ißt, wirst du ungern bereit sein, irgend etwas zu tun. Diese Sklaven-Tiere hatten lauter Fesseln um sich, und so wird es dir ergehen, wenn du sie ißt. Du kannst ein Volk daran erkennen, was es ißt. Eine Nation von Sklaven weiß nichts über sich selbst und über andere. Es gibt so viele Arten von

Nahrung – Nahrung für das Herz, Nahrung für den Körper, Nahrung für das Gehirn.»

«Muß man denn Fleisch essen?»

«Nein. Du sollst versuchen, Medizin-Nahrung zu essen, Nahrung mit Geist. Wenn du selbst Nahrung bist, werden die Häuptlinge der Pflanzen- und Tierwelten zu dir sprechen und dir die richtige Nahrung verraten.»

«Kann man solche Nahrung in einem Lebensmittelgeschäft kaufen?»

«Ja, meistens. Aber dann mußt du sehr viel mehr über wache Nahrung wissen – zum Beispiel, welche Nahrung gelitten hat und welche sich ganz hergeschenkt hat.»

«Das versteh ich nicht.»

«Ich weiß. Komm, laß uns Suppe essen.»

Nach dem Essen sagte Agnes nicht mehr viel. Offenbar war sie des Sprechens müde. Ich beschloß, schlafenzugehen. Während ich mich auszog, nahm Agnes die Wolfspuppe und schüttelte sie kräftig am Genick. Sie bellte sie an und hüpfte um sie herum. Ich hatte nicht die leiseste Ahnung, was sie da machte, darum befand ich, sie spielte nur damit.

Am anderen Morgen, beim ersten Tageslicht, folgte ich Agnes ins Freie. Sie zeigte mir verschiedene Insekten und sagte mir, welche Tiere und Vögel sich von ihnen ernährten. Dann zeigte sie mir Pflanzen und erklärte mir, welche Tiere eine besondere Vorliebe für die eine oder andere hätten. Danach forderte sie mich auf, es ihr zu wiederholen. Offensichtlich sollte ich ein unmittelbares, praktisches Verhältnis zu dem Wissen bekommen, das sie mir zu vermitteln suchte.

Sie wollte wissen, ob ich irgendwelches Wild sähe.

«Nein, nichts.»

«Siehst du die Moorhühner dort drüben? Der Baum hier wimmelt von Eichhörnchen. Und hinter den Felsen dort äsen Rehe. Da hinten sind Wachteln, und bald werden Enten über uns hinwegfliegen.»

Ich hatte keines der von ihr genannten Tiere gesehen, aber als ich genauer hinschaute, konnte ich sie erkennen.

«Ja, ich sehe sie», sagte ich aufgeregt. «Ich hätte keines von ihnen bemerkt, wenn du sie mir nicht gezeigt hättest. Agnes, wie kannst du das alles sehen?»

«Ich weiß, wo ich suchen muß. Du mußt hungrige Augen entwikkeln – Augen, die vor deinem Bauch hungrig werden. Um eine Jägerin zu sein, mußt du die Beute kennen, die du jagst. Schon da beginnt die Jagd. Am Anfang mußt du lernen, wie die Tiere sich verhalten. Du mußt das Wild sehen, wenn andere es noch nicht sehen. Ein guter Jäger kann das immer. Ich habe es oft erlebt – der eine Jäger sieht das Wild und der andere nicht. Wenn du das Wild nicht sehen kannst, mußt du wissen, wo es sich aufhält, um es aufzustöbern. Dabei darfst du nicht vergessen, daß du sauber, auf würdige Art töten willst. Wie kannst du einen Pfeil abschießen, ohne das Wild zuerst gesehen zu haben? Noch länger dauert es zu lernen, wie man einen Menschen jagt. Um einen Mann zu jagen, einen Mann, der Macht besitzt, mußt du all deine Geschicklichkeit einsetzen und alles daransetzen, um dich nicht täuschen zu lassen.»

«Sprichst du von Red Dog?» fragte ich.

«Ja, aber du darfst jetzt noch nicht daran denken, ein so mächtiges Wesen zu jagen. Die meisten Lebewesen handeln einfach gedankenlos – lerne zuerst sie jagen. Kannst du erst ein gedankenloses Lebewesen mühelos jagen, dann darfst du dich an gefährlicheres Wild heranwagen. Du mußt immer von den Mächten des gejagten Wildes lernen. Alle Geschöpfe haben die eine oder andere Art, sich zu verhalten. Manche tarnen ihre Fährte, manche nicht. Manche hinterlassen keine Spur, nicht das kleinste Grashälmchen ist geknickt. Manche hinterlassen auffällige Fährten, die dich in eine Falle locken, die du selbst gegraben hast. Je mehr du siehst, desto mehr weißt du über das, was andere Wesen tun – und desto besser ist deine Chance, eine erfolgreiche Jägerin zu sein.

Es gibt gute Tage für die Jagd, und es gibt schlechte. In der Regel gibt es überall Wild. Manches ist gut, manches ist es nicht wert, erlegt zu werden. Es ist klar, daß du dich an die guten Plätze begeben mußt, um das Wild zu finden, das du begehrst. Als Jägerin darfst du niemals zögern. Du mußt zuerst prüfen und dann zuschlagen – und um dies erfolgreich zu tun, mußt du deine eigene Stärke oder Schwäche kennen. Tu nichts aus Dummheit. Sei eine wohlüberlegte, verstohlene Jägerin. Die gute Jägerin hält sich nicht mit törichten Gedanken über sich selbst auf. Die gute Jägerin tötet. Was bedeutet es denn, wenn du dich vor Stolz aufblähst und dein Wild entkommen läßt? Es ist eine Beleidigung für das Gejagte. Das entkommene Wild hat ein Recht darauf, zum Haus der Geister zu gehen und zu bitten, daß ein Geist ausgesandt werde, dich zu jagen – entweder um dich zu töten, oder um dich wahnsinnig zu machen. Wir wissen in uns selbst, wo das Wild steht, und unsere Aufgabe ist, es zu erlegen.

Vergewissere dich stets, daß du die Jägerin und nicht die Gejagte bist. Der Pfad des Jägers ist heilig. Töte nie gedankenlos – nicht mal einen Käfer. Stell dir vor, wie es wäre, wenn irgendein riesiges Wesen *dich* gedankenlos platt treten würde. Töte nur das Wild, das du zu töten weißt, und dringe nicht in das Territorium von Jagdtieren ein, die schlauer sind als du. Nähere dich deiner Beute stets mit Ehrfurcht.»

«Gilt das auch für Red Dog?»

«Natürlich. Er hat, was du begehrst, und er weiß alle diese Dinge. Geh mit Ehrfurcht an das Töten heran – dankbar dafür, daß du die Jägerin bist und nicht das Wild, das zur Strecke gebracht wird.»

Ich wollte noch mehr über die Jagd wissen, aber Agnes war am Ende. «Damit du erfolgreich bist», sagte sie, «muß ich dir Macht geben, keine Ideen, von denen deine innere Stimme nichts weiß, kein geborgtes Wissen. Was du erwerben mußt, das ist Fähigkeit, nicht wahr? Immerhin kannst du ein Beutetier nicht totreden.»

Agnes lehrte mich, «im Gebüsch zu sehen», wie sie es nannte. Die nächsten Tage tat ich nichts anderes, als durch die Gegend zu streifen. Am Ende jeden Tages sollte ich ihr von den verschiedenen Tieren berichten, die ich gesehen hatte. Ich sollte an nichts denken, sollte mich durch nichts anderes als meine Augen führen lassen. Agnes trug mir auf, nicht meinen Blick auf irgend etwas zu konzentrieren, sondern bereit zu sein für ‹Hinweise›, die mich leiten würden, wohin ich gehen sollte. Am vierten Tag gelang es mir auf diese Weise, Fasane aufzuspüren.

Agnes war glücklich. «Das ist Macht», sagte sie.

Auch ich war glücklich über meine neue Fähigkeit.

Allmählich wurde ich wach für alle Arten von Tieren. Ich sah Hirsche, Elche, Antilopen, Skunks und Kaninchen. Ich sichtete wilde Truthähne und andere jagdbare Vögel, etwa Präriehühner und Moorhühner. Ich sah einen Biber und zwei Nerze, und einmal stand ich überrascht einem Wolf gegenüber. Nachdem wir einander minuten-

«Ich bin keineswegs davon überzeugt …

... daß sich die Befreiung vom Medizinmann gelohnt hat», schreibt James Baldwin in einem Essay.

Was nach Medizinkritik klingt und übergreifend als Kulturkritik verstanden werden will, lenkt den Blick auf einen Bewußtseinswandel, den immer mehr von uns vollziehen: Bewährtes dem Vergessen entreißen, traditionell Erfolgreiches für sich nutzen, um so das Leben zu bereichern.

lang angestarrt hatten, lief ich zur Hütte zurück, um Agnes davon zu berichten.

«Das hat viel zu bedeuten», sagte sie. «Das war ein Medizin-Zeichen – ein großer Segen für dich. Von allen Tieren im Busch ist der Wolf am schwersten zu sichten, und es ist praktisch unmöglich, einen zu fangen. Du mußt dir eine Haarlocke abschneiden und noch einmal an die Stelle gehen, wo du den Wolf gesehen hast, und sie dort zurücklassen. Der Wolf hatte es nicht notig, sich dir zu zeigen. Er wußte, daß du Macht ansammelst, und er kam, um dir zu helfen!»

Während dieser ganzen Zeit schien Agnes sehr zurückhaltend. Häufig wies sie mich ab, wenn ich etwas sagen wollte, und meinte: «Hör dir doch selber zu. Ich bin es leid.» Ich fühlte mich im Stich gelassen.

Eines Tages, nach dem Essen, sagte ich: «Wenn ich wieder einmal mit meinen Freunden auf die Jagd gehe, werden sie staunen, wieviel Wild ich aufspüren kann.»

«Schweige mir von diesen Mördern!» sagte Agnes.

«Mörder!» platzte ich heraus. «Sie sind Jäger wie du. Manche Menschen lieben eben das Waidwerk.»

«Und ich sage, sie sind Mörder. Da ist nicht ein Jäger unter ihnen. Ich habe es immer wieder gesehen. Sie kommen und knallen wie wahnsinnig durch die Gegend. Sie haben keine Achtung vor brütenden Vögeln. Für sie bedeutet die Jagd nur Morden. Sie haben keine Achtung vor dem Leben. Mit Hubschraubern treiben sie Mustangs und Coyoten zusammen und töten ohne Ehre. Diesen Leuten, die sich einbilden, sie wären besser als das Wild, das sie jagen, solltest du mal erzählen, daß auch sie eines Tages sterben werden. Der erste Ort, an den so ein Mörder im Anderswo kommt, ist eine Lichtung. Die Geister aller Tiere, die er ermordet hat, umringen ihn – was immer sie sein mögen, ob Enten oder Katzen oder Bären.

Die Geister fragen: ‹Warum hast du uns unfair getötet?› Dieser blöde Bastard sollte sich eine verdammt gute Antwort einfallen lassen, sonst werden die Tiere ihn in Stücke reißen, bis ihre Würde wiederhergestellt ist.»

«Agnes, du bist verrückt», sagte ich. «Das hast du erfunden.»

«Wenn die Zeit kommt, da du dich herschenken mußt, wirst du sehen, ob ich es erfunden habe oder nicht. Ich erzähle dir etwas, das ich mit Bestimmtheit weiß. Wie oft habe ich dir gesagt, daß es nichts ohne einen Grund gibt. Es gibt Gerechtigkeit – vielleicht nicht sofort, aber der Große Geist hat eine Ewigkeit Zeit, um sie ins Werk zu setzen. Wir Menschen haben nur diese kurze Frist, bis wir fallen. Ich möchte meine Tage als Kriegerin verbringen, die Schönheit in allen Dingen erkennen. Ein Tier ist ein Kind des Universums wie du und ich. Nimmt man das Leben eines wilden und freien Tieres, dann sollte es im Wissen um den eigenen Tod geschehen. Sonst laß es lieber sein. Das Erstaunliche ist, daß diese Mörder nicht mal genug wissen, um verlegen zu werden.»

«Ach, was ist es denn, das ich zu lernen versuchen soll?» fragte ich mutlos.

«Du sollst lernen, gefährliches Wild zu jagen, es tapfer, unbezähmbar und mit Ehre zu jagen. Du sollst sogar noch einen Schritt weiter gehen und lernen, Macht zu stehlen. Hätte ich solchen Mord in deinem Herzen gesehen, ich hätte dich fortgeschickt und würde hoffen, du mögest rasch zu deinen Vorfahren gehen.»

Ich wünsche mir, ich könnte all das berichten, was ich in den folgenden Wochen gelernt habe. Es würde viele Bücher füllen – und ich werde den Rest meines Lebens darüber nachdenken müssen.

Eines Tages zeigte sie mir Krähenspuren auf einem Feld.

«Es ist möglich, die Spur der Vögel am Himmel zu lesen. Die großen Spurenleser konnten so etwas. Sogar der Himmel hinterläßt ein Bild.»

Während sie sprach, verwischte ich versehentlich die Krähenspuren, indem ich darauftrat. Sie warf mir einen eisigen Blick zu.

«Es tut mir leid», sagte ich. «Es war ein Versehen.»

«In der Medizin-Welt gibt es keine Versehen», sagte sie wütend. «Jede Tat hat eine Bedeutung. Siehst du das nicht? Nur darum geht es beim Spurenlesen. *Versehen* ist ein Wort, aus Verwirrung geboren. Es bedeutet, daß wir uns selbst nicht genügend verstehen, um zu wissen, warum wir etwas getan haben. Ob du ausgleitest oder dich in den Finger schneidest, stets gibt es einen Grund, warum du es getan hast. Irgend jemand in deinem Mond-Tipi wollte, daß du es tatest. Verstündest du, auf die Häuptlinge in deinem Mond-Tipi zu hören, dann würdest du nie so etwas Törichtes tun. Der Medizinmann, die Medizinfrau macht nie einen Fehler. Eine Medizinfrau versteht es, ihre ‹Pfadfinder› aus ihrem Mond-Tipi auszusenden, damit sie die Dinge erkunden. Gelangt sie dorthin, wohin sie geht, dann weiß sie, was sie zu erwarten hat, denn ihre Kundschafter waren bereits dort und haben ihr alles verraten.»

«Ich hatte nicht die Absicht, auf die Spuren zu treten», sagte ich.

«Doch, hattest du. Ich muß lachen, wenn ich das Wort *Versehen* höre. In all den heiligen Träumen der Großeltern gab es keine Verwirrung. Versehen ist eine Art, die Verantwortung für dein Tun abzugeben und einen anderen aufzufordern, sie zu übernehmen. Würde ich dich ohrfeigen, bis dir Hören und Sehen vergeht, dann würde es dir nicht gefallen. So – und genau das hast du getan, und das gefällt mir auch nicht.»

Ich hatte noch nie mit Agnes gestritten, aber an diesem Tag war mir danach zumute. Kompliziert wurde die Sache dadurch, daß ich immer, wenn ich an Agnes' Worten zweifelte und dann auf mein Innerstes lauschte, feststellen mußte, daß sie recht hatte.

Je mehr Agnes mich lehrte, desto vergeblicher wurden meine Bemühungen – ich merkte selbst, wie stockend ich Fortschritte machte. Zum Beispiel: Meine Versuche, Fallen zu stellen, waren sehr unbeholfen. Die Hälfte der Fallen, die ich stellte, lösten sich von selbst aus. Die andere hätte nicht mal ein darüberfahrender Panzer auslösen können.

«Ich will, daß du an der Tränke am Dead Man's Creek eine Falle stellst», sagte Agnes.

Als wir uns der Tränke näherten, hielt mich Agnes mit ausgestrecktem Arm zurück. «Was hast du falsch gemacht?» fragte sie.

Ich überlegte. «Ich weiß nicht.»

«Aus welcher Richtung weht der Wind? Wenn du dich der Tränke näherst, mußt du darauf achten, daß deine Witterung nicht über die Fährte weht, sondern auf der windabgewandten Seite bleibt. Wir sind auf der falschen Seite der Fährte gegangen.»

«Können denn Tiere wirklich so gut wittern, Agnes?»

«Die Menschen stinken. Die Tiere hier draußen kennen den Geruch der Menschen sehr gut.»

Agnes und ich wateten den Bach hinauf. Ich stellte am Ufer meine Falle, und Agnes hieß mich, die Rohleder-Schlinge mit stark duftenden Blättern einzureiben.

«Das ist die Tarnung», sagte sie. «Diese Blätter tarnen deinen Geruch – hoffentlich. Und was ist der Köder?»

«Das Wasser?»

«Ja. Für diese Falle ist das Wasser der Köder. Würdest du mit dieser Falle etwas fangen?»

«Ich weiß nicht.»

«Nein, du würdest nicht», sagte Agnes und zeigte mit dem Finger auf die Falle. «Die Schlinge ist zu weit, sie würde sich nicht zusammenziehen. Wäre sie richtig geknüpft, dann hättest du vielleicht eine Chance. Und außerdem würde es dir nie gelingen, hier draußen einen alten Coyoten in einer Falle zu fangen. Die schlauen Alten verstehen etwas von Aufopferung. Zum Schein rennen diese Tiere ganz schnell zur Wasserstelle. Das junge Tier, das den Alten sieht, überholt ihn in seiner Gier und tappt in die Falle.

Das Wichtigste an jeder Falle ist der Köder. Wenn du Wasser als Köder verwendest, vergiß nicht, daß es der Durst ist, der das Wild anlockt. Wenn du den richtigen Köder kennst, kannst du jedes Geschöpf, das du willst, in der Falle fangen – aber nur, wenn du auch verstehst, die richtige Falle zu stellen. Lerne den wahren Charakter eines Tiers oder eines Dinges kennen, bevor du es jagst.»

Das Erlernen der Jagd und alles, was damit zusammenhing – wie etwa das Bestimmen und Wiedererkennen der verschiedenen Eigenschaften wilder Tiere – das war eine Vollzeit-Beschäftigung. Agnes hatte ein unerschöpfliches Wissen von wilden Tieren und von der Jagd, und sie hatte anstrengende Methoden, es zu vermitteln. So hieß sie mich auf Zehenspitzen über die Veranda schleichen, bis ich ihr beweisen konnte, daß es mir gelang, es ohne ein Geräusch zu machen. Diese Aufgabe kostete mich drei Tage eifrigen Bemühens, und am Ende kannte ich jeden Quadratzoll des Bretterbodens der Veranda. Schließlich konnte ich am Rande starten und lautlos in allen Richtungen hinüberschleichen.

Agnes meinte, ich sei zu kontemplativ veranlagt. Ich sollte lernen, aggressiver zu sein. Also verbrachte ich meine ganze Zeit, abgesehen von den Nachtstunden, draußen im Freien. Manchmal schien es eher, als stellte Agnes mit mir Experimente an, statt mich zu unterweisen. An manchen Tagen enthielt sie mir Speise und Trank vor und ließ mich ohne ersichtlichen Grund arbeiten – Holz hacken oder Steine schleppen. Das Gespräch reduzierte sich auf kurze Befehle. Ich erhob nie Einwände – ich wurde ganz und gar ihre Schülerin. Ich versuchte, soviel Wissen aufzunehmen, wie ich nur konnte.

Eines Abends während dieser Zeit, stürmte ich in die Hüttentür und prallte direkt mit Hyemeyohsts Storm zusammen. Ich war überrascht, ihn hier zu sehen.

Der Tisch war mit einer Häuptlingsdecke überzogen, und darauf lag ein großer Schild – der schönste, den ich je gesehen hatte. Eine Kette von vollkommen ebenmäßigen Habichtfedern hing beinah bis zum Boden herab. Agnes saß mit untergeschlagenen Beinen vor dem Tisch und untersuchte die an der Kette befestigten Federn.

«Was in aller Welt tust du hier, Hyemeyohsts?»

«Ich wollte Agnes einen Medizin-Schild zeigen, und ich wollte sie um Rat fragen. Agnes ist wie eine Großmutter für mich – und habe ich nicht das Recht, meine Familie zu besuchen?»

Ich antwortete irgendeine Ungereimtheit.

«Wie gefällt dir der Schild?» wollte Hyemeyohsts wissen.

«Ich wußte gar nicht, daß Schilde auf solche Art gefertigt wurden. Ich habe noch nie etwas so atemberaubend Schönes gesehen.»

«Einst gab es viele solche Schilde», sagte Agnes, «aber sie wurden versteckt oder vernichtet. Wenige Menschen haben das Privileg, einen echten Medizin-Schild zu sehen.»

Im Zentrum des Schildes war ein großer, blauer Adler aufgemalt. Das Leder war fest gespannt, wahrscheinlich Antilopenhaut, und am Rand waren Adlerfedern befestigt. Die Habichtfederkette war etwa vier Fuß lang, mit Federn nach beiden Seiten. Man spürte förmlich die Macht, die davon ausging.

Hyemeyohsts legte den Schild behutsam auf das Bett, und wir tranken Kaffee. Wir unterhielten uns eine Weile, und Hyemeyohsts zeigte Agnes verschiedene perlenbestickte Medizinräder in jeglicher Farbe und Form. Agnes arrangierte sie auf der Häuptlingsdecke in verschiedenen Mustern, wobei ihre Hantierungen offenbar eine versteckte Bedeutung hatten.

Hyemeyohsts deutete mit dem Finger darauf. «Wenn du diese Kreise ansiehst, beginnst du deinen großen Medizin-Kreis zu ahnen. Die kleineren Kreise sind die Lehren, die du empfängst. Die Medizinräder sind zugleich wie Schilde.»

Agnes hob eines der perlenbesetzten Räder auf und drückte es an ihre Brust, dann legte sie es wieder zu den anderen auf den Tisch.

«Diese Medizinräder sind Ringe der Bedeutung, wenn du deine Augen richtig gebrauchst», fuhr Hyemeyohsts fort. «Zusammengenommen sind sie die Stücke eines Puzzle. Wie die große Medizin-Schlange, die sich in ihren eigenen Schwanz beißt, träumen sie dich durch den Traum. Sie sind Segmente im Mandala deines und meines Lebens. Wenn es dir jemals gelingt, die Kreise zusammenzufügen, so daß sie den großen Medizin-Kreis widerspiegeln, wirst du frei von Illusionen sein. Du wirst deine Macht-Tat vollbracht haben – den wahren Zweck deines Lebens. In dieser Tat ist dein Tod enthalten, und in deinem Tod wirst du deinen wahren Kreis finden. Aber du bist noch nicht bereit für diese Lehren.»

Agnes ließ mich draußen vor der Hütte verschiedene Arbeiten verrichten, und danach war ich so müde, daß ich mich neben den schönen Schild auf das Bett kuschelte und einschlief. Als ich am anderen Morgen erwachte, hatte Hyemeyohsts mich mit seiner Decke zugedeckt, aber der Schild war fort, und er auch.

Die Tage vergingen, und ich vergaß, sie zu zählen. Ich hatte den Verdacht, daß Agnes mit meinen Fortschritten unzufrieden sei. Eines Spätnachmittags, nachdem wir den ganzen Tag die Hirsch-Fährte verfolgt hatten, saßen wir beide draußen und beobachteten den Sonnenuntergang. Wir waren ergriffen von der großartigen Abendstimmung.

«Morgen früh», sagte Agnes plötzlich, «werden wir sehen, ob du die Verstohlenheit hast, den Korb zu stehlen. Du kannst zu Red Dog gehen und es auf einen Versuch ankommen lassen.»

Ich war überrascht, besonders da ich das Gefühl hatte, nicht viel mehr als einen winzigen Bruchteil dessen gelernt zu haben, was Agnes mich zu lehren versuchte. Ich glaubte, ich müßte vielleicht noch Jahre als ihre Schülerin verbringen. Ich meinte, ich bräuchte mehr Zeit. Ich versuchte, etwas zu sagen, aber ich brachte kein Wort heraus.

«Nein, du bist nicht bereit», sagte Agnes, «aber ich weiß nicht mehr, was ich machen soll. Ich kann dich doch nicht in alle Ewigkeit lehren. Die Träumer glauben, daß du Macht hast, und jetzt ist es Zeit zu sehen, ob sie recht haben.»

«Agnes», sagte ich gequält. «Ich bin noch verwirrter als damals, als ich zu dir kam. Wie soll ich es tun, ohne mehr zu wissen? Ich weiß nicht mal die Anfänge dessen, was du mich lehrst.»

«Du weißt mehr, als du glaubst. Ich lehre dich, ein verstohlenes Wesen zu sein. Und was ist das? Ein verstohlenes Wesen ist ein glaubwürdiges Wesen. Du würdest ein verstohlenes Wesen nicht erkennen, falls du einem begegnen solltest. Aber, nun ja – so haben wir es gern.»

«Agnes, vielleicht findest du die Frage albern, aber – bist du ein verstohlenes Wesen?»

«Es ist gar keine alberne Frage, denn du kannst nicht erkennen, daß ich es bin. Ein verstohlenes Wesen kann in einen Raum eintreten und tun, was immer es will. Es kann den Raum verlassen, wann immer es will. Die meisten Wesen, die einen Raum betreten, sind außengeleitet und verwirrt, aber ein verstohlenes Wesen kann, ganz wie es ihm beliebt, jeden Raum betreten und verlassen. Ein verstohlenes Wesen würde dir einen Streich spielen und sich nehmen, was es begehrt. Ein verstohlenes Wesen ist gefährlich und hat keine Angst, zuzuschlagen. Ein solches Wesen verhält sich ganz anders, als du meinst, solange du nicht selbst ein verstohlenes Wesen bist. Ein verstohlenes Wesen weiß um seinen Tod.»

«Hm, bin ich nah dran, ein verstohlenes Wesen zu werden?»

Nie hatte ich Agnes so herzlich lachen hören. Tränen rollten ihr übers Gesicht, und sie schlug mich auf die Schulter.

«Ich habe getan, was ich kann», sagte sie schließlich. «Das ist der Grund, warum du hier bist. Sollte es dir gelingen, den Korb zu stehlen – das wäre eine verstohlene Tat, die Tat einer großen Kriegerin. Je besser die Jägerin, desto gefährlicher das Wild. Ein Mann wie Red Dog ist fast gefährlicher als ein Geist. Einem Mann wie Red Dog einen Streich zu spielen und sein Wissen zu rauben … Ich meine, wenn dir das gelingt, dann bist du sehr nah dran, ein verstohlenes Wesen zu werden.»

«Jetzt aber nicht?»

«Nein. Noch nicht. Dieser Busch ist dir noch immer unbekannt. Verstohlenheit bedeutet Macht, und du bist noch immer eine Stümperin. Eine Stümperin, die Fallen stellt, macht selten gute Beute. Stümper fangen nur andere Stümper. Dumme Geschöpfe leben einer vom andern, aber laß dich nicht täuschen. Verstohlene Wesen können jederzeit an jedem Ort sein, und du kannst eine Ewigkeit auf ein verstohlenes Wesen warten, ohne je eines zu Gesicht zu bekommen. Nur ein verstohlenes Wesen kann ein anderes verstohlenes Wesen sehen. Ein verstohlenes Wesen hat Träume, die Wirklichkeit sind.

Keine Schranke kann ein verstohlenes Wesen hindern. Wo die Fußstapfen eines verstohlenen Wesens aufhören, da siehst du eine Krähe oder einen Luftballon oder einen Adler auffliegen, aber was du in Wirklichkeit siehst, ist ein verstohlenes Wesen, das sich in die Luft erhebt. Die Schwierigkeit der unfähigen Wesen ist, daß sie niemals auf die vielfältigen Teile der verschlungenen Fährte achten. Sie haben kein Wissen – und das ist gut so. Hätten sie es – sie wüßten nichts damit anzufangen.

Manchmal finden unfähige Wesen auch wichtige Teile der Fährte. Dann sei immer auf der Hut. Sie sagen: ‹Aha! So einfach ist das also.› Das ist, als ob du auf dem Pfad der Macht wärst und das erste glitzernde Ding aufheben würdest, das du am Weg liegen siehst. Bist du unterwegs zu dem Ziel, ein verstohlenes Wesen zu werden, und siehst du glitzernde Dinge liegen, dann solltest du deine Augen heben und an ihnen vorbeigehen.

Wenn ein unfähiges Wesen solch eine schillernde Entdeckung macht und das Glitzerding aufhebt, dann hat es ausgespielt. Es ist zum Untergang verurteilt. Staub wirbelt in mächtigen Schwaden auf, und es hört Stimmen aus dem Anderswo. Es ist kein vollkommener Jäger. Es mag demütig erscheinen, aber es ist besessen von seiner eigenen Wichtigkeit. Andere Wesen sehen das unfähige Wesen, das die schillernde Entdeckung gemacht hat, und sind fasziniert. Das unfähige Wesen verursacht immer nur Chaos und Verwüstung. Es rennt herum, boxt sich einen Weg frei, wie es ihm gefällt, aber es hat keine Verstohlenheit. Es hat die Kraft eines jungen Stiers, und es könnte ein König oder ein Herrscher oder ein religiöser Führer werden, aber nie wird es ein vollkommener Jäger sein. Es führt dich nur so weit, wie es selber gegangen ist – warum auch nicht? Es meint, seine schillernde Entdeckung sei das einzige, was es zu entdecken gibt. Es drückt sie ans Herz und macht ein großes Geschrei im Lande, und die Leute kommen gelaufen und staunen das unfähige Wesen an und bemalen sich mit seiner falschen Farbe und legen

seinen falschen Perlenschmuck an und folgen ihm in den Untergang.
Du glaubst wahrscheinlich, du würdest einem unfähigen Wesen nicht folgen – aber lache nicht. Ich könnte dich jederzeit mit einer schillernden Entdeckung fortschicken. Du könntest alle großartigen Körbe dieser Welt haben – bis auf einen. Oder ich könnte dich foppen und sagen, ich gäbe dir den Hochzeitskorb, und du würdest glücklich von dannen ziehen. Aber du hättest ihn nicht – du hättest nur den falschen Schein. Nein, ich will nicht aufhören, dich zu lehren. In diesem Punkt würde ich dich nicht foppen. Ich will, daß du bekommst, weswegen du gekommen bist. Ich will vor allem, daß du den Hochzeitskorb bekommst. Ja, mir liegt mehr daran, als du ahnst.»

Als erstes müßt ihr erkennen, daß ihr in Gefahr seid.

– die Autorin –

Es hatte angefangen.

Während ich beobachtete, hatte ein perlgrauer Lichtschleier Red Dogs Hütte eingehüllt. Ich lag flach auf dem Bauch unter einem Maulbeerstrauch, mit Laub zugedeckt, das Gesicht mit einem Farbstoff geschwärzt, den ich aus dem Lehm im Fluß gewonnen hatte. Die Düfte der Erde stiegen mir gewaltig in die Nase. Ich wartete angespannt. Ameisen krabbelten auf mir herum und probierten, ob meine Haut eßbar sei. Es war unerträglich, aber ich wagte nicht, mich zu bewegen. So hatte ich schon seit zwei Tagen gelegen.

Red Dogs Zauberschloß, dachte ich bei mir. Wie konnte jemand, der Macht genug hatte, um mich zu töten und den Hochzeitskorb bei sich zu beherbergen, so erbärmlich hausen? Die Hütte war rechteckig und geduckt und wirkte verwahrlost. Die Lücken zwischen den Balken waren mit Lehmklumpen und Zeitungspapier verstopft. Das Blechdach war rostig und voller Löcher, die mit grüner und roter Teerpappe geflickt waren. Die kleinen Fenster waren verschmiert und undurchsichtig. Ein Hahn und eine Hühnerschar tummelten sich hinter der Hütte beim Werkzeugschuppen, der teilweise ins abschüssige Erdreich eingegraben war.

Hin und wieder kamen Ben und Drum heraus und gingen zum Werkzeugschuppen, wo sie die schwere Tür aufstemmten und lange verborgen blieben. Ich hörte sie klappern, klopfen und kratzen. Ben stand meist an der Tür und machte sarkastische Bemerkungen.

«Drum, du weißt doch klar, wie man ’nen Nagel einklopft, nicht wahr?» sagte er zum Beispiel, warf eine brennende Zigarette auf den Boden und trat sie aus. «Das ist doch nicht zu hoch für dich, oder?»

Drum kam dann mit Werkzeugen oder Seil-Enden heraus und lief auf dem Grundstück hin und her, um irgendwelche Gegenstände zu suchen, während Ben ihm wie ein Aufseher folgte. Sie putzten irgendwelche rostigen Maschinen, gruben Löcher, in die sie irgendwelche Abfälle warfen, und manchmal rauften sie im Spaß miteinander und machten johlende Witze. Manchmal standen sie einfach nur beisammen. Beide wollten offenbar so wenig wie möglich arbeiten.

Das Klosett war eine baufällige Angelegenheit, mit einer Tür, deren rostige Angeln kreischten, wenn der Wind sie mit quälender Beharrlichkeit auf und zu klappte. Red Dogs Hütte nannte ich bei mir ‹die Müllkippe›, denn hier lag haufenweise verrostetes, verfaultes und verlottertes Gerümpel wahllos durcheinander, teilweise in den Erdboden eingesunken, als sei es vor vielen Jahren mit Absicht dort eingepflanzt worden. Ein alter Pflug, die Farbe längst abgeblättert, lag auf dem Rücken und gähnte den Himmel an. Da waren von Unkraut überwucherte Stapel alter Autoreifen, auf denen der Hahn herumstolzierte und nach Herzenslust krähte. Er war der König der ‹Müllkippe›, und er ließ es jedermann wissen.

Etwas abseits, hinter einem zerfallenen Zaun, weideten zwei klapprige Kühe, denen die Hüftknochen fast durch die Haut stachen. Teilweise war ihnen das Fell ausgefallen, ihre Euter schienen vertrocknet, und die Glocken an ihrem Hals bimmelten schrill, während sie ihr kärgliches Futter rupften.

Ein altes Ford-T-Modell lag umgekippt im Gras, bis auf die Achsen ausgeschlachtet. Eine zerfetzte Hängematte, aufgespannt zwischen der hinteren Stoßstange des Wagens und der Seitenwand des Klosetts, flatterte im Wind.

Immer wenn Ben und Drum krachend die Hüttentür aufstießen, schrak ich auf. Sie kamen heraus und gingen aufs Klo oder pinkelten über die Veranda – aber Red Dog selbst hatte offenbar kein Bedürfnis, sich zu erleichtern. Ich bekam ihn kein einziges Mal zu Gesicht, war mir nicht einmal sicher, ob er da war. Zwei Tage lang hörte ich keine anderen Geräusche als die Kuhglocken, die Hühner und das Knallen der Hütten- und Klo-Tür.

Plötzlich, am späten Nachmittag des zweiten Tages, tönte ein irres

Geheul aus der Hütte. Mir standen die Haare zu Berge – samt Laub und Ameisen. Zuerst war es ein Schrillen, wie ein Eulenschrei, immer und immer wieder, dann dröhnte es wie der Klagelaut eines urzeitlichen Ungeheuers. Gleich darauf ertönte ein scharfes, oftmals wiederholtes Ächzen, gefolgt von einem dumpfen Knurren. Diese Geräusche dauerten eine Weile, aber ihre Ursache konnte ich nicht entdecken.

So plötzlich es angefangen hatte, so plötzlich wurde es wieder still. Ich hörte nur noch das Rauschen der Blätter und das Sausen des Windes, der über die Hochebene fegte. Mir fielen beinah die Augen zu, und ich begann einzunicken, als ich ein Krachen hörte, gefolgt von raschem Fußgetrappel. Ich sah eine graue Maus unter der Hüttentür hervorhuschen, über die Veranda flitzen und hinter einem großen Stein verschwinden. Dann flog die Tür auf, und Ben und Drum kamen herausgestürzt und schauten sich um.

«Wo steckt sie, zum Teufel?» rief Drum.

«Da ist sie.»

Ben und Drum verfolgten die Maus kreuz und quer über den Hof und versuchten, sie in die Ecke zu treiben. Die Maus huschte einen Baum hinauf, sprang auf das Blechdach und krabbelte einen Pfosten hinunter. Die Maus war flink und trickreich, und Ben und Drum kamen niemals nah genug heran, um sie zu fangen. Immer wenn es so aussah, als sei es um sie geschehen, fand sie das überraschendste Schlupfloch, tauchte an anderer Stelle auf und quiekte vor Vergnügen.

«Da drüben!» kreischte Ben.

Ben und Drum rannten über den Hof, dorthin, wo die Maus wieder aufgetaucht war. Sie wartete, bis die beiden sie fast erwischt hatten, dann flitzte sie wieder los. Das winzige Geschöpfchen ließ Ben und Drum immer wieder ins Leere laufen.

Dann schien es, als hätte die Maus einen tödlichen Fehler begangen – sie war in eine rostige Blechkanne geflitzt. Drum hechtete nach der Kanne und deckte die Hand auf die Öffnung.

«Ich hab sie! Ich hab sie!»

«Laß mich sehen. Laß mich sehen, Drum!»

Drum spreizte die Finger, gerade weit genug, um hineinzuspähen, und schüttelte die Kanne. Er spähte noch einmal.

«Ist sie drin?»

«Sie muß drin sein», sagte Drum. «Ich hab sie gesehen.»
Er spähte wieder hinein und schüttelte die Kanne.
«Zum Teufel, sie sollte drin sein, aber ich kann sie nicht sehen.»
«Sie ist entwischt», sagte Ben. «Wir werden sie niemals fangen.»
Wieder schüttelte Drum die Kanne, heftig und immer heftiger, dann kippte er sie um, als wollte er sie ausleeren. «Sie ist nicht drin», sagte er.
Genau in diesem Augenblick plumpste die Maus aus der Kanne auf den Boden. Drum und Ben brüllten, und die Hetzjagd begann von vorne. Die Maus rannte an der Hüttenwand entlang zum Klo, machte kehrt und flitzte zwischen Bens Beinen hindurch. Ben sprang in gespieltem Entsetzen beiseite. Die Maus lief bis zum Waldrand und wartete dort.
«Verdammt!» schrie Drum.
«Ja, verdammt!» pflichtete Ben bei.
Die Maus wackelte mit dem Köpfchen und musterte die beiden mit ihren schwarzen Knopfaugen. Ganz gemächlich trippelte sie zum Werkzeugschuppen und schlüpfte unter der Tür hindurch.
«Von dort gibt's keinen Ausweg», sagte Ben. «Jetzt sitzt sie in der Falle.»
Die beiden rannten, so schnell sie konnten, zum Schuppen und gingen hinein. Jetzt brach ein Spektakel los, wie ich's noch nie gehört hatte – es war wie das Geheul des Satans. Ben und Drum stürzten aus dem Schuppen und rannten die Straße hinab, als hätten sie den Teufel in Person gesehen. Die Maus kam zum Vorschein und lief in die Hütte zurück, aber es dauerte noch fast eine halbe Stunde, bis Ben und Drum wiederkehrten.
Später sah ich gelbliches Licht durch das Fenster, obwohl sich hinter der Hüttentür nichts regte. Die letzten Strahlen der Abendsonne streiften die Balkenwand. Red Dog hatte sich noch immer nicht blicken lassen, aber ich wollte nichts unternehmen, bevor ich mir nicht sicher war, daß er fort war.
Das Licht in der Hütte erlosch, die Hüttentür ging auf, und Ben und Drum standen, miteinander flüsternd, im tiefen Schatten der Veranda. Dann marschierten sie singend die Straße hinunter. Ich sah ihre Silhouetten hinter der Hügelkuppe verschwinden, und ihr Gesang verebbte. Ich fröstelte und war angespannt. Falls jemand in der Hütte

wäre, so überlegte ich, würde die Kerze noch brennen. Das war der Augenblick, auf den ich gewartet hatte! Jetzt konnte ich hineingehen und den Korb stehlen. Die ganze Zeit, solange ich die Hütte beobachtet hatte, war Red Dog fortgewesen. Wie dumm hatte ich mich benommen!

Kein Laut war zu hören, außer dem Kreischen der Klo-Tür. Sogar die Hühner mucksten sich nicht. Ich rieb meine Waden und krümmte die Zehen, um die Zirkulation in Gang zu bringen. Ich war vom langen Warten steif geworden. Der Wind strich mir übers Gesicht, und langsam, ohne ein Geräusch zu machen, kroch ich los. Ich fing an zu zittern. Irgendwie brachte ich die hundert Meter bis zur Hütte hinter mich und duckte mich flach an die Hüttenwand. Es roch nach Ruß und Petroleum. Die Minuten verstrichen, und es wurde immer dunkler. Unförmige Schatten reckten sich über den Hof. Ich lauschte mit angehaltenem Atem, dann schob ich mich weiter. Wieder blieb ich stehen und horchte und spähte. Jetzt packte mich die nackte Angst. Ich hatte das Gefühl, jeden Augenblick ermordet zu werden.

Den Rücken gegen die Wand gepreßt, schob ich Zoll um Zoll meine Hände über das rauhe Holz der Balken und tastete mich ans Fenster vor. Langsam richtete ich mich auf, ich hielt mich am Fensterbrett fest und versuchte, ins Innere der Hütte zu lugen. Nichts zu sehen. Ich stellte mich seitwärts und schielte schräg um den Fensterstock. In den rußverschmierten Scheiben spiegelte sich der Himmel. Ich wischte mit meinem Ärmel einen runden Fleck frei, schirmte meine Augen ab und drückte mein Gesicht gegen das kalte Glas. Völlige Dunkelheit dort drinnen. Ich wartete darauf, daß meine Augen sich an das Dunkel gewöhnten, aber ich sah noch immer nichts. Sollte Red Dog dort drin sein, dann wußte er längst, daß ich einbrechen wollte. Ich nahm all meine Willenskraft zusammen und schlich zur Tür – einzig den Hochzeitskorb vor Augen. Ich drückte langsam die Klinke und öffnete einen Spaltbreit die Tür.

Ich schlotterte vor Angst.

Von der Straße hörte ich das wütende Gekläff eines Hundes. Es klang gräßlich. Ich schloß die Tür, leise wie ich sie geöffnet hatte. Dann geriet ich in Panik. Ich drehte mich um und hetzte über den Hof – zurück in mein Versteck unter Bäumen und Büschen. Ich warf mich flach auf den Bauch und bedeckte mich mit Laub und Erde.

Der Hund war inzwischen knurrend und zähnefletschend auf die Veranda gesprungen. Und dann hörte ich das weiche Tappen von Hundepfoten. Ich unterdrückte mein Zittern und machte mich ganz steif.

«Halt die Fresse, Suppenknochen!» dröhnte Drums Stimme.

«Wahrscheinlich hat er irgendwo ein Stinktier gestellt», sagte Ben.

«Mir ganz egal. Ich kann den verdammten Radau nicht leiden! Er wird Red Dog aufwecken, und dann passiert was. Dann geht es uns an den Kragen.»

«Hierher, Suppenknochen!» rief Ben.

Beide pfiffen, und der Hund, der mich im nächsten Moment gebissen hätte, drehte sich zögernd um und trottete, noch einmal böse kläffend, zur Hütte zurück.

IHR IDIOTEN! BINDET DEN KÖTER AN DIE KETTE, SONST SCHLAG ICH EUCH TOT! ICH WILL SCHLAFEN!

Es war Red Dogs Stimme, die aus der Hütte dröhnte. Tatsächlich, er war die ganze Zeit dagewesen!

Dann verlief die Nacht ruhig. Auch am nächsten Tag regte sich nichts im Umkreis der Hütte. Nicht einmal der Hahn krähte.

Gegen Abend setzte das Trommeln ein. Der Rhythmus war aufreizend – ganz anders als die Art, wie Agnes und Ruby spielten. Die Trommelschläge hallten über das Land und schienen sich über Bodenmulden zu sammeln. Ihr einziger Zweck war anscheinend, die Luft aufzuwühlen. Diese Trommelei ging eine ganze Weile weiter, und dann meinte ich das Iahen eines Esels zu hören. Der Erdboden um die Hütte bebte, ich hörte Hufgetrappel auf Bretterbohlen, und es folgte ein ohrenbetäubender Tumult. Dann verstummten das Iahen und die Trommelei, die Tür der Hütte schwang knarrend auf, und im Türrahmen stand – Red Dog.

Er sah aus wie ein verwahrloster Hinterwäldler. Er trug eine alte Khaki-Hose und eine olivgrüne Feldjacke, das Haar reichte ihm bis auf die Schultern, und er hatte einen langen Bart. Seine Augen glitzerten stechend wie die eines Adlers. Ich zitterte. Bildete ich es mir ein – oder spürte ich seine Stärke auf diese Entfernung?

Er hielt einen silbrigen Gegenstand in der Hand, der im Licht der untergehenden Sonne wie ein Messer blitzte. Er schloß die Hüttentür hinter sich, ging an den Rand der Veranda und setzte sich. Trotz seiner schweren Stiefel machte er kein Geräusch. Mein Blick blieb an diesen großen Stiefeln hängen und fiel dann auf jenes Messer, das er an den Mund hob, wie um die Klinge abzulecken. Er hielt es einen Moment vor die Lippen, und dann erklang eine köstlich süße Musik. Ich entspannte mich ein wenig. Die Augen geschlossen, warf Red Dog den Kopf zurück und spielte voll Hingabe. Die gewöhnliche Welt um mich her versank, und ich lauschte.

Ich schloß die Augen, öffnete sie aber gleich wieder, um deutlicher zu sehen. Wieder fielen mir diese sonderbaren Stiefel auf. Sie waren merkwürdig, von weizenbrauner Farbe und irgendwie federiger Struktur. Sie schienen weit aufzuklaffen. Ich erkannte, daß seine Beine von den Knien abwärts gefiedert waren.

Red Dog stand auf und blieb mit gespreizten Beinen stehen. Die Flötenmusik klang lauter, noch melodischer. Mit einer gewaltigen Energie sprang er in die Luft. Es war, als löste er sich von der Erde. Er stellte den Kopf schief, knickte in der Hüfte ab, wirbelte herum und wurde gleichsam zum Ebenbild des wilden Katchina-Geistes Kokopelli. Über die Mitte seines riesigen, maskenähnlichen Schädels verlief ein weißer Farbstrich. Sonst war sein Gesicht schwarz, bis auf die weißen Kreise über den Augen. Rote und weiße Federn krönten seine Stirn, und seine phallische Nase reckte sich wie ein Schnabel in meine Richtung. Ein Halsband, ähnlich einer dicken, schwarz-weißen Schlange, ringelte sich um seinen Nacken. Aus dem Augenwinkel erspähte ich einen Sack, den er über die Schulter geworfen hatte.

Eine Weile vermochte ich ihn nicht anzusehen. Bucklig und grotesk stand er im verblassenden Tageslicht, häßlich und schön zugleich. Seine blaue Rassel schimmerte, seine Flöte trillerte. Wirbelnd und Kapriolen schlagend, tanzte er um die Hütte. Er hüpfte auf das Dach, dann sprang er mit einem Satz gefährlich nah zu mir heran und umkreiste mich. Mir wurde klar – er hatte die ganze Zeit gewußt, daß ich da war. Er lächelte mich an, ein arrogantes Lächeln der Verliebtheit. Aus dem Sack auf seinem Rücken holte er einen Ring und bot ihn mir dar, er hüpfte, die bemalten Arme ausgestreckt, wie rasend von einer Seite zur anderen. Er beugte sich vor, und ich spürte seinen heißen Atem über mir. Ich betete ihn an. Er verkörperte die Geister aller Katchinas. Er winkte mir. Er lockte mich, er bewegte seinen sinnlichen Körper so langsam, daß ich den Arm ausstrecken und ihn berühren wollte. Seine Musik umschmeichelte mich, und ich hörte mich selbst schwache Seufzer ausstoßen. Plötzlich empfand ich eine drückende Hitze. Wir waren von Licht und Schatten umringt.

«Ich geh mit dir», flüsterte ich und schickte mich an, aufzustehen. Ich tat einen Schritt vor. Da packte eine kräftige Hand meinen Arm, und ich fuhr erschrocken herum. Ich blickte direkt in Agnes' zornige Augen.

«Komm mit», verlangte sie, mir die Worte ins Ohr zischend.

«Nein!» schrie ich.

Ich war wahnsinnig vor Leidenschaft. Einen Moment zappelte ich und versuchte, Agnes zu treten und mich ihrem Griff zu entwinden. Wütend schaute ich mich nach dem Kokopelli um, erhaschte aber nur einen flüchtigen Blick auf Red Dog, der – genau wie am Anfang – in seinen Khaki-Klamotten auf der Veranda saß. Ich wurde hysterisch. Ich trat Agnes mit den Füßen und fuhr ihr mit den Fingernägeln ins Gesicht. Sie holte mit der Faust aus – und traf.

Ich erwachte auf ihrem Bett in der Hütte. Ich war von meinem eignen Wimmern und Stöhnen erwacht. Mein Kopf war geschwollen, die Stelle, wo Agnes mich getroffen und k.o. geschlagen hatte, tat weh. Sie stand über mir, einen Ausdruck tiefster Verachtung auf ihrem runzeligen Gesicht, und ihre Augen blitzten. Sie stampfte mit dem Fuß auf.

«Du hast ihn nicht getragen!» schrie sie. Sie hob die Hand und ließ meinen Hirschhorn-Ohrring baumeln. «Sie konnte dich nicht finden. Du hättest dich beinah in den Tod singen lassen. Wärst du diesem Trugbild gefolgt, Red Dog hätte sich mit deinem Geist davongestohlen.»

«Ich dachte, ich hätte ihn angelegt», stammelte ich. «Ich hab's vergessen.»

«Hoffentlich lügst du nicht. Und jetzt, junge Lady, wirst du Red Dogs Leidenschaft ertragen müssen.»

Zauberer töten niemand. Sie machen, daß die Menschen sich selbst umbringen.
– Agnes Whistling Elk –

Ich konnte nichts essen. Ich stapfte in der Hütte auf und ab. Die Wände, das Dach, alles bedrückte mich. Agnes saß auf ihrem gewohnten Platz und beobachtete jede meiner Bewegungen.

«Agnes, hör auf, mich anzustarren», sagte ich.

Agnes sagte nichts, während ich hin und her, her und hin wanderte. Ich hörte die Klänge von Kokopellis Flöte in meinem rechten Ohr. Meine Leidenschaft machte mich wahnsinnig.

«Agnes, warum kann ich nicht einfach mit Red Dog sprechen?» fragte ich. «Vielleicht könnten wir uns irgendwie verständigen.» In meiner Stimme lag das Wimmern eines verzogenen Schulmädchens.

«Nein», sagte Agnes barsch. Dann fügte sie hinzu: «Versuche es doch zu verstehen. Red Dog hat den Köder gewechselt. Er macht sich selbst zum Köder. Red Dog hat sich unanständig benommen. Man sollte ihm den Hintern verhauen.»

Ich hatte Agnes' Worte gar nicht wahrgenommen. Ich stampfte mit dem Fuß auf und funkelte sie an. Ich brauchte Luft zum Atmen.

«Darf ich mich auf die Veranda setzen?»

«Nein.»

«Warum nicht?»

«Nein. Absolut nicht.»

«Bitte, Agnes.»

«Nein. Endgültig nein.»

Die Klänge der Flöte zwangen mich, an das geile Lächeln des Kokopelli zu denken. Ich lächelte zerknirscht und entschuldigte mich für mein unreifes Benehmen. Agnes nickte.

Wieder verstrich eine halbe Stunde voller Qualen. Als ich mich nicht mehr beherrschen konnte, sagte ich: «Ich laufe nur zum Wagen und hol mir ein Buch, das ich im Kofferraum liegengelassen habe.»

Agnes antwortete nicht.

«Es ist ein interessantes Buch über Yoga», sagte ich und machte die Tür auf. «Ein Freund von mir hat es geschrieben. Die Bilder werden dir gefallen.»

Ich machte ein paar Schritte vor die Hütte, dann rannte ich den Pfad zu meinem Wagen hinauf. Auf halbem Weg blieb ich stehen und schaute zurück. Agnes war nirgends zu sehen. Ich stieß einen Seufzer aus. «Dich bin ich los, du alte Krähe!»

Selbstzufrieden marschierte ich los und schlug den Weg zu Red Dogs Hütte ein. Ich verlor gänzlich die Selbstkontrolle, aber es war mir egal. Die Flötenmelodie wurde immer lauter, sie lockte mich, und ich fing an zu rennen. Ich bog um eine Ecke, wo der Pfad zwischen zwei großen Felsblöcken durchführte, und blieb wie angewurzelt stehen.

«Agnes», keuchte ich vor Schreck. «Ich wollte nur ...»

Sie verstellte mir den Weg. Ihre Hand schoß vor und riß mich herum.

«Geh zurück zur Hütte», sagte sie. Sie war wütend.

Ich stolperte zur Hütte zurück, wartete aber auf eine neue Gelegenheit, mich aus dem Staube zu machen.

«Setz dich aufs Bett und sei still», befahl sie, als wir eingetreten waren. «Du bist so dumm; das nächste Mal soll er dir meinetwegen den Rest geben.»

Meine Eingeweide brannten. Es war, als hätte Red Dog mir einen Stachel ins Fleisch gepflanzt. Ich mußte mich beherrschen, nicht wieder davonzurennen.

Agnes kramte in ihrer Truhe herum und suchte etwas. Sie kehrte mir den Rücken zu. Ich sprang zur Tür, aber Agnes packte mich an meinen fliegenden Haaren und schleuderte mich aufs Bett. Ich fing an zu heulen und zu schluchzen.

«Lynn, reiß dich zusammen, besinne dich», hörte ich Agnes sagen.

Aber die Flötenmusik hallte wie die Orgel einer Kathedrale durch mein Hirn. Ich hatte Schaum vor dem Mund. Ich trat und kratzte und versuchte, Agnes zu beißen.

«Ich hasse dich!» kreischte ich. «Ich hasse dich! Laß mich gehen, oder es wird dir leid tun!»

Agnes hatte gefunden, was sie suchte. Sie hielt ein Seil in der Hand, ein anderes zwischen den Zähnen. Sie packte meine Handgelenke, als wollte sie ein Kalb bändigen, und fesselte sie ans Kopfende des Bettes. Dann knüpfte sie eine Schlinge und fesselte meine Füße ans Fußende. Sie stand auf und wischte sich die Hände ab.

«So», sagte sie.

Ich ballte die Fäuste und streckte die Finger. Ich strampelte und tobte. Jetzt begannen die Nebel in meinem Kopf sich ein wenig zu lichten.

«Wirklich, Agnes», sagte ich und bemühte mich, einen würdigen Ton anzunehmen. «Ich bin ein logisch denkender Mensch. Können wir nicht ohne das ganze Melodram über die Situation diskutieren? Die Seile tun mir weh.»

«Ja, und je mehr du dich auflehnst, desto enger ziehen sie sich zusammen.»

Sie zog ihren Stuhl ans Bett und setzte sich. Mit geschlossenen Augen sang sie in Cree ein liebliches Lied, aber ich war zu wütend, um darauf zu achten.

«Weißt du, daß das gesetzwidrig ist? Dafür könnte ich dich ins Gefängnis bringen.»

Sie lachte.

«Der verdammte Korb interessiert mich nicht mehr. Es reißt mich in Stücke. Ich will nur noch diesen Mann kennenlernen.» Ich fing an zu weinen. «Ich halte es nicht mehr aus.»

«Hör mir zu!» schrie Agnes mit so autoritärer Strenge, daß die Visionen und sogar die Musik für einen Moment aussetzten. «Hör mir zu», wiederholte sie noch einmal. Irgendwie drang ihre Stimme bis in mein wirres Hirn. «Du weißt nicht, was dir bevorsteht. Denk an July. Ich werde dir von ihr erzählen. July ist Rubys Schülerin, genau wie du meine bist. Eines Tages wanderte sie die Straße entlang. Sie wollte nach Crowley trampen. Sie sah einen alten Lieferwagen kommen und blieb stehen, um den Daumen hochzurecken. Da hielt der Wagen auch schon neben ihr. Überrascht sah sie plötzlich ein fabrikneues Auto vor sich. Sie meinte, ihr Gedächtnis ließe sie im Stich. Der Weiße, der am Steuer saß, war sehr höflich und erbot sich, sie mitzunehmen. July stieg ein. Der Mann erzählte, er habe eine Ranch im Reservat und suche indianische Hilfsarbeiter, die seine Herden treiben sollten. July sagte, sie wolle sich überlegen, wer für solche Arbeit in Frage käme. July saß da, und irgend etwas erschien ihr sonderbar an dem Mann. Zufällig schaute sie hinunter und sah, daß der Fuß auf dem Gaspedal ein gespaltener Huf war. Sie blickte auf und wollte ihn ansehen, aber er verschwamm vor ihren Augen. Sie konnte ihren Blick nicht zentrieren, aber sie wußte, es war nicht mehr derselbe Mann. Sie wußte, daß sie einem Zauberer in die Falle gegangen war – und daß es Red Dog war. Sie versuchte, ihre Schilde aufzurichten, aber es war zu spät. Ihr blieb nichts anderes übrig, als ihn anzuschreien, er solle sie sofort aussteigen lassen. Sie erwartete nicht, daß Red Dog sie laufenlassen werde, aber er fuhr an den Rand und bremste. Als sie die Tür aufriß und losrannte, hörte sie ihn rufen: July! Dann hörte sie die Melodie der Flöte. Sie wollte nicht, aber sie mußte stehenbleiben und sich umdrehen. Er hatte sie in seiner Macht, und sie ging wie in Trance zu ihm zurück. July hatte keinen Willen mehr.»

Agnes hielt inne, und es entstand eine lange Pause. Ich schluckte ein paarmal und fragte: «Und was passierte dann?»

«Hast du jemals gesehen, wie eine Spinne einen Schmetterling tötet?»

«Nein, habe ich nicht», sagte ich.

«Hm, genau dies geschah mit July. Die Spinne trieb ihr Spiel mit ihr. Nicht, daß sie sie rasch mit einem barmherzigen Stich getötet hätte. Red Dog umtanzte sie mit seiner Flöte, folterte sie mit seiner Musik, genau wie er's jetzt bei dir macht. Und genau wie die Spinne mit dem Schmetterling, saugte er langsam ihr Inneres aus. Sie wurde seine Geliebte. Er trug ihren Geist und damit ihre Macht davon, steckte ihn in eine Kalebasse und hängte diese in seiner Hütte auf. Für diesen Hund ist es ein Riesenspaß. Als er mit ihr fertig war, setzte er sie auf Rubys Veranda ab. Alles, was er ihr ließ, war diese alte Flöte. Sie ist noch immer von der Musik besessen, und darum wiederholt sie sie ununterbrochen. Ruby indes war außer sich vor Wut. Die Hügel um ihre Hütte bebten tagelang, und die Tiere im Wald fürchteten sich, hervorzukommen. Red Dog lacht seither nur noch.» Agnes' Stimme wurde rachsüchtig. «Ruby wird ihn erwischen. Warte, du wirst es erleben. Sie wird einen seiner Lehrlinge bis auf die Knochen ausweiden.»

Agnes machte ein ernstes Gesicht. Sie befühlte meine Stirn, und erst jetzt dämmerte mir, daß ich krank war, ja, daß ich den Verstand verloren hatte. Das Wissen um das, was July widerfahren war, drang in mich ein. Ich zitterte vor Angst, als ich an ihren leeren, irren Blick dachte.

Und wieder hörte ich die Flötenmusik. Wellen der Leidenschaft brandeten über mich hinweg. Es war, als hätte Red Dog geahnt, daß seine Macht über mich nachließ, und sei nun gekommen, um zu töten. Agnes griff einen Lederbeutel von der Wand, öffnete ihn und entnahm etwas, das wie zerriebene Blätter aussah. Sie drehte daraus eine Zigarette, zündete sie an, rauchte ein paar Züge und kam zu mir. Sie kniete sich auf meine Brust.

«Rauche diesen heiligen Rauch!» befahl sie, indem sie mein Kinn umfaßte und die Zigarette an meine Lippen hielt. «Lynn, das wird dir helfen zu träumen. Träume deine Leidenschaft aus. Fliege davon. Schreite durch den Ring deiner innersten Ängste und Begierden. Halte ihnen stand und überwinde sie. Kehre durch dein eigenes Spiegelbild zurück und werde frei von Red Dog. Handle in deinen Träumen, wie immer du handeln magst, und finde die behüteten Zeremonienbäume, wo du dein Herz verborgen hast.»

Als letztes erinnerte ich mich noch, daß Agnes mich freigab und sich wieder an den Tisch setzte. Meine Augen waren geschlossen. Die quälenden Flötenklänge flossen träge durch meine Sinne. Das niedrige Hüttendach fing an zu kreisen, dann löste es sich auf wie ein Schleier. Mit einem Ruck verließ ich meinen Körper und stand draußen vor der Hütte. Eine Weile schlenderte ich durch den Wald, dann hockte ich mich auf den Boden und betrachtete ein Steinchen auf dem Boden. Es schien, als hätte es eine Höhlung. Nachdem ich diese lange und intensiv angestarrt hatte, machte ich mich ganz klein, um einem winzigen Licht zu folgen, das aus dieser Höhlung schimmerte.

Als ich in die Höhlung schlüpfte, hörte ich ein lautes Knacken, und plötzlich schwebte ich mit unwahrscheinlicher Geschwindigkeit durch kalte, kristallklare Räume. Nach einer Weile gelangte ich zu einem weiten, monderleuchteten Hof, umgeben von dichtem Urwald. In der Mitte stand der Große Jaguar-Tempel. Zwei Pyramiden, aus riesigen, handbehauenen Steinen zusammengefügt, standen einander im Abstand von mehreren hundert Metern gegenüber. Zwischen ihnen befand sich ein erhöhter Altar aus Stein. Dies war der Platz des Jaguars, der Platz des Gleichgewichts zwischen Vergessen und Erinnern.

Die Stille wurde belebt vom Tirilieren der Flöte und dem leisen Rascheln von Mokassins im Gras. Schattenhaft vor der südlichen Pyramide aufragend, tanzte und wirbelte die phantastische Figur des Kokopelli. Sein Tanz war eine uralte Zeremonie, seine Flöte pfiff den Paarungsruf der Träume. Red Dog berührte mich im Innersten, und in mir erwachte eine ihm antwortende Leidenschaft.

Der Mond ging auf, und die riesigen Pyramiden wurden immer deutlicher sichtbar. Die Hütte und Agnes waren gänzlich aus meinen Gedanken gewischt, und über mir spannte sich der strahlende Nachthimmel einer anderen Zeit. Der große Katchina blieb als unwiderstehliche, silbrige Gestalt im Mondlicht. Er tanzte und spielte seine zauberhafte Flöte, er verrenkte sich und winkte mich zum Altar heran. Ich stand auf der Spitze der Pyramide, mein weißes Gewand wehte im heißen Wind. Wir waren durch einen Spalt zwischen den Welten geschlüpft – eine Dimension, die von den höchsten Dingen des Geistes handelte, eine Dimension der Magie. Ich war rasend vor Liebe zu dem Kokopelli, und wir vollführten eine heilige Zeremonie, die dem ewigen Strom des Lebens Macht einflößen sollte. Ich war das Symbol aller Frauen.

Langsam schritt ich die Stufen der Pyramide hinab. Der Katchina-Mann hockte auf dem Altar, er schien teils Tier, teils Vogel, teils Mensch zu sein, er winkte mir zu. Ich schritt meinem Tod entgegen, aber es war mir gleichgültig. Der Kokopelli zog mich mit seinen glühenden Augen an, er streckte die Arme aus, um mich zu umfangen, und legte mich sachte auf den Altar.

Ich wurde mit süß duftenden Salbeiblättern bedeckt, zu beiden Seiten flammten zwei Fackeln. Das Spiel von Dunkel und Fackellicht hypnotisierte mich. Ich konnte kaum atmen. Sein Gesicht leuchtete – es verwandelte sich, verschwand und erschien wieder. Ich schloß die Augen und gewahrte etwas, das weder er noch ich war, sondern vielmehr die Macht des Traumes, die hinter uns beiden stand. Es war eine Vereinigung des höheren und des niederen Selbst, und wir wurden eins mit allem kosmischen Leben. Die Flöte schien wie von selbst weiterzuspielen. Wie wir auf dem Steinaltar lagen und der heiße Nachtwind als astrales Leintuch über uns hinwehte, blickte ich in das Gesicht des Kokopelli über mir und erkannte, daß ich allein war, daß wir, indem ich ihn, den ich am meisten fürchtete und begehrte, besessen hatte, zu einem Wesen verschmolzen waren – Krieger und Kriegerin. Ich hatte mich mit dem Krieger – dem Mann in mir selbst – vermählt.

Die Pyramiden verschwanden, und ich fühlte mich fortgerissen. Ich krümmte mich in embryonaler Haltung zusammen – nackt und aus aller Zeit geschleudert. Es wurde dunkel um mich.

Zitternd und bebend wachte ich auf. Agnes hatte die Seile gelöst. Sie brachte mir einen Eimer, und ich übergab mich. Dann zog sie ihren Stuhl herbei und setzte sich, während ich mich, sehr schwach, auf den Rücken fallen ließ. Ich schaute aus dem Fenster und sah, daß die Sonnenstrahlen flach von Westen her einfielen. Es war schon spät am nächsten Tage.

Agnes strich mir das Haar zurück und legte mir ihre Hand auf die Stirn. «Wie fühlst du dich?» fragte sie. Ihr Gesicht zeigte eine Mischung aus Ernst und Heiterkeit. «Werden wir ein Katchina-Baby bekommen?»

Ich kicherte.

Ich erzählte ihr, so gut ich konnte, was geschehen war. Während ich sprach, wurde mir klar, daß ich nur noch einen blassen Rest von Leidenschaft empfand. Mein Verstand war wiederhergestellt.

«Agnes», sagte ich, als ich mich endlich imstande fühlte, aufrecht zu sitzen. «Was hat das alles, dieser Traum, mit dem Hochzeitskorb zu tun?»

«Beides hängt in deiner Erinnerung zusammen. Du bist dir bewußt geworden, daß der Hochzeitskorb von den Träumern ersonnen wurde, als Zeichen der Vereinigung zwischen dem hohen Krieger und der hohen Kriegerin in deinem Wesen. Jede Frau sucht diesen hohen Krieger, diesen wunderbarsten aller Männer, in sich selbst. Wir suchen ihn unser ganzes Leben lang. Wenn wir Glück haben, können wir ihn in unseren Träumen beschwören, uns mit ihm vereinigen und ganz und heil werden. Verstehst du mich?»

«Ja, ich glaube, ja.»

«Dieser Traum von den zwei ebenbürtigen Häuptlingen ist ein großes Glück. Du mußtest erst mit einem Trick Macht gewinnen, um ihn zu finden. Sein Symbol ist große Medizin – Medizin, die die Frauen vergessen haben. Es war höchst gefährlich, aber jetzt kannst du ihnen helfen, sich an diese Medizin zu erinnern. Du hast im Tipi deines Selbst das Männliche und das Weibliche geraucht, und du bist an einen Ort gekommen, wo die Wege sich scheiden. Du kannst dich verändern und wachsen. Du verstehst jetzt allmählich, was es wirklich bedeutet, sich hinzugeben. Die Frau meint, sie gäbe sich hin, aber sie hat vergessen wie. Die Tipis vieler Frauen stehen leer, weil niemand hineinblickt.

Strecke die Arme aus nach diesem hohen Krieger im Tipi der Frau. Umarme ihn und sei frei.»

Die orangerote Sonne sah aus wie ein längliches Ei, das sich ins Zwielicht senkte. Wir saßen schweigend draußen vor der Hütte. Ich zitterte noch immer und hatte ein ekliges Gefühl in der Magengrube. Später, als es dunkelte, riet Agnes mir, ins Bett zu gehen. Es werde eine Weile dauern, sagte sie, bis ich mich von meinem Erlebnis ganz erholt hätte. Sie kam erst später nach, und als ich kurz erwachte, sah ich sie neben dem Bett auf dem Stuhl sitzen. Sie hielt die Hände auf dem Schoß gefaltet. Sie blickte starr auf die Lichtflecken an der Wand.

«Gute Nacht», sagte ich.

Sie lächelte mir zu und bedeutete mir, wieder einzuschlafen.

Was wären deine nächtlichen Visionen oder dein Schmerz anderes, als ein Versagen deines Willens?

– Hyemeyohsts Storm –

Als ich mich im Bett aufrichtete, war mir, als hätte ich eine wochenlange Sauftour hinter mir. Der heilige Rauch war sehr mächtig, ganz langsam wankte ich an den Tisch und setzte mich.

Agnes war dabei, eine verwirrende Vielfalt von Dingen zu sortieren: Steine, Kristalle, einen Strang Süßgras, einen Schildkrötenpanzer, einen gebleichten Kieferknochen, Federn, gepreßte Blumen und allerlei anderes Zeug, das ich nicht erkennen konnte.

«Alles ist lebendig, Lynn. Ich habe viele vom Geist des Whisky dahingerafft gesehen. Ich sah viele vom Geist der Pflanzen und Drogen dahingerafft. Es sind sehr wenige, die vom Geist aller Dinge wissen, aber das ist es, was man lernen muß. Es kann eine gefährliche Begegnung sein, aber ich hoffe, daß wir miteinander auf die Reise gehen werden und ich dich dorthin führen kann, wenn du genug weißt. Iß jetzt», sagte sie.

Wir machten ein kleines Frühstück, aber ich konnte kaum einen Bissen hinunterschlucken. Ich schlürfte ein wenig Tee und fühlte mich durch die Wärme gestärkt.

«Agnes, dieses Erlebnis gestern abend – oder wann immer es war, gestern – erschien mir so wirklich wie nur eines, das ich je erlebt hatte. Ich glaube, ich bin Red Dog irgendwo als Kokopelli begegnet.»

Sie hielt ein Blatt gegen das Morgenlicht und untersuchte es. «Glaubst du nicht, daß der Mond wirklich ist?» fragte sie unvermittelt. Sie fing an, die Steine und Kristalle in die Rundung des gebleichten Kieferknochens zu stapeln. «Die Träume tauchen tief in die Erde hinunter. Sie sind weiblichen Charakters. Der Mann nimmt die Substanz und gestaltet sie. Träume sind die Visionen deiner anderen Hälfte. Glaubst du nicht, daß sie wirklich sind? Diesmal hast du Macht mitgebracht. Diesmal hast du dich erinnert.»

«Ich bin mir sehr unsicher, was die Träume betrifft», sagte ich. «Was sie sind und was sie bedeuten. Meine Träume in den letzten Monaten erschienen mir sehr real und haben mein Leben total verändert. Und doch kann ich mir nicht vorstellen, daß Träume Substanz haben. Nicht einmal dieser. Er erscheint mir eher als eine Vision.»

«Ist es dir je in den Sinn gekommen, daß der Mensch zwischen zwei Spiegel-Welten hin und her pendelt? Berühre die Erde, denn die Mutter ist wach. Die Erde ist lebendig, und sie träumt. Alles, was der Mensch denken kann, hat Substanz. Es gibt keine Lücken in deinen Gedanken. Die wachen Menschen, die Schamanen, können auf die andere Seite des Universums gehen, sogar über das Anderswo hinaus. Dort tut sich das Regenbogen-Tor zum innersten Netz der Wirklichkeit auf. Wenn du in diese Welt eindringst, können die Wesen dort dir alle Macht schenken, die du begehrst. Die meisten Mächte sind zu schwer, um sie mitzubringen. Wie froh sind wir, wenn wir durch dieses Tor zurückkehren können, nachdem es sich einmal für uns geöffnet hat. Aber die größten Krieger haben dort viele Male einen Sieg errungen. Durch dieses Tor bist du gekommen – in dem Augenblick, als du empfangen wurdest; und im Augenblick deines Todes wirst du wieder durch es eingesaugt. Dort ist es, wo alles gegeben wird, und dort ist es, wo alles genommen wird. Die Hüter wollen, daß du hingehst und dir nimmst, was du dir nehmen kannst. Wenn du eintrittst, erkennen sie dich und singen Lieder und Hymnen. Du sprichst von Substanz. Hör zu, jede Substanz, einschließlich meiner Träume, ist meine Schwester und mein Bruder, und ich anerkenne sie, und wir leben hier freundlich miteinander.»

«Agnes», sagte ich. «Ich bin eben erst aufgestanden.»

Agnes lachte. «Dein Problem ist, daß dir in deiner Lebenszeit viele Lehren offenbart worden sind und daß du nicht wach genug warst, um sie zu sehen.»

«Wenigstens habe ich ein paar Dinge gelernt», sagte ich entrüstet.

«Lynn, du bist über eine Adlerfeder gestolpert.»

«Was soll das heißen?»

«Du glaubst, ich sei ein verrücktes altes Weib. Und das bin ich.» Sie lachte schallend.

Ich protestierte. «Wenn ich das glaubte, wäre ich nicht hier. Oder?»

«Vielleicht doch.» Wieder lachte sie.

«Du hast mir noch immer nicht gesagt, was du damit meinst: über eine Adlerfeder gestolpert?»

«Der Adler schwingt sich empor und sieht all die verzweigten Zusammenhänge und Wechselbeziehungen. Wenn die Feder eines Medizin-Adlers auf die Erde fällt, dann ist sie voll von diesem Wissen. Wenn du schlau bist, sprichst du zu dieser Adlerfeder und bittest ihren Geist, dich zu leiten. Alle Adlerfedern haben diese Macht. Du mußt sie nur aufheben und zu ihr sprechen. Und dann mußt du es verstehen, auf die Antwort zu lauschen. Iß jetzt dein Frühstück.»

Ich zwang mich zu essen, während Agnes ihre Sammlung von Kostbarkeiten in ihrer Truhe verstaute. Sie schloß die Schublade ab und sah mich nachdenklich an. «Komm, Lynn», sagte sie.

Ich folgte ihr auf die Veranda. July kauerte gebeugt an ihrem Pfosten und spielte ihre Flöte. Mir war klar, ich hatte die Flöte so oft, so ununterbrochen gehört, daß ich sie ganz aus meinem Bewußtsein verdrängt hatte. Jetzt, als ich genauer hinhörte, klang die Melodie schwach und stockend. Es war nicht viel Atem dahinter.

«Setz dich hierhin», sagte Agnes und deutete auf eine Stelle am Boden der Veranda, direkt vor July. Mit unendlicher Vorsicht setzte ich mich, meine Glieder waren steifer, als ich gedacht hatte. Agnes hockte sich zwischen uns beide und hob Julys Kinn hoch.

«Schau dir July genau an», sagte sie. «Schau ihr in die Augen und sage mir, was du siehst. Beschreibe sie mir.»

Die letzte Zeit war ich so sehr mit mir selbst beschäftigt gewesen, daß ich gar nicht bemerkt hatte, wie schwach July inzwischen geworden war. Sie war sich unserer Anwesenheit nicht bewußt, und dauernd fiel ihr die Flöte aus dem sabbernden Mund. Sie war schrecklich blaß und ausgezehrt, ihre braunen Augen waren noch tiefer eingesunken und leerer denn je.

«Ich sehe jemanden, der seine Seele verloren hat», stammelte ich.

Agnes sah mich eindringlich an. «Willst du, daß dir dasselbe passiert?»

«Nein!» schrie ich. «Das will ich nicht.»

«Dann bleib hier und beobachte sie eine Weile», sagte Agnes. «Du kannst immer noch enden wie sie.» Agnes ging wieder hinein.

Allein geblieben, lehnte ich mich gegen die Wand und versuchte, meine Gedanken zu ordnen. July tastete nach ihrer Flöte. Ich dachte an ihre Begegnung mit Red Dog, und der Gedanke trieb mir Tränen des Mitleids in die Augen. Aber, kaum daß ich an Red Dog dachte, spürte ich den Stich der Eifersucht – ich fühlte mich wie eine Wölfin, die ihr Territorium verletzt sah, und für einen Augenblick haßte ich July. Offenbar war ich nicht imstande, meine Gedanken zu kontrollieren. Vielleicht war ich selbst die Verrückte. Vielleicht, so überlegte ich, hielt sich July für die einzige, die frei war, weil sie Red Dogs Musik hörte.

«Lynn, hast du genug gesehen?» Es war Agnes. «Ich glaube – ja. Agnes, hört sie Red Dogs Flötenklänge? Warum versucht sie dauernd, diese Melodie zu blasen?»

«In Julys Kopf ist kein Geräusch, kein Bild, nichts. Sie ist ein kranker Mensch und wird vielleicht sterben. Red Dog wird nie ihren Geist herausgeben. Sie bläst die Flöte, weil sie muß. Warum kreist der Mond um die Erde, wie er es tut? July ist in einem Labyrinth gefangen. Wenn du sie mit anderen Dingen in Berührung bringen willst, spielst du mit der Katastrophe.»

Ich schauderte. «Können wir denn gar nichts tun, um ihr zu helfen?»

«Du kannst nichts tun. Vielleicht könnte ich etwas tun, aber dann . . .» – Agnes ließ den Satz unbeendet. «Komm wieder in die Hütte», sagte sie.

Agnes nahm mich am Arm und zog mich hinein. Das Licht schimmerte matt.

«Ich sehe, daß dir vor July graut», sagte Agnes.

«Nein, ich hab Mitleid mit ihr – das ist alles.»

Agnes' Gesicht blieb ausdruckslos. «Hör zu, July wird binnen einer Woche tot sein. Sehr bald wird ihr Geist seinen abgelegten Körper vergessen und ihn auslöschen. Paß nur auf, daß du ihr nicht nachfolgst. Red Dog hat noch immer die Absicht, dich von seinem Standpunkt zu überzeugen. Was du dort draußen auf der Veranda siehst – das ist sein Standpunkt.»

«Anscheinend kann ich meine Begierden nicht beherrschen, Agnes.»

«Lynn, es gibt schamanische Geister-Sauger. Zu diesem Zweck benutzen sie Sex und unsere Triebe. Sie schlürfen deinen Geist, als wär's ein Nichts. Flieg davon wie ein schwirrender Pfeil. Bahne dir lieber einen Weg zu den äußersten Rändern und stürze dich in dein Ende, als dich von so einem Schamanen-Mann einfangen zu lassen. Red Dog versucht, dich auf seinen Weg zu verleiten.»

«Ist es wahr, daß Red Dog tatsächlich Julys Geist irgendwo aufbewahrt?» platzte ich heraus. «Was bedeutet das?»

«Ich hab es dir erzählt», sagte Agnes. Sie beugte sich vor, und ihre Augen blitzten mich an wie die einer Echse.

«Ich könnte dich ohne weiteres entzweibrechen», sagte sie. «Die Menschen sind keine Zwillinge ihrer selbst – du weißt ja, links und rechts. Beide Seiten sind verschieden und dienen verschiedenen Zwekken. In der Mitte verläuft eine Naht. Ein Medizinmann, eine Medizinfrau kann die Naht sehen und dich glatt in zwei Teile zerbrechen. Red Dog benutzt Sex zu diesem Zweck. Sieh mal, Lynn, ich könnte mit Red Dog Sex haben, und für mich würde solch eine Tat ein Ansammeln von Macht bedeuten.»

«Wie in meinem Traum vom Katchina-Mann?»

«Ja. Im wesentlichen wie in deinem Traum. Red Dog wäre sogar ein guter Mann für mich, wenn ich ihn ertragen könnte. Aber was mich betrifft, so ist dieser verrückte Hund zu häßlich, als daß ich ihn auch nur ansehen wollte. Aber du – du bist noch nicht stark genug für ihn. Die Macht von Krieger und Kriegerin würde sich nicht offenbaren. Du würdest entzweibrechen und wärst ein Nichts.»

«Würde ich sterben?»

«Wenn du entzweigebrochen bist, kann ein Schamane dich nehmen, deinen Geist nehmen.»

«Kann man einen Geist sehen? Wie sieht er aus?»

«Wie Rauch.»

«Gibt es tatsächlich etwas im Menschen, das wie Rauch aussieht? Und ist das der Geist?»

«Ja, wie ein Tabak-Rauchwölkchen. Wir wären alle schon tot, gäbe es nicht den Tabakrauch. Mit Hilfe des Tabakrauchs sind die Zweibeinigen dem Tod entschlüpft. Der Tod sah den Rauch im Winde treiben, er dachte, es wären die Geister, die er begehrte, und lief ihnen nach.»

«Ist es das, was Red Dog in seiner Kalebasse aufbewahrt – jenen Teil von July, der wie Rauch aussieht?»

«Genau, das ist's, was sie wiederhaben muß, um weiterzuleben.»

«Kannst du ihn dazu zwingen, ihren Geist herauszugeben?»

«Man kann Red Dog nicht zwingen, man kann ihn nicht von der Stelle bringen, wenn er sich nicht bewegen will.»

«Was geschieht, wenn ein Mensch stirbt, Agnes?»

«Das ist eine unwichtige Frage. Das Ganze eines Menschenlebens wird von den Donner-Häuptlingen bewacht. Du hast einen Weg in dir, einen Schildkröten-Weg. Das Entscheidende ist, daß du deinen Geist immer auf diesem Weg voranschreiten läßt. Wenn du das tust, wirst du dich am Ende deiner Tage mit den Donner-Häuptlingen vereinigen. Alle deine anderen Wege führen zurück ins Absurde und in den Wahn. Diese Wege sind reich an Schmerz, Kummer und Verwirrung. Ich habe etwas Macht, weil ich bis ans Ende sehen kann. Am Ende lösen sich alle Rätsel und alle Paradoxien finden eine Antwort. Am Ende wird der Sinn deiner Leiden und Tränen offenbar. Und wenn du zu deiner Zeit dein Ende findest, wirst du voll sein, und niemand kann es dir nehmen. Das ist der Medizin-Weg, und das ist der richtige Weg für dich.»

«Bin ich wirklich auf diesem Weg, Agnes?»

«Ja, aber du weißt es noch nicht. Kann immer noch sein, daß du es nicht überlebst.»

Auf einmal überfiel mich die Angst. «Red Dog will mich töten, nicht wahr?»

Agnes lächelte. «Wollte er dich nur töten, dann könntest du dich glücklich preisen. Nein, er will dich auf die Probe stellen. Und im Vergleich zu dem, was dir da bevorsteht, könnte sich der Tod wie ein Picknick ausnehmen. Wenn ein Schamane dich auf die Probe stellt, halte dich an allem fest, was du erreichen kannst. Es gibt vier Orte, wo er mit dir kämpfen darf: Feuer, Wind, Erde oder Wasser. Jagt er dich an einen anderen Ort, dann weißt du, daß du verloren bist. Tu was du kannst, um dich von dort zu retten, und gib deine Träume auf. Fahr zurück nach Hause und sammle weiter deine pausbäckigen Indianer-Püppchen und vergiß es. Aber es besteht auch die Chance, daß du im Anderswo gefangenbleibst. Dann wirst du nicht mehr imstande sein, irgendwohin zu gehen.»

Ich grübelte über Agnes' Worte nach. Ich dachte an meinen Traum und meine Leidenschaft für Red Dog, und an July und ihre innere Leere. Alles paßte zusammen, und mir wurde allmählich klar, wie gemein Red Dog mich gefoppt hatte. Ich hatte eine Wut im Bauch!

«Wie kann Red Dog es wagen, mich so zu manipulieren!» platzte ich heraus – so unvermittelt, daß Agnes lachen mußte.

«Na, langsam wird es Zeit», sagte sie. «Du fängst an zu begreifen, aber du bist noch immer in ihn verliebt. Das verraten mir deine Augen. Jetzt, wo du ein bißchen zu Verstand kommst, kann ich dich vielleicht kurieren. Ich kenne ein Mittel, das ihn hindern würde, dich zu erledigen.»

«Was soll ich tun?»

«Geh hinaus und setz dich an den Weiher, wo ich dir zum erstenmal von ihm erzählt habe. Bleib dort sitzen, so viele Tage es auch dauern mag. Paß auf und sieh, was passiert. Bald wird deine Schwester kommen und dich heilen.»

«Du meinst, ich soll ganz allein dort draußen schlafen?»

«Ja, im Augenblick bleibt dir nichts anderes übrig. Aber du wirst einen Schutz haben. Auch wirst du deinen Ohrring tragen. Paß auf, dann wird alles gut.»

«Wer ist meine Schwester? Was meinst du damit?»

«Sie wird dich dort finden.»

«Ich habe keine Schwester, weißt du? Also meinst du wohl etwas anderes.»

«Das mußt du selbst herausfinden.»

Inzwischen hatte Agnes einen Essensvorrat für mich in ein Bündel verschnürt. Sie schien es eilig zu haben.

«Muß ich es wirklich tun?»

«Du mußt.» Agnes sprach mit Nachdruck. «Red Dog wird sich dort draußen nicht blicken lassen», fuhr sie fort. «Seine Ehre steht auf dem Spiel, und er wird deine Klausur respektieren.»

Ich biß die Zähne zusammen und rollte meinen Schlafsack ein. Ich wagte nicht, an die kommende Nacht zu denken. Hilflos schaute ich Agnes an.

«Geh. Und komm nicht wieder, bis du mir etwas zu sagen hast.»

Ich nickte und ging. Wie eine geächtete Landstreicherin zog ich von der Hütte fort, den Weg zu Ruby hinab. Der Himmel war von dem Blau eines fernen, friedlichen Meeres. Ich war es so leid, dauernd in Angst und Schrecken zu leben, daß ich mir einredete: «Wenn ich sterben muß, muß ich eben sterben.»

Das half ein wenig – meine Stimmung besserte sich, und meine Schritte wurden beschwingter. Mein ganzes Leben war darauf abgestimmt, meinen Tod zu verhindern.

Ein paarmal rastete ich, und einmal aß ich etwas. Ich wanderte gemächlich dahin, im Einklang mit Wiesen und Bäumen und Himmel. Manche Hügel erkletterte ich wegen der schönen Fernsicht gleich zweimal, und einmal machte ich ein Schläfchen, wobei ich meine Bettrolle als Kopfkissen benützte. Das Wetter schlug um, es wurde wärmer, je länger die Schatten sich streckten. Als ich endlich den Weiher erreichte, lag das Abendlicht wie eine Goldglasur über den Hügeln der Umgebung.

Ich legte mein Bündel und meinen Schlafsack auf einen Stein und fing an, meinen Platz zu suchen. Schließlich fühlte ich mich von einer Bodenmulde angezogen. Sie war flach, zum Weiher hin offen und durch ein kleines Gehölz vor dem Wind geschützt. Sie lag aber auch weit genug vom Wasser entfernt, daß die Tiere, die zur Tränke kamen, sich nicht gestört fühlten.

Ich setzte mich auf einen flachen Stein am Ufer. Mein Abendbrot bestand aus Dörrfleisch und geröstetem Brot. Danach spritzte ich mir Wasser ins Gesicht und sammelte dürre Zweige, die nach feuchter Erde dufteten. Bald hatte ich ein Feuerchen in Gang gesetzt.

Die letzten schwachen Sonnenstrahlen verblaßten, und rasch fiel die Dunkelheit ein. Ich kroch in meinen Schlafsack und schob mir die Turnschuhe unter den Kopf. Ich fand es erstaunlich bequem. Während ich zum Vollmond schaute, wiegte mich die Musik von Fröschen und Grillen aus nächtlicher Ferne in den Schlaf. Ich bat den Mond, er möge nie wieder aufhören zu scheinen, und spürte, wie sein Licht ein Lichtlein in mir entzündete. Als letztes erinnere ich mich, daß meine Seele durch ein riesiges, monderhelltes Land spazierte.

Am nächsten Morgen erwachte ich in der gleichen Haltung, in der ich eingeschlafen war. Ich fühlte mich ausgeruht. Die Sonne ging eben auf. Ich blieb liegen und beobachtete das Lichterspiel am Morgenhimmel. Ein frischer Windstoß strich mir übers Gesicht. Ich döste noch ein Weilchen vor mich hin, bevor ich aufstand.

Der Temperaturunterschied zwischen Schatten und Sonne war beträchtlich. Ich beschloß, mich wieder auf jenen flachen Stein zu setzen und den Tümpel zu beobachten. Dort strahlte die Sonne warm, und ich entspannte mich. Agnes hatte mich strikt ermahnt, ich solle ganz ruhig, das Gesicht nach Norden gewandt, sitzenbleiben und das Wasser betrachten, um mich von ihm lehren zu lassen. Es sei besonders wichtig, sagte sie, daß ich mich in Selbstdisziplin übe.

Anfangs wurde ich vom Wind abgelenkt, der die hohen Büsche schüttelte, von raschelnden Blättern und Tausenden von Insekten. Ich saß ganz still und ließ einen Finger ins Wasser baumeln. Meine einzige Gesellschaft war eine Libelle, die von Zeit zu Zeit über den Weiher schwebte. Das Wasser kräuselte sich unter dem Wind. Ich erhaschte ein vorbeischwimmendes Blatt, fischte es aus dem Wasser und ließ es wieder davonsegeln. Wäre ich Narziß gewesen, ich hätte gewußt, daß ich sterben muß.

Hoffnungslosigkeit befiel mich, als ich an Red Dog dachte. Ich war noch immer restlos verliebt, obwohl ich wußte, daß das ganze eine ekelhafte Fopperei war. Der große Katchina – ich kann die Ekstase nicht schildern, in die mich der bloße Gedanke versetzte. Ein Vogel flatterte vor mir auf, dann huschte ein anderer in die entgegengesetzte Richtung. Wieder stürzte sich einer aus einem Baum und schnellte über die Wasserfläche. Fern in der Wildnis rief ein Geschöpf nach seinem Gefährten.

Die Sonne, die über den Himmel zog, erschien mir heißer als sonst. Ich war nicht mehr ich selbst. Ich war ein Traumgeschöpf des Flöten-Katchina – ich dachte nur an ihn.

Zeit – Äonen von Zeit verstrichen in jeder Sekunde. Ich strengte mich an, deutlicher zu sehen. Ich lag flach auf dem warmen Stein, und mein Bewußtsein dehnte sich bis ins Wasser hinab – mir war, als ob ich in den Gezeitenwellen schaukelte. Wie ein Fisch in den Tiefen des Meeres ließ ich mich in den Schlaf wiegen. Hin und her schwankte ich im Sonnenlicht, still in der Meeresdünung verharrend, unfähig, meinen Kurs oder meine Instinkte zu bestimmen.

Mühelos streifte ich durch untermeerische Höhlen, legte meine Hand auf leblose, auf uraltem Gestein sich abzeichnende Formen, als bäte ich sie um ein Zeichen. In unterirdischen Teichen musterte ich mein Spiegelbild auf ein Zeichen von Lebendigkeit, das immer wieder verloren war, sobald ich ans Ufer zurückkehrte. Ich griff ins Wasser und nach dem Antlitz des Kokopelli, nur um zu sehen, wie mir alle greifbare Wirklichkeit zwischen den Fingern zerrann. Ich war ein Geschöpf jenseits von Liebe oder Hoffnung. Allein kehrte ich in die Kavernen unter dem Wasserspiegel zurück und schrie zum Ebenbild eines fernen Gottes. Ich erinnerte mich an meine früheren Seelen und an die Schicksalswendungen und Qualen, die mich hierhergeführt hatten. Ich befragte sogar den Geist des Meeres in mir. Es war der Anfang, die Weisheit aller Zeitalter, Erhabenheit und Wahrheit in den Fluten. Wasser rieselte durch meine Finger, Wellen entstanden und erstarben, Bläschen und Schaum trieben ins Weite. Im grünen Wasser war die Stille. Der Wasserspiegel wurde zu Himmel und Wolken, und ich blieb allein am Küstenrand zurück.

Plötzlich nahm ich aus dem Augenwinkel eine Bewegung wahr. Ich wandte mich langsam um und starrte direkt in die starren Augen einer Klapperschlange. Sie war etwa sechs Fuß von mir entfernt, den Kopf hoch über ihren geringelten Leib erhoben, und hielt mich mit ihrem ruhigen Blick gefangen. Wir sahen einander an, und dann ließ sie träge den Kopf sinken, streckte sich und schlief in der Sonne ein, ohne mich weiter zu beachten.

Ich harrte auf irgend etwas, aber die Schlange blieb ruhig liegen. Ich konnte nicht aufhören, sie anzuschauen. Dann geschah etwas Außergewöhnliches. Eine Libelle, die seit Stunden um den Tümpel gehuscht war, landete plötzlich direkt auf dem Kopf der Klapperschlange. Die gespaltene Zunge der Schlange schnellte aus ihrem Maul, die Libelle erhob sich, schwebte kurz über der Schlange und kam gerade auf mich zugeflogen. Die rasche Bewegung ließ mich zusammenzucken, aber sie landete auf meiner Stirn, direkt zwischen meinen Augen, blieb dort nur einen Moment sitzen und flog dann bachabwärts davon. Ich wußte, daß die Libelle die Schwester war, auf die ich gewartet hatte.

Vorsichtig stand ich auf und ging fort. Ich ließ Tabak für die Schlange und die Libelle zurück, sammelte eilig meine Sachen, warf mir mein Bündel über die Schulter und machte mich auf den Weg. Als ich mich umschaute, schlief die Schlange noch immer am Wasser.

Mit fortschreitendem Nachmittag hatte sich das Sonnenlicht golden verfärbt. Im Dahinwandern wurde mir klar, daß meine Sehnsucht nach Red Dog verflogen war. Tränen der Dankbarkeit flossen mir über die Wangen, und ich fing an zu rennen. Ich konnte nicht erwarten, es Agnes zu erzählen.

Als ich die Hütte erblickte, stieß ich ein Wolfsgeheul aus. Agnes kam auf die Veranda und blieb dort stehen – von einem Ohr bis zum andern grinsend. Ich sprang auf sie zu, wir umarmten uns mit einem gewaltigen Bärenkuß und gingen hinein. Ich ließ mich auf den Stuhl fallen und trank eine Tasse Wasser.

Agnes fragte mich, was geschehen sei, und ich schilderte ihr das Erlebnis am Weiher.

«Sag mir bitte, was das zu bedeuten hat», bat ich sie aufgeregt. «Ich kann diese Veränderung meiner Gefühle gar nicht glauben. Was war das für ein Alptraum!» Und ich fügte hinzu: «Ich werde es Red Dog heimzahlen.»

Agnes lachte mich an. «Ja», sagte sie. «Diese Medizin-Libelle ist deine Schwester. Sie ist die Hüterin und Beschützerin Quetzalcoatls. Alle Geschöpfe, die einen Winterschlaf halten, etwa der Bär und die Schlange, sind Träumer. Sie schlafen lange und träumen. Deine Schwester Libelle sah deine Betrübnis, und sie brachte dir Macht von der Träumerin – in dein drittes Auge der Visionen. Sie zog diese Besessenheit aus dir heraus. So einfach ist das.»

«Deine Erklärung erscheint mir gar nicht so einfach. Aber mein Verstand gehorcht mir wieder, wenigstens für den Augenblick.»

«Ich wette, jetzt könntest du einen Tee vertragen», sagte Agnes.

Ich nickte. Eine Weile unterhielten wir uns und lachten miteinander. Dann bereiteten wir gemeinsam das Abendessen. Es war tröstlich, wieder zu Hause zu sein.

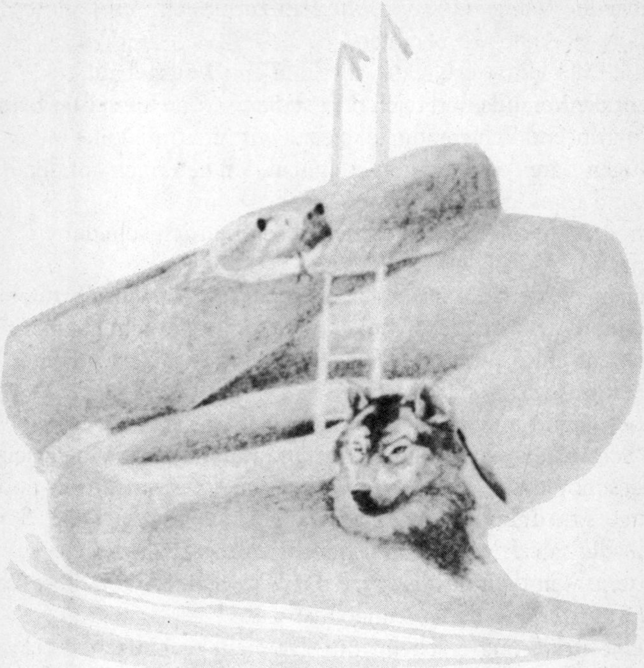

Alle wahren Zauberer verstehen es, Macht zu stehlen.

– Agnes Whistling Elk –

Mein Glück war nur kurzlebig. Vor Anbruch der Dämmerung erwachte ich mit einer Gedankenflucht von Bildern im Kopf, die sich um meinen Tod durch Red Dogs Hand drehten.

«Agnes», flüsterte ich. «Agnes.»

Sie antwortete nicht. Es war das erste Mal, daß ich vor ihr erwacht war. Ein trostloses, bleiches Morgenlicht warf erste graue Schatten auf den Bretterboden, und draußen hüllten ausgefranste Nebelschwaden die Bäume ein. Es war totenstill. Mein Schlafsack war feucht, und meine Haut fühlte sich an wie in Isolierdecken gehüllt. Ich war mutlos. Ich wußte, nie würde es mir gelingen, etwas zu lernen. Nie würde ich den Hochzeitskorb stehlen. Und wie sollte ich jemals in meinem alten Leben wieder glücklich sein? Meine Perspektive hatte sich völlig verändert, und doch war diese Medizin-Welt für mich unerreichbar. Diese Welt war zu gewalttätig, und ich würde niemals fähig sein, all das zu lernen, was Agnes von mir verlangte. Ich drehte mich um und schluchzte in mein Kissen.

«Warum weint Poor Cow so früh am Morgen?» fragte Agnes und drehte sich, den Ellbogen aufgestützt, auf die Seite.

«Agnes, ich werde niemals fähig sein, Red Dog den Hochzeitskorb zu stehlen», heulte ich. «Er wird mich vernichten.»

«Und was fehlt dir sonst?»

«Ich bin so dumm.»

«Sonst noch etwas?»

«Ich kann gar nicht begreifen, wie ich überhaupt in diese Situation hineingeraten bin. Ich kann es nicht glauben.»

Agnes stand auf und öffnete das Fenster, um den Nebel einzulassen. Sie setzte Wasser aufs Feuer.

«Lynn, hör auf, dich zu bedauern, und hör mir zu. Wir müssen heute eine Menge lernen. Wir haben nicht mehr viel Zeit, also paß gut auf. Sag mir nichts mehr, Poor Cow. Stirb an deinen Erinnerungen. Trinke von dem Wasser, wo die schlafende große Luchskatze im Mondschein lauert. Vergiß, daß jemand dir Macht gegeben hat. Dann werden die Wasser-Kinder daherkommen und dich fragen: ‹Woher hast du die Macht, Dinge zu deuten?›»

Ich wischte meine Tränen ab und kuschelte mich in die Decke. «Agnes, die meiste Zeit versteh ich dich nicht. Was redest du da schon wieder? Warum nennst du mich plötzlich Poor Cow?»

Schniefend beobachtete ich, wie sich die Nebelschwaden durch das offene Fenster ringelten. Agnes setzte sich und schaute mich aufmerksam an, dann schwang sie langsam ihren Arm vor und öffnete die Hand, als wollte sie mir etwas ins Gesicht werfen. «Das nennt man: dem Büffel Sand in die Augen werfen, bevor man ihn tötet, Poor Cow. Du willst nicht, daß der Büffel die Gabe sieht.»

«Was willst du damit sagen, und warum nennst du mich schon wieder Poor Cow?»

«Weil du die Gabe nicht verstehst.»

«Wer war Poor Cow?»

«Poor Cow war ein Mann. Es hat nichts zu sagen, daß er ein Mann war. Es hätte auch eine Frau sein können. Heute morgen bist du wie er. Er lief die ganze Zeit im Dorf herum und hatte Mitleid. ‹Ach, ach, Dark Sparrow hat keine Mokassins mehr.› ‹Ach, der arme Young Bull, er hat nicht mal eine warme Decke.› ‹Oh, der arme Yellow Eyes hat ein lahmes Bein.› ‹Oh, oh, ich Armer, ich bin so unglücklich.›

Poor Cow begegnete Twin Coyotes, dem Medizinmann. Noch immer lief er herum und sagte: ‹Der arme Dies, der arme Das.› Wohin er schaute, überall sah Poor Cow etwas Trauriges. Twin Coyotes sagte: ‹Hey, Poor Cow, wo ist dein Schatten?› Poor Cow schaute vor seine Füße, und da war kein Schatten auf dem Boden. Er war nicht da. Poor Cow hatte seinen Schatten verloren. ‹Ich habe keinen›, sagte er. ‹Meinst du nicht, du solltest ihn suchen gehen?› fragte Twin Coyotes. ‹Ja›, sagte Poor Cow. ‹Ich will nicht ohne einen Schatten herumlaufen. Ich will ihn suchen.›

Poor Cow lief durch das Dorf und suchte seinen verlorenen Schatten. Er schaute in allen Tipis nach und tat sich furchtbar leid. Er konnte ihn nirgends finden. Eines Tages traf ihn Twin Coyotes, und er sagte: ‹Hey, Poor Cow, hast du deinen Schatten gefunden?› Poor Cow sagte: ‹Nein, ich konnte ihn nicht finden. Ich geb es auf.› ‹Hast du es schon bei der Schwitzhütte versucht?› sagte Twin Coyotes. ‹Vielleicht hast du ein Schwitzbad genommen und ihn dort vergessen.› ‹Ich werde gleich nachsehen›, sagte Poor Cow. Sofort lief Poor Cow zur Schwitzhütte. Er ging hinein und fand seinen Schatten. Am Schluß ging der Ausrufer durch das Dorf. ‹Gute Nachricht›, rief er. ‹Poor Cow hat in der Schwitzhütte seinen Schatten gefunden. Poor Cow ist tot.›

Diese Geschichte erzähle ich dir, weil du wie Poor Cow bist. Du siehst so viele Dinge, die unwichtig sind. Und Dinge, die sehr wichtig sind, bemerkst du nicht.

«Du hast recht», sagte ich. «Ich bin ein Poor Cow, nicht wahr? Ich hab so oft Mitleid mit mir und der ganzen Welt.»

Meine Depression besserte sich. Ich stand auf und aß ein Stück Speck und ein paar Nüsse. Dann trank ich meinen Tee und dachte eine Weile nach.

Schließlich sagte Agnes: «Du hast etwas über deinen Feind erfahren, und du hast etwas über deinen Gegner erfahren. Die Kräfte in Beverly Hills sind dieselben, wie die Kräfte heute am Tümpel. In deiner Welt nennt man sie psychische Krankheit und Tod.»

«Sind Gegner und Feind nicht dasselbe?» fragte ich.

«Hm, du hast eine Menge Feinde – Krebs, Krankheiten, all die Dinge, die du abwehren mußt, als wären es böse Menschen, die deinen Untergang wollen. Einen Gegner zu haben, ist etwas Großes.»

«Was willst du damit sagen?»

«Nehmen wir an, du bist Schriftstellerin, und du wählst dir Anaïs Nin, jene Dame, mit der du einmal gesprochen hast, als deine würdige Gegnerin. Du versuchst, sie an Kreativität und Ideen zu übertreffen. In gewissem Sinn erkennst du dich in ihr wieder. Du willst nicht, daß sie scheitert – du würdest dein Vorbild verlieren. Und was wollen Medizinmänner und -frauen von dir? Sie wollen sich dir geben, bis du Macht genug hast, um für einen anderen würdigen Krieger eine würdige Gegnerin zu sein.»

«Hat Gegnerschaft etwas mit Konkurrenz zu tun?» fragte ich.

«Ich sagte dir doch, daß die Welt überall ziemlich die gleiche ist. Konkurrenz ist die häßliche Schwester der Gegnerschaft. Bei wahrer Gegnerschaft kann es nicht darum gehen, ob man gewinnt oder verliert, du kannst nur davon profitieren. Wenn du dich aber der Hoffnung hingibst, du und der Gegner, ihr könntet euch gegenseitig helfen und unterstützen, dann kannst du viel verlieren. Auf deinen Gegner kannst du dich nicht verlassen. Du kannst dich nur auf dich selbst verlassen. Niemand wird dich retten. Ein Gegenspieler, ein Heyoka, sieht die Welt als Gegensatz, und er hat gelernt, das innere Mond-Tipi nicht von dem äußeren Sonnen-Tipi zu trennen. Du darfst mit nichts und niemandem konkurrieren?»

«Kann man mit dem Tod konkurrieren.»

«Nein. Du kannst nur den Tod als Gegner annehmen. Konkurrenz ist selbstsüchtig. Gegnerschaft aber adelt.»

Sie hielt inne. Ihre Augen strahlten mich an. «Wie willst du mit dem Winter konkurrieren?» fragte sie.

«Nein, das kann man nicht», sagte ich.

«Aber du kannst den Winter auf würdige Weise als Gegner annehmen. Und da sind wir schon wieder bei den Geistern. Irgend jemand träumt sich eine Fernseh-Serie zusammen – alle konkurrieren, um das Beste daraus zu machen, aber sie hören dabei nicht auf, die Einzigartigkeit des Traumes zu ehren. Ich kann tagelang hier sitzen und versuchen, dir ein Gleichnis für die Wahrheit zu geben. Ich kann eine Ewigkeit lang versuchen, dich aufzuwecken. Aber du mußt bereit sein, die Erde zu essen und zu trinken, die Sonne und das Universum, um zu wissen, daß all diese Dinge in dir sind.»

Agnes wiegte ihren Kopf. Meine Depression war verflogen. Ich hatte Lust, den ganzen Tag durch die Gegend zu streifen und über die Dinge nachzudenken, die sie mir gesagt hatte – aber Agnes ließ es nicht zu. «Komm mit», sagte sie. «Zieh diesen Pullover an. Wir wollen einen Spaziergang machen.»

Ich fing an, Einwände zu machen.

«Steh auf», beharrte Agnes und zog mich auf die Füße.

«Wohin gehen wir?» fragte ich, als wir draußen standen. Sie gab mir einen Wink mit den Augen, und ich folgte ihr auf dem Pfad zum Dead Man's Creek hinab.

Die diesige Luft war kühl und erfrischend, der Wald noch in Nebel gehüllt. Im Schatten der alten Bäume sproßten junge Schößlinge. Agnes bog plötzlich vom Weg ab und ging auf eine junge Esche zu. Sie bog sie behutsam herab und winkte mich herbei, um sie anzusehen.

«Normalerweise wäre dies die Sorte von jungen Bäumen, die man suchen muß, aber so können wir es nicht machen. Es dauert ein bis zwei Wochen, sie zu trocknen.»

«Was soll aus diesem Baum werden?» fragte ich. «Ein Bogen? Oder ein Schild?»

«Eine Pfeife – als Gabe. Du sollst sie machen.»

Ich konnte mir nicht vorstellen, daß ich fähig wäre, eine Pfeife anzufertigen, und ich sagte es ihr.

«Paß nur gut auf», sagte Agnes. Sie klang ungeduldig. Rasch lief sie durch den Nebel zur Hütte zurück, und ich folgte ihr. Bevor wir eintraten, griff sie nach einem zurechtgeschnittenen, trockenen Baumsprößling, der an der Wand der Hütte hing. Er sah aus wie jener, den sie mir eben gezeigt hatte, nur daß er schon gekürzt und entrindet war. Drinnen legte sie das Stück Holz auf den Tisch.

«Setz dich», befahl sie mir sehr feierlich.

Sie kramte in ihrer Truhe und kehrte mir den Rücken zu. Plötzlich aber drehte sie sich um und wirbelte ein Jagdmesser durch die Luft. Es blieb im Tisch stecken, nicht einen Fußbreit von meiner Hand entfernt. Ich zuckte zusammen.

«Du hast nicht aufgepaßt. Schäle die restliche Rinde ab. Schabe das Holz gleichmäßig mit der Klinge.»

Ich getraute mich nichts mehr zu sagen. Meine Hand zitterte, als ich das Messer aus der Tischplatte zog und vorsichtig zu schnitzen anfing. Die Rindenreste gingen leicht ab.

«Gut. Schneide jetzt am einen Ende einen kleinen Ring ein – so, schau her.» Sie schnitt eine Kerbe und gab mir das Messer zurück. «Na, mach weiter. Ich will derweil Wasser kochen und Tee machen.»

Agnes beobachtete mich zwanzig Minuten lang bei der Arbeit, mir von Zeit zu Zeit Anweisungen gebend. Dann ging sie zu ihrem Regal, zog einen sehr schönen Pfeifenkopf aus Speckstein hervor und zeigte mir, wie er am Stiel zu befestigen sei.

«So, Lynn», sagte sie und gab mir einen Draht-Kleiderbügel. «Nimm das und klopf es gerade.»

Zehn Minuten lang bearbeitete ich den Kleiderbügel mit einer Zange und dem Absatz meines Turnschuhs, bis der Draht ziemlich gerade war. Ich zeigte Agnes mein Werk.

«Mach ihn im Ofen heiß», sagte sie. «Rotglühend.»

Ich tat, wie mir geheißen, wobei ich den geradegeklopften Kleiderbügel mit einem Handtuch festhielt. Als der Draht rotglühend war, nahm ich ihn heraus. Ich fragte mich, was ich damit anfangen sollte.

«Jetzt halte den Stiel fest und stoße den Draht durch den Kern, um das Mark auszubrennen. Richtig so. Der Draht geht ganz leicht hindurch, weil er so heiß ist.»

Tatsächlich konnte ich das Mundstück ohne allzuviel Mühe aushöhlen.

«Recht gut», sagte Agnes. «Jetzt leg den Draht weg, setz dich und fang an, den Stiel flacher zu schnitzen.»

Agnes lächelte, und wir waren beide vergnügt. Sie legte einen kleinen, handgemachten Perlen-Stickrahmen vor mich auf den Tisch und mehrere Gläser voll Perlen in verschiedenen Farben. Dann kamen allerlei Lederreste und Riemen sowie Daunen und Federn.

«Wenn du mit dem Schnitzen fertig bist, machst du mit diesen Perlen ein Muster, ganz wie es dir gefällt, und verzierst ein paar Zoll des Mundstücks mit Perlenstickerei. Du kannst dir auch ein paar Federn aussuchen und sie hier anhängen.» Sie tippte mit dem Finger auf die Spitze des Mundstücks.

Ich war begeistert über die Aufgabe und vertiefte mich ganz hinein. Ich beschloß, ein Zickzack-Muster aus türkisfarbenen, gelben und roten Perlen zu entwerfen, am Rand mit dunkelblauen Perlen abgesetzt. Bis zum Spätnachmittag schaute ich nicht von der Arbeit auf – als plötzlich Flötenklänge durchs offene Fenster hereinschallten. Im nächsten Moment platzte Ruby wütend durch die Tür.

«July geht es schlecht – wirklich schlecht», sagte sie zu Agnes, ohne mich zu beachten.

Die Musik draußen vor der Hütte klang wirklich schwach.

Ich stand auf und lief hinaus. Dort auf der Veranda hockte July, den Rücken gegen die Wand gelehnt; sie schien halb tot und erschreckte mich nicht minder als Ruby. Ich zog mich in die Hütte zurück – gefangen zwischen einer verrückten alten Frau und einer halbtoten jungen.

«Kann ich etwas für sie holen?» fragte ich beunruhigt.

«Nur ihren Geist – das ist alles», keifte Ruby mich an.

«Na, na, Ruby», sagte Agnes und legte ihr die Hand auf die Schulter. «Fauchen und spucken hilft auch nicht weiter. Komm, gönnen wir uns einen Spaß.» Sie sah mich an. «Nimm deine Jacke, Lynn. Wir wollen zu Red Dog gehen und ihn gewaltig in den Hintern treten. Du brauchst nur zu tun, was ich dir sage, und dich sonst abseits zu halten.»

Wir stellten July etwas zu essen und Wasser hin, und dann machten wir drei uns im Laufschritt auf den Weg. Die beiden alten Frauen sprangen wie junge Mädchen. Erst jetzt dämmerte mir, daß wir einer Art Konfrontation mit Red Dog entgegeneilten.

«Oh, mein Gott», schrie ich. «Red Dog.»

Agnes und Ruby, die vorausliefen, blieben wie angewurzelt stehen, bis ich sie einholte.

«Was haben wir vor?» fragte ich.

«Still, du Närrin», sagte Agnes. «Willst du's hundert Meilen im Umkreis hinausschreien, damit Red Dog erfährt, daß wir kommen?»

«Nein», flüsterte ich erschrocken.

Agnes und Ruby warfen mir böse Blicke zu. Ruby kniff mich in den Arm und sagte: «Niemals reden. Nur wissen, was du tust, und zuschlagen.» Der Schmerz in meinem Arm ließ mich zusammenzukken.

Wir liefen wieder los und rasteten nicht eher, als bis wir gute hundert Meter von Red Dogs Hütte entfernt waren. Dann erst verlangsamten wir unsere Schritte und suchten Deckung.

Streng flüsterte Agnes mir ins Ohr: «Du und ich, wir verstecken uns hinter den Bäumen dort. Du mußt ganz mit der Umgebung verschmelzen und darfst keinen Muskel rühren, bis ich's dir sage.»

Wir waren nur noch etwa dreißig Meter entfernt. Agnes gab Ruby ein Handzeichen. Hinter meinem Baum versteckt, beobachtete ich, wie Ruby zur Hütte hinunterschlenderte, sich bückte und eine Handvoll Steine aufsammelte. Sie zögerte einen Moment, und dann fing sie an, Steine auf das Blechdach zu werfen. Jeder traf und verursachte ein großes Geklapper.

Red Dog steckte den Kopf durch die Tür.

«Wer, zum Teufel, macht diesen Radau?» rief er.

Ruby versuchte gar nicht, sich zu verstecken. Vielmehr begann sie, hysterische, gluckernde Laute auszustoßen und wie ein Truthahn im Hof auf und ab zu stolzieren.

Red Dog kam barfuß ein paar Schritte auf die Veranda hinaus, noch immer ungepflegt und in den gleichen Khaki-Hosen und der schmutzig-olivgrauen Jacke. Hinter ihm spähten Ben und Drum ängstlich durch die Tür. Ich sah sogar die roten Haare auf Red Dogs Brust. Ich prüfte meine Gefühle für ihn. Nichts war geblieben außer Abscheu.

«Ruby, zum Teufel, scher dich weg von meinem Grundstück!» brüllte er. Seine Stimme ließ den Wald beben.

Wieder warf Ruby einen Stein. Ein guter Treffer aufs Dach – es klang, wie wenn man auf eine Mülltonne trommelt.

«Du kannst von Glück sagen, daß ich deinen Schuppen nicht niederbrenne», kreischte Ruby. Sie hob ein Brett auf und schmetterte es auf den rostigen, alten Pflug. «Du hast meine Drahtzange gestohlen. Und erzähle mir nicht, du seist es nicht gewesen!»

«Ich hab deine Drahtzange nicht gestohlen, du alte Hexe», schrie Red Dog zurück. «Und jetzt verschwinde, verflucht nochmal.»

«Das wird dir leid tun, du Hund. Ich werde dir die Reservatspolizei auf den Hals schicken. Die sollen mir meine Drahtzange wiederbringen.»

«Tu das nur, wir werden sehen, was passiert. Ich werde ihnen erzählen, was du getan hast.»

«Wage es nicht», schrie Ruby und warf wieder einen Stein – diesmal gegen das Fenster. Er traf das Fensterbrett und prallte gegen die Scheibe. Sie ging in Scherben.

«Ich werde dir beibringen, Drahtzangen zu stehlen, die dir nicht gehören.»

Ich konnte es nicht fassen. Da waren ein mächtiger Zauberer und eine Medizinfrau, die sich wegen einer Drahtzange in die Haare gerieten. Es war absolut sinnlos.

Ruby schleuderte eine leere Cola-Flasche. Sie landete am Fuß der Veranda, knallte auf einen Stein und explodierte. Scherben flogen in alle Richtungen. Red Dog sprang zurück, und Ben und Drum zogen sich ganz in die Hütte zurück.

Ruby war unglaublich. Obwohl blind, wußte sie irgendwie die Entfernung zwischen ihrem Standort und den bröckeligen Steinen abzuschätzen, die das Fundament von Red Dogs Veranda bildeten.

Die Scherben der Flasche landeten im Halbkreis knapp vor Red Dogs Füßen, ohne sie direkt zu berühren. Solch eine Treffsicherheit war kein Zufall. Durch ihre Blindheit war Ruby nicht im mindesten behindert. Sie neigte den Kopf zur Seite – wie eine alte Krähe mit schiefgerecktem Schnabel. Ihre düsteren Augen, nie unmittelbar auf Red Dog gerichtet, wirkten im fahlen Licht kalt und starr.

«Ich weiß, daß du irgend etwas im Schilde führst, Ruby», brüllte Red Dog. Er fuchtelte mit dem Arm. «Verflucht, hau doch endlich ab!»

Er ging in die Hütte zurück und schlug die Tür zu.

Jetzt aber legte Ruby erst richtig los. Sie stieß hohe schrille Vogelschreie und gackernde Laute aus, sie stolzierte wie ein Truthahn auf und ab. Stein um Stein krachte auf das Dach. Schließlich wurde die Tür aufgerissen, und Red Dog kam wieder zum Vorschein – schäumend vor Wut. Sein Gesicht war gerötet und bedrohlich verzerrt, sein roter Bart und sein Haar sträubten sich in alle Richtungen. Unwillkürlich schauderte ich, obwohl ich gut versteckt war. Agnes sah aus wie der Baum, hinter dem sie sich versteckt hielt.

«Dies ist mein Grundstück, Ruby», kreischte Red Dog. «Und ich rate dir, zu verschwinden.»

Ruby kreischte zurück: «Ha, was hast du überhaupt verloren hier im Reservat? Warum wohnst du nicht bei den anderen Weißen? Niemand von uns Indianern kann dich leiden. Du stinkst, du lausiger Wasichu.»

«Es geht dich nichts an, wo ich wohne», polterte Red Dog. «Ich kann wohnen, verdammt nochmal, wo ich will.»

«Gib mir meine Drahtzange!»

«Selbst wenn ich sie hätte, würde ich sie dir nicht geben.»

«Ich werde deine gottverdammte Scheune anzünden.»

«Versuch es nur, dann wird's 'ne tote alte Dame geben.»

Ben und Drum, hinter Red Dog geduckt, nickten zustimmend. Red Dog schäumte vor Wut, aber Ruby anscheinend nicht minder.

«Hau ab, Ruby», brüllte Red Dog. «Alle wissen, daß du total verrückt bist. Und sie haben recht.»

«Leck' mich am Arsch!» röhrte Ruby.

Sie stampfte hinter die Hütte und riß die Tür zu Red Dogs Werkzeugschuppen auf. Drinnen klapperte sie hektisch herum. Die Männer, Red Dog an der Spitze, taten ein paar zaghafte Schritte auf sie zu.

«Wußte ich's doch», schrie sie. «Ich hab sie gefunden.»

Ihre Beute schwingend, stolzierte sie auf den Hof hinaus.

«Das ist meine Drahtzange», sagte Red Dog rasch. «Ich hab sie letzten Sommer in Brandon im Ausverkauf erworben. Ich hab sie nicht gestohlen.» Er machte einen Schritt vorwärts, blieb aber auf der Veranda. «Und außerdem ist das keine Drahtzange, du blöde alte Hexe. Das ist eine Holzzwinge. He, Drum, ist das nicht eine Zwinge?»

«Yeah», sagte Drum mit heiserer Stimme. «Klar, ich erinnere mich.»

«Zeige ein bißchen Respekt vor mir», schrie Ruby. «So leichtgläubig bin ich nicht. Mir ist egal, was das ist. Es ist mein Eigentum!»

Red Dogs Stimme polterte: «Und überhaupt, was will ein altes Weib wie du mit einer Drahtzange anfangen?»

«Ich will einen hohen Zaun um meine Hütte bauen, um Werkzeugdiebe wie dich abzuhalten.»

«Gib mir die Drahtzange sofort wieder, sonst werd' ich ...»

«Na, was wirst du?»

«Ich werd' sie dir wegnehmen!»

«Das sieht dir ähnlich, einer blinden alten Frau etwas wegzunehmen, was du ihr sowieso gestohlen hast.»

«Was, du alte ...» brüllte Red Dog.

Er stampfte mit dem Fuß auf und drosch mit der Faust gegen die Wand seiner Hütte.

Ruby drehte sich um und stapfte trotzig auf die Straße hinaus. Sie wackelte mit den Hüften und reckte die Zwinge hoch in die Luft.

«Kommt», rief Red Dog Ben und Drum zu. «Das dürfen wir uns nicht von ihr gefallen lassen.» Sein Gesicht war noch tiefer gerötet und seine Augen sprühten Funken. «Wir machen sie fertig.»

Die drei Männer stolperten auf die Straße und hetzten hinter Ruby her. Sie brüllten und kreischten aus vollen Lungen. Die Hüttentür stand weit offen.

Ich drehte mich nach Agnes um und wollte sie fragen, ob wir nicht Ruby zu Hilfe eilen sollten. Eben war sie noch dagestanden – jetzt war sie verschwunden. Gerade noch rechtzeitig schaute ich wieder hin und sah, wie sie in der Hütte verschwand. Es war, als hätte sie einen Sprung von dreißig Metern getan und sei lautlos auf der Veranda gelandet. Jetzt tauchte sie wieder auf, nur einen Bruchteil des Türrahmens füllend. Ihr Gesicht zeigte ein böses Grinsen, und sie hielt eine Kalebasse in der Hand. Dann schien sie aus der Hütte vorzuschnellen – und stand plötzlich wieder neben mir. Ich war so entsetzt, daß mein Magen sich zusammenkrampfte. Ich wollte mich übergeben, aber bevor ich eine Bewegung machen konnte, schlug Agnes mich auf die Backe.

«Das wird dir nichts nützen. Sei eine Kriegerin», befahl sie.

Wir rannten zu Agnes' Hütte – schneller als ich je gerannt bin. Ohne Vorwarnung lief plötzlich Ruby neben uns. Es geschah so unerwartet, daß ich furchtbar erschrak.

«Hast du sie?» fragte Ruby Agnes.

«Ja», keuchte Agnes. Sie berührte die andere mit einer kleinen, perlenbesetzten Kalebasse.

Die schmale Wegschneise hallte vom teuflischen Gelächter der beiden wider. Als wir auf Agnes' Hof einbogen, warfen wir uns auf die Erde. Ich lachte hysterisch.

«Du hättest Red Dogs Gesicht sehen sollen, als er dich verfolgte.» Agnes zeigte mit dem Finger auf Ruby. «Du schlaues Weib.» Wieder lachten sie schallend. Sie schlugen sich auf die Schultern und klopften sich den Rücken und beglückwünschten sich gegenseitig. Sie hopsten auf und ab, warfen sich auf den Boden und kugelten sich.

Ich wurde schlagartig ernst. «Ruby, wie bist du ihnen entkommen?»

«Ich ließ sie glauben, sie hätten mir Angst eingejagt. Ich ließ die Zwinge fallen und rannte davon.»

«Aber, wird Red Dog nicht deine Hütte verwüsten?» fragte ich besorgt.

Ruby und Agnes starrten mich an. «Nein, das wäre arglistig», sagte Ruby nachdenklich. «Dabei ist nichts für ihn zu gewinnen. Ich würde seine Hütte nicht verwüsten. So jemand bin ich nicht.»

«Ja, aber heute abend hast du's getan.»

«Nein», sagte Ruby. «Wir haben uns nur etwas geholt, was July gehört. Der Geist eines Menschen gehört niemand als ihm selbst. Jede Konfrontation mit Red Dog ist eine Herausforderung an seine persönliche Macht, weißt du, Lynn», sagte Agnes.

«Ich weiß nicht», sagte Ruby. «Manchmal wird es aber lästig.»

Ich war völlig verwirrt, aber ich mußte wieder lachen.

Plötzlich erinnerten wir uns – alle im gleichen Moment – an July. Wir drehten uns um und schauten sie an. Sie hockte noch immer an derselben Stelle, nur ihr Teller und ihr Wasserglas waren umgeworfen. Mit schwachen Atemzügen blies sie Luft in die Flöte. Ihre Augen waren trübe.

«Wir müssen es ihr wiedergeben», sagte Agnes. «Das gespiegelte Bild wiedererwecken.»

Ruby und Agnes beugten sich über July und führten sie in die Mitte des Hofes. Sie war ganz folgsam.

Ruby machte sich aufgeregt an July zu schaffen und drehte sie mit dem Gesicht nach Westen. Die Sonne war schon hinter den Hügeln untergetaucht, aber noch leuchtete ein letzter, verblassender Lichtstreif. Ruby faßte July um die Hüfte und geleitete sie an eine bestimmte Stelle. Agnes schritt gleich hinter ihr.

Die alten Frauen machten sich bedächtig ans Werk. Als alles bereit zu sein schien, gab Ruby Agnes ein Zeichen. Agnes trat hinter July und hob die Kalebasse über ihren Kopf. Ruby preßte ihre Hand auf den Bauch des Mädchens, Agnes faßte die Kalebasse, wie um sie auszuwringen, und ich hörte einen scharfen Knall – wie von einem Pistolenschuß. Ein Rauchfähnchen kreiselte um Julys Kopf, und es schien, als würde es durch einen straff gespannten Silberfaden nach innen gezogen.

Zum zweitenmal an diesem Abend krümmte ich mich vor Schmerzen.

«Lauf, und hol eine Decke für July», rief Agnes mir zu.

Ich wankte zur Hütte und holte eine Decke von Agnes' Bett. Sie legte sie July um die Schultern. Jetzt hielten sie das Mädchen an beiden Armen und führten es auf dem Hof hin und her. Dabei flüsterten sie ihr leise Ermunterungen zu.

«Was ist vorhin geschehen?» fragte ich.

«July ist von einer Seite zur anderen gegangen», sagte Agnes schlicht.

«Laß dich nie wieder mit diesem verdammten Red Dog ein», sagte Ruby streng zu July.

July hielt ihren Kopf zwischen den Händen. Sie war nicht wiederzuerkennen. Sie schluchzte leise.

Dann leuchteten ihre Augen auf, und sie fing an zu lächeln. «Ich konnte nicht zurück. Gibt es etwas zu essen?»

«Lynn, hol etwas Dörrfleisch für July», sagte Agnes.

Wir gingen alle zur Hütte.

«Was ist das da?» fragte July und hob ihre liegengelassene Flöte vom Boden auf.

«Oh, nein», schrie Ruby. Sie riß ihr die Flöte aus der Hand, brach sie übers Knie und schleuderte die Stücke in die Luft.

July zuckte die Schultern.

Plötzlich rauschten dunkle Schwingen durch die Luft. Eine Krähe landete auf Julys Schulter und krächzte ihr laut ins Ohr.

Agnes drehte sich zu mir um. «Crow ist dauernd herumgeflogen und hat Julys verlorenen Geist gesucht. Es ist ihr Vogel. Jetzt sind sie wieder vereint. Wir alle sollten uns freuen.»

In der Hütte aß July mit einem Bärenhunger. Als sie fertig war, wurden wir miteinander bekanntgemacht. Ich spürte, daß sie manche Dinge wußte, die ich noch lernen mußte.

Später am Abend, nachdem Ruby und July gegangen waren, lag ich reglos in meinem Schlafsack und fragte mich, was wohl als nächstes meiner harrte. Ich verstand gar nichts mehr.

Nur eines wußte ich genau: daß ich noch immer den Hochzeitskorb besitzen wollte.

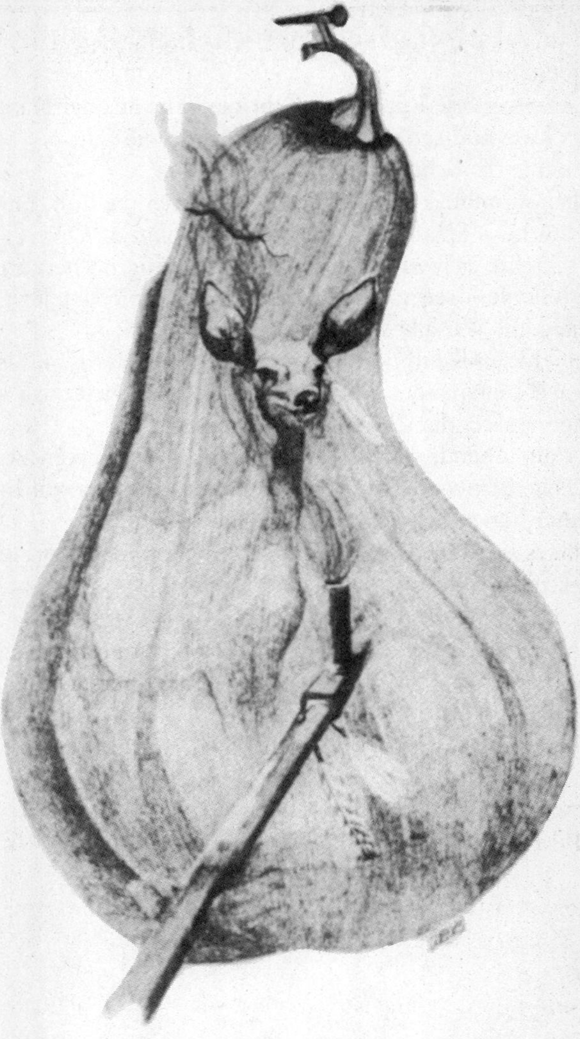

Ich lasse dich im Spiegel des Schöpferischen zurück, im Kontakt mit dem Weltkreis.
– Hyemeyohsts Storm –

Agnes rüttelte mich sachte wach. Es war stockfinstere Nacht. Als Agnes die Lampe angezündet hatte, sah das Fenster aus, als wäre ein schwarzer Vorhang vorgezogen. Agnes' Blick verriet mir, daß mir eine unmittelbare Herausforderung bevorstand. Als ich meine Jeans anzog, merkte ich, daß meine Finger zitterten.

«Red Dog wird ziemlich sauer sein, falls er dich erwischt, wie du um seine Hütte schleichst», sagte sie wie selbstverständlich.

Mein Magen drehte sich um. «Da bin ich mir sicher.»

«Er dürstet nach Rache. Du mußt sehr vorsichtig sein. Er kennt Millionen Tricks. Du hast gesehen, was er mit July machte – sie ist knapp mit dem Leben davongekommen. Du darfst nichts tun und keine Entscheidung treffen, ohne mich vorher um Rat zu fragen. Du kannst weiterhin auf eine Chance lauern, aber versuche nicht, den Korb zu holen. Hast du verstanden?»

«Du meinst, ich solle mich keinen Schritt der Hütte nähern, ohne dich zuerst zu fragen?»

«Richtig. Du kannst dir keinen weiteren Fehler leisten.»

«Und doch willst du, daß ich hingehe und auf eine Gelegenheit warte?»

«Ja, aber selbst wenn Red Dog dir den Hochzeitskorb vor die Nase stellt – komm zurück und frage mich, bevor du ihn zu nehmen versuchst.»

«Warum muß ich hingehen, wenn ich doch zu machtlos bin, um ihn zu nehmen?»

«Hingehen und beobachten, das ist eine Probe deiner Fähigkeit und deines Willens als Kriegerin. Laß dich aber nicht in deinem Versteck erwischen. Dieser Kampf ist sehr ernst geworden. Es geht um Leben und Tod.»

Ich holte tief Luft und setzte mich zu einem knappen Frühstück an den Tisch. Ich mußte mich zwingen, etwas hinunterzuwürgen. Ich dachte an die vielen Tage, die ich spionierend vor der Hütte gelegen hatte, um den Korb zu stehlen. Mein Ziel schien in immer weitere Ferne zu rücken.

«Warum schickst du mich so früh hinaus?»

«Red Dog ist ein Langschläfer und Spätaufsteher, und vielleicht spürt er um diese Zeit deine Anwesenheit nicht. Er ist so verdammt unberechenbar. Mir fällt nichts anderes mehr ein.»

Zum erstenmal erlebte ich, daß Agnes ihrer Sache unsicher schien. Sie stieß ihren Stuhl zurück, stand auf und ging langsam hin und her. «Ich hoffe nur, Lynn, daß ich dir den richtigen Rat gebe. Ich weiß einfach nicht mehr, was du tun sollst. Eines ist sicher: Wenn sie dich in die Enge treiben, halte deinen Ohrring fest und lauf um dein Leben. Bist du dir sicher, daß du diesen verrückten Korb haben willst?»

«Agnes, was soll die Frage. Natürlich will ich den Korb.»

«Vielleicht verkalke ich schon, Lynn.» Sie schüttelte den Kopf. «Es wäre für mich viel leichter, wenn du in Drei-Teufels-Namen nach Beverly Hills zurückfahren würdest.»

«Agnes, was ist mit dir los?»

«Geh doch endlich, hol dir diesen Korb und komm nicht wieder, bevor du ihn hast.»

«Agnes, du hast mir doch eben gesagt, ich dürfe nichts tun, ohne dich zuerst um Rat zu fragen.»

«Hm, wenn ich das gesagt habe, solltest du's auch tun.»

Ich spürte ein seltsames Prickeln am ganzen Leib. «Bitte, verwirre mich nicht, Agnes. Bitte!»

Sie antwortete in Cree.

«Agnes, ich weiß nicht, was du da sagst. Bitte tu sowas nicht.» Ich geriet völlig in Panik.

Agnes antwortete nicht. Sie fing an, mir Zeichen zu geben – sie gebrauchte die Zeichensprache! Ich sprang auf sie zu und rüttelte sie. Sie wirkte schlaff.

«Lynn! Lynn!» rief Agnes laut. «Red Dog greift mich an. Tu das, was ich dir zuerst sagte. Komm wieder her. Ich hoffe, ich bin noch am Leben, wenn du kommst.»

«Kann ich etwas für dich tun?» rief ich.

«Ja, du kannst gehen. Jetzt gleich. Laß dich nicht umbringen.»

Ich zog einen braunen Pullover an und packte ein paar Stücke Dörrfleisch ein. Ich stopfte mir das Fleisch in beide Hosentaschen.

Agnes umarmte mich an der Tür. «Ich bin voll, Kleiner Wolf. Hüte dich vor den Hunden.»

Offenbar hatte mich Agnes mit ihrem lange verstorbenen Kind verwechselt. Plötzlich schrie sie auf, griff sich an den Hals und fiel zuckend auf den Boden. «Fang den verdammten Stier!» kreischte sie. «Fang ihn ein!»

Ich selbst fing an zu kreischen. Agnes sprang auf. «Endlich wach, Baby?» fragte sie mit sarkastischer, aber klarer Stimme.

«Ja», stammelte ich, heiser vom Kreischen.

«Du fällst auch auf jeden alten Schauspielertrick herein, nicht wahr, Lynn? Ich hab dich nur auf die Probe gestellt. Ich wollte sehen, ob man dir zutrauen kann, unabhängig zu handeln. Du kannst es nicht.»

«Du willst sagen, das war alles nur Schauspielerei, ein Scherz?» Ich wußte nicht, ob ich erleichtert oder wütend war.

«Kein Scherz – ein Test. Du bist noch nicht bereit.»

«Das finde ich nicht fair.»

«Ach, findest du nicht, Poor Cow. So, so. Das wird auch Red Dog nicht finden, wenn er dir die Seele aus dem Leib prügelt. Er wird's nicht fair finden, daß du so schlaff bist.» Agnes musterte mich von oben bis unten. «Ich habe dich gefoppt, um deiner Festigkeit einen Schlag zu versetzen. Mag sein, du wirst nie wieder eine Chance finden, den Korb zu stehlen. Und ich will, daß du erfolgreich bist. Komm also gleich zurück und erzähle mir alles, was du meinst, ich sollte es wissen.»

«Okay», sagte ich.

Ich schaute Agnes noch einmal an, und dann war ich draußen. Am schwarzen Morgenhimmel waren keine Sterne, aber meine Füße wußten, wohin sie zu laufen hatten – und zwar leise. Der einzige Laut war das ferne Kreischen einer Eule.

Etwa hundert Meter von Red Dogs Hütte entfernt, kroch ich ins dichte Unterholz und bezog, nur noch vierzig Meter entfernt, mein Versteck. Als sich der erste Silberstreifen am Horizont zeigte, lag ich reglos und flach auf dem Bauch. Ich beobachtete und wartete. Gegen neun Uhr kam Drum heraus, gähnend und mit einer Blechtasse voll Kaffee in der Hand. Er hockte sich auf die Treppe und schlürfte seinen Kaffee.

«Verdammte alte Krawallschachtel», fluchte er.

Ich stellte mir vor, wie Ruby die Hütte mit einem Steinhagel eingedeckt hatte, und mußte grinsen.

Drum drehte sich um und rief: «Steh auf, Ben. Zeit, an die Arbeit zu gehen.»

Ich hörte Ben antworten, aber seine Stimme klang so verzerrt, daß ich ihn nicht verstand. Als Ben herauskam, brachte er eine Tasse und die Kaffeekanne mit. Sie gähnten und witzelten, streckten und kratzten sich.

Sie gingen hinein und blieben über eine Stunde verschwunden. Als sie wieder zum Vorschein kamen, trugen sie zerschlissene Arbeits-Overalls statt ihrer üblichen Jeans. Sie wälzten eine riesige Rolle Maschendraht vom Schuppen bis vor die Veranda, dann gingen sie und holten Hämmer, Sägen, Brechstangen, Zangen, Kästen voller Nägel, Ketten, Klemmen und allerlei anderes Werkzeug, das ich nicht so genau erkennen konnte. Es war ein ziemlicher Schrotthaufen, der auf der Veranda verstreut lag, und Ben und Drum standen da und schauten das Gerümpel an, als hätten sie ein ganz kompliziertes Problem der Logik vor sich.

«Das verdammte alte Weib», brüllte Drum. Er hob einen schweren Hammer auf und ließ ihn wieder fallen. «Wenn sie nicht wäre, hätten wir nicht diese ganze Plackerei, was?»

«Yeah», sagte Ben, einsilbig wie immer.

«Willst du ausrollen, und ich schneide? Oder willst du schneiden, und ich rolle aus?»

Ben kratzte sich am Kopf. «Mir egal, solang wir's nur hinter uns bringen.»

«Ich will dir mal was sagen», begann Drum. «Ich stell mich auf das Ende des Maschendrahts, und du rollst die Spule ab und schneidest.»

«Meinst du nicht, wir sollten's zuerst ausmessen?» fragte Ben.

Jetzt war Drum an der Reihe, sich am Kopf zu kratzen. «O ja! Daran hab ich nicht gedacht.»

Nun folgte eine Auseinandersetzung darüber, wer welches Ende des Maßbandes halten sollte. Drum war der Verlierer.

«Neunund ... dreißig – ach, mach's zweiundvierzig, sicherheitshalber. Zweiundvierzig Zoll», sagte Drum, der das Band am Fensterrahmen anlegte.

«Das kann ich mir nicht merken», sagte Ben.

«Hm. Dann geh, verdammt, und hol einen Bleistift.»

«Okay. Brauchst mich nicht anzubrüllen.»

Nach ein paar Minuten tauchte Ben mit Bleistift und Papier auf. «Na, wieviel hast du gesagt, Drum?»

Das Ausmessen der Hüttenfenster dauerte eine Ewigkeit. Für das Seitenfenster mußte Ben einen Stuhl holen, und für das hintere Fenster eine Leiter.

Alle paar Minuten schimpften sie auf Ruby. Sie fluchten und stichelten ununterbrochen, und die geringste Aufgabe schien lange Debatten vorauszusetzen. Unvermeidlich aber verfielen sie immer auf die lächerlichsten Lösungen.

«Verflucht soll sie sein!» schimpfte Ben, während er den rostigen, alten Maschendraht ausrollte. Drum hielt das Ende fest, indem er sich daraufstellte.

Jedesmal, wenn Ben die Rolle losließ, um mit einer langen Blechschere ein Ende Maschendraht abzuschneiden, schnellte die ganze Rolle wieder zurück und brachte ihm Kratzer und Schnitte an den Händen bei. «Autsch, verflucht. Diese lausige alte Hexe!»

«Gib mal her», sagte Drum und griff nach der Schere. «Mann, bist du blöde. Laß mich mal machen.»

Anscheinend vergaß er, daß er auf dem ausgebeulten Maschendraht stand, und machte einen Schritt zuviel nach vorn. Schon schnellte das Drahtnetz hoch und zerriß ihm den Overall.

«Gottverdammter Draht!» schrie er. Seine Stimme hallte durch den Wald. Er befingerte sein zerfetztes Hosenbein. «Schau her, was die alte Hexe getan hat.»

Sie brauchten Stunden, bis die schief geschnittenen Stücke Maschendraht auf die Fenster paßten. Es war wie ein großes, geometrisches Puzzle. Dann kam Red Dog heraus.

«Ihr Esel! Was braucht ihr so lang?» brüllte er. Ben und Drum krümmten sich unter seinem Blick. «Nagelt jetzt endlich das Zeug fest, und zwar schnell. Bewegt euch, verdammt!»

Ben und Drum schnappten sich überdimensionierte Hämmer und fingen an, planlos Nägel einzuschlagen. Red Dog, der zuschaute, schüttelte angewidert den Kopf. «Milliarden Menschen auf dieser Welt, und ich bin mit euch zwei Trotteln als Lehrlingen geschlagen.»

Ben und Drum hämmerten schneller.

«Bis zum Abend will ich das Schloß an der Tür zum Werkzeugschuppen sehen», donnerte Red Dog. «Und ich rate euch beiden, euch zu beeilen.»

Sie hämmerten wie wild drauflos.

«Heutzutage kann man niemandem trauen», sagte Red Dog mit finsterer Miene. «Denen werd' ich es heimzahlen. Das weiße Mädchen, das bei ihnen ist, wird mir dafür büßen.»

Er ging hinein und knallte die Tür zu.

Die Erinnerung an das Foto des Hochzeitskorbes, das ich vor so langer Zeit gesehen hatte, ließ mich nicht los. Ich starrte die Hütte an und versuchte, ihn mir dort drinnen vorzustellen. Irgendwie hatte Agnes mein Verlangen nach diesem Korb noch verstärkt, und ich wäre lieber gestorben, als ihn zurückzulassen.

«Ohhh!» winselte Drum. Er ließ den Hammer fallen und preßte seinen Daumen zwischen die Schenkel. Er jaulte vor Schmerz.

«Tu doch irgend etwas, Ben!»

Der verbogene und zerbeulte Maschendraht fiel auf die Erde.

Mir war klar, daß diese drei Männer Alchimisten höchsten Grades waren, aber was das Handwerkliche betraf, waren sie in groteskem Maß ungeschickt. Ben und Drum schienen es darauf anzulegen, ihre eigenen Bemühungen immer wieder zu vereiteln. Es war eine endlos verschlungene Komödie der Inkompetenz – wie in einem schlechten Film.

Red Dog kam mehrmals heraus, fuchtelte herum und fluchte. Wenn er Ben und Drum auf den Leib rückte, machten sie besonders lächerliche Patzer. Ben ließ sich eine Brechstange auf den Fuß fallen, und Drum hämmerte so kräftig, daß die Fensterscheibe in Scherben ging. Offenbar fochten sie einen Wettstreit aus, wer sich am dümmsten anstellen konnte.

Schließlich gab Red Dog angewidert auf und überließ Ben und Drum sich selbst. Bis zum frühen Abend hatten sie alle Fenster fertig. Dann nagelten sie breite Metallbänder auf die Tür des Werkzeugschuppens und befestigten einen Riegel mit Vorhängeschloß. Während Drum zurücktrat und das Werk bewunderte, schleppte Ben eine riesige Eisenstange herbei. Sie knallte auf die Erde.

«Was zum Teufel hast du damit vor?» fragte Drum.

«Was glaubst du wohl? Ich bring am Klosett ein Schloß an. Würde mich nicht überraschen, wenn Ruby eine Klapperschlange in der Schüssel versteckt.»

«Das würde Ruby nicht tun, glaub ich, Ben.»

«Mir egal. Ich bring es auf jeden Fall an.»

«Also. In den Werkzeugschuppen kommt sie nicht mehr rein, außer, sie nimmt eine Stange Dynamit.

«Yeah. Jedenfalls ins Scheißhaus kommt sie auch nicht mehr.»

Ben schleppte die rostige alte Eisenstange über den Hof. «Willst du mir nicht helfen?» rief er zu Drum hinüber. «Ist ja nicht so, als tätest du's nicht auch benützen.»

Drum half mit. Es wurde sehr spät, bis alle Schlösser montiert und die Werkzeuge aufgeräumt waren.

«Schau dir diese Fenster an», sagte Drum.

«Junge, das Scheißhaus sieht besser aus als eine Bahnhofstoilette», sagte Ben.

«Ich finde, wir haben ganze Arbeit geleistet. Findste nicht?»

«Klar, finde ich. Wir sollten uns mal beim Bau bewerben. Teufel nochmal, ich wette, wir würden als Facharbeiter eingestellt.»

Red Dog kam heran und blieb vor ihnen stehen. «Ich wette, ihr beide könnt nicht mal ein Vogelhäuschen bauen.»

Ben und Drum ließen die Schultern hängen. Red Dog schüttelte traurig den Kopf.

Ich mußte unwillkürlich kichern. Das ganze war wie eine Keystone Cop-Klamotte.

«Wir haben unser Bestes getan, Red Dog», sagte Ben mit kleinlauter Stimme.

«Was hast du erwartet?» sagte Drum. «Keiner von uns hat Tischler gelernt, oder?»

Bevor ich Red Dogs Antwort hören konnte, waren sie alle in der

Hütte verschwunden. Ich versuchte, meine Nerven zu beruhigen. Eine Weile passierte nichts, aber dann stürzten Red Dog, Ben und Drum durch die Tür, schmetterten sie hinter sich zu und torkelten gröhlend in die Dämmerung hinaus. Die Arme untergehakt und singend, stolperten sie die Straße hinab. Ich lag da und beobachtete sie, bis sie verschwunden waren. Ich nahm an, daß sie nach Crowley gingen, um sich zu besaufen. Ich war mir sicher, daß sie jetzt schon betrunken waren.

Den Korb zu stehlen, wagte ich nicht, ohne Agnes vorher um Rat zu fragen – nicht nach dem Erlebnis dieses Vormittags. Also rannte ich, so schnell ich konnte, zu ihrer Hütte und stürzte atemlos durch die Tür. Anfangs brachte ich kein Wort heraus. Agnes sah mich von ihrem Stuhl aus prüfend an.

«Agnes», sagte ich aufgeregt, «ich glaube, sie sind fort. Sie sind stolpernd und singend in die Stadt gezogen. Sie sind besoffen.»

«Müssen sie wohl sein», sagte Agnes und stand auf. «Das ist deine Chance. Sei vorsichtig und laß dich nicht hereinlegen. Laß den Mut nicht sinken, Lynn, und erinnere dich an alles, was ich dich gelehrt habe. Lauf schnell, und stiehl den Korb.»

Ich eilte den Weg zurück. Es war dunkel, nur eine dünne Mondsichel schwebte am klaren Himmel. Etwa vierzig Meter von Red Dogs Hütte entfernt, blieb ich stehen. Nirgends ein Lebenszeichen, und die Hütte war dunkel. Ich zitterte. Ich schlich mich näher, kniete mich in ein Gebüsch und befühlte mit den Händen die feuchte kalte Erde. Dann kroch ich weiter und kauerte mich in den Schatten eines Baumstumpfes.

«Hallo, Baby», sagte Drum plötzlich.

Mein Blut stockte. Erst jetzt bemerkte ich, daß ich sein Bein umklammerte. Sein Körper war in der Form eines nackten Baumstammes verborgen – vornüberhängend, mit grotesk verdrehten Armen. In der Dunkelheit konnte ich seine Gestalt nicht von den Umrissen der anderen verkümmerten Bäume unterscheiden. Ich ließ sein Bein los und zog mich in Panik zurück.

Eine andere Schattengestalt stand gleich rechts von mir, eine dritte hinter mir. Sie hatten mich eingekreist.

«Lady, pack deinen Arsch von hier fort, sonst nagle ich ihn an meine Wand.»

Es war Red Dog. Die drei dunklen Gestalten stürzten sich gleichzeitig auf mich. Ich stieß einen Schrei aus und floh. Hinter mir hörte ich Red Dogs dröhnendes Lachen. Mein Fuß blieb an einem Baumstumpf hängen, und ich fiel Hals über Kopf zu Boden. Ich rappelte mich wieder auf und rannte weiter, zurück zu Agnes' Hütte.

«Packt sie!» brüllte jemand. «Da drüben!»

Ben und Drum fingen an, große Steine nach mir zu schmeißen. Die Steine trafen immer näher. Jeder hätte mir den Schädel einschlagen können. Und immer noch lachten die Kerle.

Ich lief und lief den felsigen Pfad zu Agnes' Hütte, und erst als ich vor ihrer Tür zusammenbrach, wußte ich, daß ich der Gefahr entronnen war. «Sie haben mich überlistet», schrie ich. «Beinah hätten sie mich umgebracht.»

Agnes lachte mich aus. «Sie hätten sich nicht die Mühe gemacht, dich umzubringen. Dein Versuch war gar zu komisch.»

Mir war zum Heulen. «Für mich war es nicht sehr komisch.»

Agnes' Augen funkelten mich koboldhaft an.

«Ich wußte, daß Red Dog dich überlisten würde», sagte sie.

«Du hast es gewußt – und mich trotzdem hingeschickt?»

«Ja, ich wollte den Knalleffekt sehen. Als du mir erzähltest, daß sie besoffen seien, wußte ich, was sie im Schilde führten. Zauberer sind nie betrunken, außer zum Zweck der Täuschung. Ich mußte ihnen zeigen, wie schwach du bist, um sie in die Irre zu führen. Du hast sie überlistet, indem du in ihre Falle tapptest. Jetzt haben sie keinen Respekt vor dir – aber auch gar keinen. Das ist gut. Sie werden es nicht für nötig halten, sich vor dir zu schützen.» Sie schenkte mir heißen Tee ein und schob die Tasse vor mich. «Setz dich», sagte sie. «Im Augenblick kann dir nichts passieren. Trink. Laß dir den Tee schmecken.»

Ich schlürfte ein paar Schlückchen.

«Siehst du, Lynn, jetzt glauben die Kerle, du seist nur eine alberne blöde Frau und stelltest für niemanden eine Bedrohung dar. Sie glauben, du würdest dich schämen und fortgehen. Solange sie das glauben, sind sie angreifbar. Dies ist der beste Zeitpunkt. Viele Menschen verraten ihre Vision, aber ich hoffe, du bist hart. Du mußt eine Jägerin sein, eine Kriegerin. Du mußt uns allen beweisen, was es heißt, einen Traum zu haben. Geh wieder hin und leg dich die ganze

Nacht auf die Lauer. Deine Leidenschaft für den Hochzeitskorb ist unwiderruflich. Du bist hergekommen, in diese Welt, um deinen Weg zu finden. Du hast ihn gefunden, und jetzt mußt du ihm folgen.»

Agnes stand auf und ging zur Truhe. Gleich darauf war sie wieder da – mit ihrem Medizinbündel und meinem Wildlederkleid und den Mokassins.

«Zieh diese Sachen an», sagte sie. «Entehre sie nicht. Sie sind voll von weiblicher Energie.»

Ich zog mich rasch um. An der kalten Luft bekam ich eine Gänsehaut, aber kaum hatte ich das Wildlederkleid angelegt, wurde mir sofort warm. Das schöne Gewand fühlte sich an wie eine schmeichelnde Haut. Agnes nahm ihr Medizinbündel. «Draußen», sagte sie und wies auf die Tür. «Nimm die Decke mit.»

Ich raffte die Decke zusammen und folgte ihr auf den Hof. Sie befahl mir, die Decke auf den Boden zu breiten und glattzustreichen.

«Setz dich hierhin», sagte sie ernst.

Wir setzten uns auf die gegenüberliegenden Enden der Decke. Auf der freien Fläche zwischen uns knüpfte Agnes zuerst die Rasseln ab, die an dem Bündel hingen, und dann rollte sie die Lederhülle auf, so daß ich den Inhalt sehen konnte. Sie breitete alles aus – etliche schwarze, gelbe und rote Bänder, getrocknete Blumen, Quarzkristalle, Haarbüschel, Hautstücke, eine Eulenklaue, mehrere perlenbestickte, oben verknotete Medizinbeutel und noch ein paar andere Dinge, die ich nicht erkennen konnte.

Agnes beugte sich vor und flocht mir zwei Eulenfedern ins Haar.

«Sprechen einige von diesen Dingen zu dir?» fragte sie und deutete auf die ausgelegten Dinge.

«Ich weiß nicht.»

Plötzlich spürte ich von einem Gegenstand, der aussah wie ein knorriger Stein, eine Kraft ausgehen. «Dieser da.» Ich zeigte auf den Stein.

Agnes nickte beifällig. «Das ist ein Großvater. Er ist über neunzig Jahre alt – ein Peyote-Button-Großvater. Ich selbst spüre oft seine Macht.»

Als mein Blick den Inhalt des Bündels streifte, entdeckte ich, neben einigen Federn, die abgerissene Hälfte einer Zwanzig-Dollar-Note.

«Woher hast du das?» keuchte ich.

Ich dachte zurück an Guatemala und an den jungen Indianer, der meinen Geldschein auseinandergerissen hatte. Meine Hälfte trug ich noch immer bei mir.

«Das ist zerrissenes Geld aus dem Süden. Und es kündigte dein Kommen an.»

Ich spürte das Blut aus meinem Gesicht weichen. Agnes nahm eine kleine Pfeife und reichte sie mir. Ich nahm den zierlichen Stiel in die Hand. Sie legte vier Adlerfedern im Kreise, so daß die Kiele nach innen zeigten und sich beinah berührten.

«Jede Feder stellt eine der Himmelsrichtungen dar», sagte sie. «Dies ist ein Zeichen dafür, daß du im Mittelpunkt des Tipis bist.»

Ich reichte ihr die Pfeife zurück. Aus einem der perlenbestickten Lederbeutel holte sie grobgeschnittenen gelben Tabak, stopfte die Pfeife, zündete sie an und rauchte einige Züge.

«Ich will, daß du genug von diesem freundlichen Rauch bekommst», sagte sie und gab mir die Pfeife. «Zieh ihn tief ein und reibe deinen Bauch.»

Die Pfeife war warm und glatt wie ein frisch polierter Knochen. Der bittersüße Rauch berauschte mich.

«Wir dürfen gemeinsam diese Pfeife halten. Die Großeltern stehen dir in der Verwirklichung deines Traumes bei. Dieser freundliche Rauch ist ein Gast aus dem Weinenden Tipi der alten Frau, die zu den Rosen spricht.»

Während Agnes sprach, schien sich ihr Gesicht vorzuwölben. Ihre Stimme klang tröstlich. Ich spürte einen Druck auf den Ohren, wie von steigendem Luftdruck, und es drängte mich, Agnes zu sagen, daß ich sie liebte und respektierte. Ich stellte fest, daß ich den Rauch tatsächlich essen konnte, als wäre es eine dünne, baumwollige Substanz. Agnes hätte ein Mädchen von achtzehn Jahren sein können, mit ihren langen Zöpfen auf dem Rücken. Ich versuchte, diese innere Erkenntnis auszusprechen, aber alles, jeder Gedanke, schien in sich zusammenzufallen. Schon seit ewigen Zeiten saß ich auf dieser Decke – und dieser Augenblick würde nie vergehen.

Agnes nahm mir die glühende Pfeife ab. «Diese Medizinpfeife wird seit tausend Jahren geraucht, und dieses süße Kraut ist ein Geheimkraut. Sein Geist ist weiblich. Es ist eine Gabe an die Kriegerin in dir, um dich im Kampf zu stärken.

Agnes stand auf und bedeutete mir, ihrem Beispiel zu folgen.

Mein Körper schien sich wie aus eigenem, unbekanntem Willen zu erheben.

«Die weiße Frau des Nordens, die in den Wäldern wohnt und über alle Tiere herrscht, hört uns. Aber es gibt auch Medizin-Schwindler, die dir die Macht dieses vielverzweigten Heyoka-Platzes stehlen wollen. Mit Hilfe dieses freundlichen Rauchs wirst du sie sehen. Sie richten lange, spitze Pfeile gegen deine Schwestern. Sie nähren sich von deinen Träumen, ohne Rücksicht auf deinen Hunger. Ihr Beutel enthält schlechte Medizin. Und ihr Herz ist böse.»

Agnes stampfte mit dem Fuß auf. «Mach das nach», sagte sie.

Ich stampfte ebenfalls auf.

«Meine Tochter», sagte Agnes. «Meine fähige Wölfin. Jetzt ist die Zeit gekommen, daß du nach Südosten blickst, dem Platz der großen Friedenshäuptlinge. Dort standen die Frauen als erste. Jetzt muß die Frau wieder dort stehen und das Lager im Gleichgewicht halten. Diese Pfeife muß waagrecht über den Erdboden gehalten werden. Wenn es dir gelingt, wird mein Herz voll sein.»

Sie holte ein mehliges Pulver aus einem Lederbeutel und streute es über mich. Sie langte in ihr Hemd und holte ein Messer in weißer Hirschlederscheide zwischen ihren Brüsten hervor. Sie zog es aus der Scheide. Es hatte eine gehämmerte Klinge aus Feuerstein. Sie hielt die Hand hoch und drückte die Spitze in ihren Daumen.

Blut floß über ihre Hand und tropfte vom Handgelenk auf die Decke. Mit dem verletzten Daumen fuhr sie mir über den Kopf – knapp am Haaransatz. Ich spürte die Feuchtigkeit. Sie hielt die Hand empor – wie zum Willkommensgruß.

«Das Blut, das deine Stirn färbt, ist das Blut einer Medizinfrau. Es ist gutes Blut aus dem süßen Strom meines Körpers. Mein Blut bindet ihn an alle Frauen. Ich bin eine Heyoka, und so spreche ich. Dein roter Weg hat das Herz von uns allen. Ich bin beglückt, daß ich dir deinen Weg weisen darf.»

Sie reichte mir die Scheide und das Messer, das jetzt nicht mehr aus gehämmertem Feuerstein, sondern aus Knochen oder Elfenbein zu bestehen schien. Es schien außerordentlich scharf.

«Hänge dies an deinen Gürtel. Das Messer ist heilig, mitgebracht aus dem Anderswo. Wenn es dir gelingt, zu dem Korb vorzudringen, wird dies das einzige Messer sein, das die Fasern durchschneiden kann. Falls es dir gelingt, zu dem Hochzeitskorb vorzudringen, wirst du wissen, was ich meine.»

Ich steckte das Messer in die Scheide und befestigte es an meinem Gürtel.

«Bleib jetzt sitzen», sagte Agnes, «hier auf dieser Decke. Bleib ruhig und schweige. In der Tiefe dieser Nacht habe ich die Gegenwart der großen Weißen Frau des Nordens gespürt. Falls du auserwählt bist, die Aufgabe zu verrichten, wird sie ein Tier herbeischikken, das zu dir sprechen wird. Fürchte dich nicht – vielleicht schickt sie einen Hirsch oder einen Dachs oder sogar einen Skunk. Du kannst bis Sonnenaufgang sitzenbleiben. Wenn nichts passiert, geh fort. Wenn aber ein Tier zu dir kommt, preise dich doppelt glücklich. Die ewige Prophetin macht dich heilig, wie sie selbst ist.»

Agnes rollte ihr Bündel zusammen und verschnürte es. Als mir bewußt wurde, daß sie gehen wollte, kehrten meine tiefsten Ängste wieder.

«Aber, Agnes», sagte ich. «Diese drei werden sich nie von ihrem Grundstück entfernen.»

Sie sah mich an. «Lynn, du mußt irgendwie an ihnen vorbei. Wie, das mußt du selbst herausfinden. Denke nicht darüber nach, sonst trocknet deine Macht ein. Du bist voll davon, und ich sehe es.»

Ich fühlte mich nicht sehr voll. Ich fragte mich bereits, ob der freundliche Rauch mir meine Tapferkeit geraubt hätte.

«Agnes», bettelte ich.

«Ich habe für dich getan, was ich kann. Bleib noch eine Weile. Der freundliche Rauch hat mir gesagt, daß die Frau des Nordens, die im blauen Licht leuchtet, beschließen wird, ob sie dir ein liebendes Wesen schickt, dich zu trösten.» Sie hob die Schulter. «Aber es liegt bei ihr. Vergiß nicht, wenn du das Messer gebrauchst – schneide rasch.»

Agnes wandte sich ab und ließ mich auf meiner Decke allein. Die Nacht war finster und bedrückend, und ich schloß die Augen. Hinter mir raschelte etwas im Gebüsch. Ganz in der Nähe knurrte es. Zu meiner Linken hörte ich leise Tritte – irgendein großes Tier. Ich hörte ein Hecheln, dann roch ich einen seltsamen Moschusduft. Schon wollte ich mich umdrehen und Ausschau halten. Da aber drückte das Tier wahrhaftig seine Schnauze in mein Haar. Zu meinem Entsetzen fing es an, meinen Nacken zu lecken. Es war ein Tier mit Schnurrhaaren, seine Zunge war rauh.

Ich schlug die Augen auf und starrte einem Luchs ins Gesicht. Er hechelte mit offenem Maul. Er reckte sich und fing an zu schnurren, und ich streichelte ihn. Sein langer geschmeidiger Leib bestand ganz aus bebenden Muskeln. Jetzt sprang er mit den Vorderpfoten auf meine Schultern, so daß ich direkt in seine grünen Augen blickte. Er sprang wieder herab und umkreiste mich spielerisch. Er wandte sich um und umkreiste mich in der anderen Richtung. Er verharrte, reckte den Kopf nach Katzenart und grollte.

«Wie schön du bist», sagte ich. Der Luchs war das Tier, von dem Agnes gesprochen hatte.

Die Katze umkreiste mich, dann stand sie plötzlich vor mir, etwa fünfzehn Meter entfernt. Sie kam auf mich zu, schlug mit den Pfoten in die Luft und sprang direkt über mich hinweg. Gerade noch rechtzeitig drehte ich mich um und sah sie mit langen, geschmeidigen Sprüngen ins dichte Unterholz verschwinden.

Bei Red Dogs Hütte angekommen, kroch ich durchs Dickicht, bis ich einen guten Beobachtungsposten erreichte, und legte mich flach auf den Boden. Ich bedeckte mich mit Erde und Laub – und wartete ... und beobachtete.

Die Dämmerung brach herein, und die Vögel fingen an zu zwitschern. Insekten hüpften und flatterten durchs Gras, winzige Ameisen krochen über meine Hand. Schmetterlinge gaukelten über den Hof. Ich spürte: Es mußte etwas passieren – ob zum Guten oder zum Schlechten. Alle meine Instinkte waren für den Kampf geschärft.

Aus der Hütte hörte ich Stimmen, die ich nicht unterscheiden konnte. Meine Wahrnehmungen schienen sich zu intensivieren. Jetzt kam Red Dog auf die Veranda. Ich merkte, daß die Vögel zu zwitschern aufhörten.

«Drum, komm mal raus», rief Red Dog.

Im nächsten Moment schwang die Tür auf. Drum hielt seine Kaffeetasse in der Hand.

«Yeah?» fragte Drum.

«Hol mir meinen Grabstock. Aber verwechsle ihn nicht mit dem Spazierstock. Ich will ein paar Rüben fürs Abendbrot ausgraben.»

Drum ging hinein und kehrte mit dem Stock wieder. Red Dog nahm ihn und machte sich nach den Hügeln im Westen auf. Er verschwand zwischen den Bäumen. Drum setzte sich auf die Treppe und trank seinen Kaffee. Ben riß die Tür auf und machte seinen üblichen Spurt aufs Klosett.

«Hast du's eilig, Ben?»

«Ich muß mal», sagte er und sperrte das frischmontierte Schloß auf. Er verschwand und schloß die Tür hinter sich.

Unverständliche Worte wurden gewechselt. Drum ging nach hinten zum Werkzeugschuppen.

«Mach schnell», rief er über die Schulter. «Ich muß auch mal.»

Drum hängte den Riegel der Schuppentür aus und ging hinein. Ich hörte ihn poltern und auf Ruby fluchen. Eine langstielige Axt landete draußen auf der Erde. Eine Kette flog hinterher. Und weiter polterte Drum mit irgendwelchen Gegenständen. Offenbar suchte er etwas.

Das war die Chance!

Ich sprang auf und raste zum Schuppen. Meine Bewegungen waren rasch und sicher. Ich wußte genau, was ich zu tun hatte. Mit einem einzigen Griff schlug ich die Schuppentür zu und schob den Riegel vor, und schon war Drum mitsamt seinen Werkzeugen eingesperrt. Jetzt schnappte ich mir die Axt und die Kette und flitzte die fünfundzwanzig Meter zum Klosett.

«Hey», brüllte Drum und rappelte gegen die Schuppentür. «Hey, was soll das? Laß mich raus!»

Mir kam es vor, als bewegte ich mich in Zeitlupe. Ich wußte, es würde mir nie gelingen, das komplizierte Ding an der Tür abzusperren, darum zog ich schnell die Kette rund um das ganze Klosett, schlang einen Knoten und zog mit dem Stiel der Axt die Kette straff.

Jetzt fing Ben im Klo an zu randalieren. «Das zahl ich dir heim! Was machst du da?»

Ben und Drum schrien und fluchten und polterten alle beide gegen die Wände, und ihr Ton wurde immer feindseliger.

Ich riß das Messer aus der Scheide und stürzte zur Hütte. Die Tür war nicht verschlossen. Ich brauchte einen Moment, um mich an die Dunkelheit zu gewöhnen, bevor ich ihn sah. Der Korb, der herrliche Hochzeitskorb, da stand er auf dem Tisch in der Ecke der Hütte. Ich streckte die Hand nach ihm aus.

Plötzlich hörte ich Red Dogs Stimme. Ich mußte mich zwingen, das zitternde Messer festzuhalten – als die Tür aufging. Agnes stand vor mir. Halluzinierte ich?

«Agnes, was machst du hier? Du wirst alles verpatzen!»

«Gib mir das Messer», verlangte sie. «Das ist der falsche Korb – der Macht-Korb ist versteckt. Red Dog hat dich schon wieder hundsgemein überlistet.» Sie machte einen Schritt auf mich zu.

«Halt, Agnes!» kreischte ich hysterisch. Ich richtete das Messer gegen sie. «Bleib stehen.» Mein Arm zuckte in unkontrollierbaren Krämpfen.

Ich hatte immer getan, was Agnes von mir verlangte, aber hier war irgend etwas furchtbar faul. Sie widerte mich an. Es war, als hätte sich die ganze Welt gegen mich verschworen. Ich wußte aber, daß mich nichts zurückhalten konnte. Nicht einmal Agnes.

«Sieh mich an, Agnes.»

Langsam richtete sie ihre Augen auf mich. Sie waren unbarmherzig und zu allem fähig, und ich wußte, es waren Red Dogs Augen. Ich muß vor Angst aufgestöhnt haben.

Die Holzfällerjacke und der Rock schlotterten an ihm wie alte Kleider an einer Vogelscheuche, und aus dem Hochzeitskorb schossen von allen Seiten leuchtende Fasern zu ihm hin. Red Dog war durch glühende Lichtfäden mit dem Korb verbunden. Von seinem Körper schienen Wellen auszugehen, und er verwandelte sich in etwas, das wie ein Haufen Felgendraht aussah. Allmählich löste sich das Gesicht eines rothaarigen Mannes mit wirrem rotem Bart aus dem Drahtverhau und dem verschwimmenden Bild von Agnes' Gestalt. Noch während er mich anschrie, meine Hände von dem Korb zu lassen, wurde seine Stimme immer tiefer und war schließlich eine Männerstimme.

«Wagst du es, herzukommen!» dröhnte er. Er sah aus wie ein Irrer – voller Hohn und Überheblichkeit.

Ich richtete mich auf. Ich drückte den Korb samt allen Fasern an mich und stieß den Tisch vor mir um. Dann begann ich mit einer Kraft, die ich niemals in mir vermutet hätte, die leuchtenden Sehnenfäden durchzuschneiden.

Red Dog musterte mich, vornübergebeugt, mit trunken hin und her schwankendem Kopf. Er sammelte seine Macht. Seine Haltung erinnerte an einen wütenden Stier, der zum Angriff übergeht. Mit jedem Messerschnitt kämpfte ich um mein Leben. Ich riß und drehte den Korb hin und her, trennte Fasern durch, drückte ihn wieder gegen meinen Körper und spürte, wie mich eine heiße Kraft durchrieselte.

«Du weißt nicht, was du tust. Wenn du mich abtrennst, veränderst du die Kräfte des Gleichgewichts. Du begreifst gar nichts!» Er wiegte sich hin und her, noch immer seinen Macht-Tanz tanzend. «Glaub Agnes nicht. Sie ist eine Lügnerin.»

«Nein, Red Dog», schrie ich. «Du bist der Lügner.» Und ich schnitt die restlichen Fasern ab.

Plötzlich stürzte Red Dog wie ein Wahnsinniger vor, griff in den offenen Herd und holte eine Handvoll glühender Kohlen heraus. Er stieß ein schreckliches Geheul aus, schleuderte mir die Kohlen ins Gesicht und stürmte los. Die Schlacken kamen wie glühende Golfbälle angeflogen. Etliche trafen, und von meiner Stirn sickerte Blut, das meinen Blick trübte. Ich verlor die Balance, konnte aber noch die letzte Faser kappen – ich spürte direkt, wie die Spannung unter der Klinge barst. Red Dogs massige Gestalt landete auf mir, und ich klammerte mich an den Korb, während wir auf den Boden krachten. Plötzlich aber war sein Gewicht wie weggewischt, und er verwandelte sich in eine schimmernde Gestalt in der Luft über mir. Ich rollte mich zur Seite und stand auf, während der Lichtschimmer sich verflüchtigte. Red Dog schien sich in diesem unheimlichen Leuchten aufzulösen. Er stöhnte – auswegslos. Plötzlich hing seine Haut herab, als wäre sie ein über sein Skelett drapiertes Netz. Er krümmte und wand sich. Red Dog schrumpfte zusammen und alterte zusehends. Ich beobachtete es mit Entsetzen, noch immer den Korb umklammernd. Dann war das unheimliche Licht verschwunden, und zurück blieb ein uralter, weißhaariger Mann.

Ich prallte zurück und rannte hinaus. Es war vorbei. Vielleicht war ich verrückt, doch eines wußte ich: Ich hatte den Korb. Ich spürte ihn. Er war wie ein lebendiges Wesen, wie eine geringelte Schlange, und dann spürte ich, wie sein warmes Geflecht sich zu regen anfing. Mit einem Seitenblick vergewisserte ich mich seiner Pracht und spürte, wie er mir entglitt. Was war das? Ich hatte ein Gefühl, als löste sich ein Teil des Korbes tatsächlich in meinen Körper, in meinen Solarplexus auf. Er schien nicht mehr Teil seiner eigenen Form, und doch hielt ich ihn in den Händen. Ich spürte Blut über mein Gesicht sickern und dachte, vielleicht hätte ich, wegen der Wunde, Fieberphantasien. Immer wieder tastete ich nach dem Korb und überzeugte mich, ob ich ihn nicht verloren hätte. Dann hatte ich eine sonderbare Empfindung: Es war, als schritte ich über mich selbst hinweg. Ich begann am ganzen Leib zu zittern. Wellen brandeten mein Rückgrat auf und nieder. Ich weiß nicht, wie lange ich in dieser Ekstase verharrte, aber schließlich explodierte ein helles Licht in meinem Kopf, und mein ganzes Wesen wurde still. Ich hatte keine Angst mehr.

Ich kann mich nicht erinnern, wie lange ich bis zur Hütte brauchte, aber da stand Agnes. Sie lächelte, als sie mich sah.

«Gib mir das Messer», sagte sie.

Ich knüpfte die Scheide von meinem Gürtel und gab sie ihr. Agnes steckte das Messer in ihr Hemd.

Ich brach zusammen, und sie fing mich im Fallen auf. Als ich auf dem Bett wieder zu mir kam, war es dunkel, und Agnes rieb meinen Bauch und meinen schmerzenden Kopf mit einer faulig riechenden Salbe ein. Am Bauch hatte ich einen Bluterguß.

Die Petroleumlampen brannten. Draußen im Mondschein saßen Ruby und July und sangen in der Sprache der Cree. Agnes spähte mir besorgt ins Gesicht.

«Agnes, wo ist der Hochzeitskorb? Ich will ihn sehen.»

«Er ist bei deinen Sachen.» Agnes ging zur Truhe und hielt ihn empor, bevor sie ihn mir behutsam reichte. «Lynn, jetzt bist du die Hüterin des Korbes. Er gehört dir und allen Frauen. Der heilige Aspekt des Korbes ist jetzt in dir – du hast jetzt gefunden, weshalb du gekommen bist.»

Ich nickte, erstaunt über mein neues Wohlgefühl. Ich kann es nur mit dem Gefühl vergleichen, das ich hatte, als ich schwanger war. Ich spürte Leben in mir.

«In ein paar Tagen bist du wieder in Ordnung.» Agnes schenkte mir ein herzliches Lächeln. «Übrigens, ich habe noch etwas für dich. Dies ist ein Anlaß zum Feiern, ein Fest der Vision.»

Ich richtete mich auf dem Bett auf, und Agnes nahm einen großen, perlenbestickten Pfeifenbeutel aus dem Regal und gab ihn mir. Am oberen Rand war er mit Wolfsfell gesäumt.

Tränen traten mir in die Augen. Es war die Pfeife, an der ich mitgearbeitet hatte, die ich allein mit Perlen bestickt und zusammengesetzt hatte.

«Du hast jetzt eine Pfeife», sagte Agnes, und ihre Augen leuchteten. «Halte sie stolz in Ehren. Es ist eine Frauenpfeife, eine heilige Pfeife. Die Gesetze des Universums sind in dieser Pfeife enthalten, und du mußt noch viel lernen. Deine Lehrzeit hat eben erst begonnen. Jetzt kannst du anfangen, die Welt zu sehen, wie sie wirklich ist.»

Epilog

Nach diesen Erlebnissen, die ich in diesem Buch berichtet habe, fuhr ich nach Beverly Hills zurück. Ich sah meine alten Freunde alle wieder und besuchte die altvertrauten Plätze, aber sie schienen mir nur noch Schatten, verglichen mit meinen Erinnerungen an sie.

Wochenlang machte ich den Rummel mit, bis ich es nicht mehr aushielt. Ohne jemandem etwas zu sagen, flog ich zurück nach Kanada, um Agnes zu sehen. Als ich unangekündigt in die Hütte trat, saß sie auf dem Boden, und ich setzte mich ihr gegenüber. Ich schenkte ihr Tabak – eine Stange amerikanischer Zigaretten. Sie nahm sie ohne ein Wort und legte sie neben sich auf den Bretterboden.

Sie schien mich erwartet zu haben.

«Alles hat sich verändert», versuchte ich ihr zu erklären. «Ich weiß nicht mehr, was ich tun soll. Ich möchte wiederkommen, in deine Welt. Ich möchte, daß du fortfährst, mich zu lehren.»

Sie sah mich aufmerksam an. «Nein», sagte sie. Ihre Stimme klang fest. «Es ist noch nicht Zeit.»

«Agnes, du hast mir gesagt, daß alles, was ich gelernt habe, heilig und geheim ist. Ist das wahr?»

«Ja, das ist wahr.»

«Darf ich es jemandem erzählen? Darf ich mit jemand darüber sprechen?»

«Nein.»

«Hm, was soll ich tun?»

Einen Moment sah Agnes mich wütend an. Sie streckte die Arme steif von sich, parallel zum Fußboden, beide Fäuste geballt. Dann öffnete sie langsam die Hände und hielt sie, die gespreizten Finger ausgestreckt, vor ihr Gesicht.

«Weißt du, was das bedeutet?» fragte sie.

Ich schüttelte den Kopf. «Ist es Zeichensprache?»

«Ja. Wenn du auf diese Weise deine Finger spreizt, kann es zwei Dinge bedeuten. Die Finger symbolisieren Menschen, und das Öffnen bedeutet, etwas loszulassen. Ich sage dir, schenke deinem Volk die Welt der Geister. Laß deine Botschaft fliegen. Laß den Adler fliegen.»

«Was bedeutet das?»

«Du hast vieles gesehen. Und du weißt viel. Aber das genügt nicht. Ich habe dir gesagt, es wird die Zeit kommen, da du deinen Tod wählen mußt. Jetzt ist die Zeit gekommen. Geh und schreibe ein Buch und verschenke, was du gelernt hast. Dann darfst du wieder zu mir kommen.»

Als ich die holprige Straße von Agnes' Hütte hinabfuhr, sprach ich mir immer wieder die Verse aus einem Gedicht von Robinson Jeffers:

Adler und Falke, mit ihren starken Klauen und
ihrem buntgefiederten Kopfputz, zerreißen Lebendiges;
Geier und Rabe warten, bis der Tod es zersetzt.
Der Dichter darf sich nicht nähren von dieser Weltenzeit.
Als bis er sie zerrissen
und sich selbst dazu.

transformation

Lynn Andrews
Die Medizinfrau
Der Einweihungsweg einer weißen Schamanin (8094)

Itzhak Bentov
Auf der Spur des wilden Pendels
Abenteuer im Bewußtsein (7973)
Cosmic Book
Wie die Schöpfung funktioniert (8334) April '87

Joachim-Ernst Berendt
Nada Brahma – die Welt ist Klang (7949)

Morris Berman
Wiederverzauberung der Welt
Am Ende des Newtonschen Zeitalters (7941)

Arthur J. Deikmann
Therapie und Erleuchtung
Die Erweiterung des menschlichen Bewußtseins (8089)

Larry Dossey
Die Medizin von Raum und Zeit
Ein Gesundheitsmodell. Vorwort von Fritjof Capra (8327) März '87

Norbert A. Eichler
Das Buch der Wirklichkeit
Das I Ging für das Wassermann-Zeitalter (7921)

Piero Ferrucci
Werde, was du bist
Selbstverwirklichung durch Photosynthese (7980)

Michael Harner
Der Weg des Schamanen
Ein praktischer Führer zur inneren Heilkraft (7989)

Paul Hawken
Der Zauber von Findhorn
Ein Bericht (7953)

Jean Houston
Der mögliche Mensch
Handbuch zur Entwicklung des menschlichen Potentials
(8323) Mai '87

George Leonhard
Der Rhythmus des Kosmos (7959)

transformation

Lawrence LeShan
Von Newton bis PSI
Neue Dimensionen im Umgang mit der Wirklichkeit (7966)

Bruno Martin
Handbuch der spirituellen Wege
Überarbeitete Neuausgabe (7909)

Hermann Meyer
Astrologie und Psychologie
Eine neue Synthese (7995)

Jeremy Rifkin
Kritik der reinen Unvernunft
Pamphlet eines Häretikers (8317)

Theodore Roszak
Mensch und Erde auf dem Weg zur Einheit
Ein Manifest (7998)
Das unvollendete Tier
Eine neue Stufe in der Entwicklung des Menschen (7913)

E. F. Schumacher
Rat für die Ratlosen
Vom sinnerfüllten Leben (8311)

Idries Shaw
Das Zauberkloster
Alte und neue Sufi-Geschichten (8303)

Tathang Tulku
Raum, Zeit und Erkenntnis
Aufbruch zur neuen Erfahrung von Welt und Wirklichkeit (8099)

Alan Watts
Dies ist Es
Über Zen und spirituelle Erfahrung (7908)

Janwillem van de Wetering
Ein Blick ins Nichts
Erfahrungen in einer amerikanischen Zen-Gemeinde (7936)

Gary Zukav
Die tanzenden Wu Li Meister
Der östliche Pfad zum Verständnis der modernen Physik:
vom Quantensprung zum Schwarzen Loch (7910)

rororo sachbuch transformation

C 2296/1 a

Simone de Beauvoir
Marcelle, Chantal, Lisa . . .
Ein Roman in Erzählungen (4755)

Toni Bentley
Tanzen ist beinahe alles
Selbstporträt einer Tänzerin des New York City Ballet (5177)

Marie Cardinal
Schattenmund (4333)
Der Schlüssel liegt unter der Matte (4557)
Die Irlandreise
Roman einer Ehe (4806)
Selbstgespräch mit Klytämnestra
Roman (5322)
Die Reise nach Algerien
Im Garten meiner Kindheit (5655)

Phyllis Chesler
Mutter werden
Die Geschichte einer Verwandlung (4655)

Judy Chicago
Durch die Blume
Meine Kämpfe als Künstlerin. Mit einem Vorwort von Anaîs Nin (5310)

Kate Chopin
Das Erwachen
Roman (4507)

Laurie Colwin
Eine altmodische Liebesgeschichte und andere sentimentale Stories (5282)

Liza Dalby
Geisha
Eine Amerikanerin erlernt den ältesten japanischen Frauenberuf (5557)

neue frau

Eine Auswahl

Robyn Davidson
Spuren
Eine Reise durch Australien (5001)

Harriet Doerr
Erinnerung an Ibarra
Roman (5571)

Margaret Drabble
Gold unterm Sand
Roman (4262)
Porträt einer Tüchtigen
Roman (4928)

Afsaneh Eghbal
Als der Mond sein Gesicht verbarg
Roman (5623)

Sarah Lloyd
Eine indische Liebe (5586)

Margaret Mead
Brombeerblüten im Winter
Ein befreites Leben (4226)

Kate Millett
Im Iran (5062)
Fliegen (5156)

Toni Morrison
Sehr blaue Augen (4392)
Sula
Mit einer Auswahl von Essays zu diesem Roman (5470)
Solomons Lied
Roman
Teerbaby
Roman2 bändige Ausgabe (5740)

Noras Töchter
Neun Autorinnen erzählen (5609)

C 912/10 a

neue frau

Eine Auswahl

Mary Flanagan
Bad Girls
Geschichten (5718)

Griseldis Fleming
Donna
Sizilianische Frauenstunden (5296)

Consuelo Garcia
Luis im Wunderland
Roman (5049)

Aritha van Herk
Unter Männern
Roman (5867)

Sylvia Hoffmann
Kältetraining
Roman (4892)

Kathryn Hohlwein
Aufbruch in die mittleren Jahre
Ein Aufenthalt in Taiwan (5843)

Ulla Isaksson
Die Seligen
Roman (5882)

Tove Jansson
Die ehrliche Betrügerin
Ein Märchen für Erwachsene (5694)

Anna Kavan
Wer bist du?
Roman (5792)

Liv Køltzow
Die Geschichte des Mädchens Eli
(4323)
Lauf, Mann!
Roman (4879)

rororo

C 912/9 c

Körpererfahrung

Sri Aurobindo
Der intregrale Yoga (rk 24)

Julius Fast
Das Körper-Programm (7786)

Julius Fast/Meredith Bernstein
Körpersignale der Liebe (7826)

Dr. M. Friedmann/Dr. R. H. Rosenman
Rette dein Herz
Wie Streßgeplagte umlernen und das Infarktrisiko verringern können (7932)

Dietlinde Karkutli
Das Bauchtanz-Buch (7762)

Frédérick Leboyer
Weg des Lichts
Yoga für Schwangere – Texte und Übungen (7855)

Else Müller
Hilfe gegen Schulstreß
Übungsanleitungen zu Autogenem Training. Atemgymnastik und Meditation für Kinder und Jugendliche (7877)
Bewußter Leben durch Autogenes Training und richtiges Atmen
Übungsanleitungen zu AT, Atemtraining und meditative Übungen durch gelenkte Phantasien (7753)

Deenbandhu Yogi (Detlef Uhle)
Das rororo Yoga-Buch für Anfänger (7871)
Das rororo Yoga-Buch für Fortgeschrittene (7887)